A EMANCIPAÇÃO DOS FATOS NO PROCESSO JUDICIAL TRIBUTÁRIO

Uma necessária releitura do sistema brasileiro de contencioso tributário e seus mecanismos de distribuição do ônus da prova

Coleção
Eduardo Espínola

Pedro Lameirão

A EMANCIPAÇÃO DOS FATOS NO PROCESSO JUDICIAL TRIBUTÁRIO

Uma necessária releitura do sistema brasileiro de contencioso tributário e seus mecanismos de distribuição do ônus da prova

2019

EDITORA JusPODIVM
www.editorajuspodivm.com.br

EDITORA *Jus*PODIVM
www.editorajuspodivm.com.br

Rua Território Rio Branco, 87 – Pituba – CEP: 41830-530 – Salvador – Bahia
Tel: (71) 3045.9051
• Contato: https://www.editorajuspodivm.com.br/sac

Diagramação: Cendi Coelho *(cendicoelho@gmail.com)*

Capa: Ana Caquetti

E53 A emancipação dos fatos no processo judicial tributário / Pedro Lameirão – Salvador: Editora JusPodivm, 2019.
208 p. (Eduardo Espínola / Coordenação Fredie Didier Jr.)

Bibliografia.
ISBN 978-85-442-2799-2.

1. Direito Processual Civil. 2. Direito Tributário. I. Didier Jr., Fredie. II. Lameirão, Pedro. III. Título.

CDD 341.46

À minha família,
em cujo suporte estão baseadas
todas as minhas conquistas.

Os fatos são coisas teimosas; quaisquer que sejam nossas vontades, nossas inclinações, ou os ditames de nossas paixões, eles não podem alterar o estado de fatos e provas.

John Adams

AGRADECIMENTOS

O processo de elaboração de um trabalho desse volume exige sacrifícios que normalmente extrapolam o âmbito individual do autor e atingem também as pessoas queridas que fazem parte da sua vida. A presente obra não excepciona essa regra e, diante da minha incapacidade de retribuição à altura, se torna necessário ao menos registrar o meu reconhecimento de que cada palavra aqui presente é fruto de privações suportadas conjuntamente com meus pais, minha irmã e com a minha Rafaela. Por isso, na esperança de que a vida os recompense por toda a bondade que carregam dentro de si, a eles agradeço em primeiro lugar, em especial por sua paciência, seu suporte e pelo amor que sempre demonstraram.

Agradeço também por todo carinho, pelas orações, pelas palavras de incentivo e pela genuína torcida por meu sucesso da parte de meus familiares, principalmente dos meus avós, paternos e maternos.

Aos meus queridos amigos, da vida acadêmica e profissional, Carolina, Daniel, Eduardo, Felipe, Fernando, Lucas, Nilo, Pedro, Raphael, Renato, pelos muitos momentos de alegria e pelo companheirismo diante das dificuldades.

Aos meus professores, por todas as oportunidades e pelo crescimento intelectual, profissional e pessoal que me propiciaram sempre de forma tão abnegada. Agradeço, ainda, especialmente aos mestres Carlos Alexandre de Azevedo Campos e Marco Antonio dos Santos Rodrigues, respectivamente orientador e coorientador da minha dissertação de mestrado, por todos os ensinamentos que viabilizaram o nascimento desta obra e enriqueceram não apenas meu conhecimento acadêmico, como minha experiência de vida.

Agradeço, por fim, aos meus colegas de escritório e a todos os que de alguma forma apoiaram a confecção deste trabalho, em especial ao Lucas, ao Cahique, ao Antonio e à Juliana.

A todos vocês, muito obrigado.

PREFÁCIO

- I -

No ano de 2006, publiquei um artigo defendendo a necessidade de um processo judicial tributário para atender às particularidades da lide tributária[1]. Um processo judicial diferenciado, que assegurasse com maior eficiência os direitos fundamentais dos contribuintes. Tratei a sistematização legislativa de nosso processo judicial tributário como uma necessidade urgente. Com a sua ausência, destaquei que focos de eficiência no controle judicial da imposição tributária adviriam do desenvolvimento pelo próprio Judiciário de algumas poucas ferramentas: o manejo da liminar em mandado de segurança preventivo como tutela inibitória dos atos administrativos tributários arbitrários; o alcance de matérias tributárias que poderiam ser arguidas em exceção de pré-executividade; a fungibilidade das tutelas judiciais em matéria tributária como ocorre entre a chamada ação anulatória e os embargos à execução.

Não obstante esses exemplos, defendi que, em geral, e, principalmente, ante a ausência de sistematização das normas processuais em matéria tributária, mostra-se inegável a necessidade da busca por maior eficiência do processo judicial tributário como tutela do contribuinte, sem prejuízo de também reconhecer certa debilidade desse como instrumento estatal de arrecadação. Como conclusão, afirmei o seguinte há treze anos:

> Os conflitos tributários se apresentam com acentuada particularidade se comparados com conflitos jurídicos de natureza diversa, donde estas *particularidades da lide tributária* ensejam uma maior eficácia das garantias constitucionais da sociedade, ou seja, mais do que em qualquer outro ramo do Direito, no Direito Tributário deve haver um *eficiente controle judicial*, seja referente

1. A eficiência do controle judicial da imposição tributária – a tutela judicial efetiva em matéria tributária. *Revista Tributária e de Finanças Públicas*, Vol. 69. São Paulo: RT, Set/Out 2006.

à legalidade da imposição tributária, seja referente ao conteúdo material das leis tributárias.

Exige-se assim uma *tutela judicial diferençada dos direitos dos contribuintes*, fazendo frente ao avanço da voracidade arrecadatória e assegurando, na medida do possível, a justiça tributária e as liberdades individuais, o respeito aos princípios da legalidade, da igualdade e da dignidade humana, realizando assim o conteúdo material do Estado Democrático de Direito.

Não obstante a ausência de diploma legal adjetivo do processo tributário e de não contarmos com uma justiça especializada em matéria tributária, o STJ vem manejando as ações tributárias impróprias de modo a adequá-las à lide tributária e, mesmo que não seja com o grau de eficiência que a sociedade deseja, na maior parte das vezes os contribuintes podem contar com uma *tutela judicial efetiva* no controle da legalidade da imposição tributária.

No tocante à jurisdição constitucional, embora eficiente no controle da observância pelas leis tributárias dos princípios formais tributários, nossa Suprema Corte ainda não alcançou um estágio de eficiência desejada no controle dos direitos fundamentais materiais dos contribuintes.

- II -

Por certo que minha abordagem nada tinha de original. No Brasil, mesmo àquela época, o estudo do processo judicial tributário vinha evoluindo bastante, de modo que diversos autores, que produziram obras de qualidade incontestável[2], já haviam defendido pontos similares. Em diferentes medidas, nossos principais autores apontavam a dispersão das normas do processo judicial tributário como um fator bastante negativo para a tutela judicial efetiva dos contribuintes. Sem embargo, as

2. MARINS, James. *Direito Processual Tributário Brasileiro*. São Paulo: Dialética, 2001 (1ª ed.), 2002 (2ª ed.) e 2003 (3ª ed.); mesmo A.: *Princípios Fundamentais do Direito Processual Tributário*. São Paulo: Ed. Dialética, 1998; CAIS, Cleide Previtalli. *O Processo Tributário*. São Paulo: RT, 1993 (1ª ed.), 1996 (2ª ed.), 2001 (3ª ed.) e 2004 (4ª ed.); PAULSEN, Leandro; ÁVILA, René Bergmann. *Direito Processual Tributário*. Porto Alegre: Livraria do Advogado, 2005 (2ª ed.); XAVIER, Alberto. *Do Lançamento – Teoria Geral do Ato, do Procedimento e do Processo Tributário*. Rio de Janeiro: Forense, 1998 (2ª ed.); mesmo A.: *Princípios do Processo Administrativo e Judicial Tributário*. Rio de Janeiro: Forense, 2005 (1ª ed.); MACHADO, Hugo de Brito. *Mandado de Segurança em Matéria Tributária*. São Paulo: RT, 1994 (1ª ed.), 1995 (2ª ed.), a partir da 3ª ed.: Ed. Dialética; ALVIM, Eduardo Arruda. *Mandado de Segurança no Direito Tributário*. São Paulo: RT, 1998 (1ª ed.).

principais normas processuais para os contribuintes ainda se encontram no Código de Processo Civil e na lei geral do mandado de segurança, ainda que nenhum dos diplomas tenha sido pensado e estruturado para a lide tributária.

Mais do que uma tutela judicial própria, há a necessidade de uma tutela que leve em conta as diferenças da lide tributária. Significa dizer, diante das particularidades da lide tributária, há a necessidade de a ordem jurídica estabelecer uma espécie de tutela jurídica o mais eficiente possível, *diferençada* das demais, para dirimir os especiais conflitos em matéria tributária e que se traduza em uma *tutela judicial efetiva dos direitos dos contribuintes*[3]. Há que se ter em mente que o Estado, como credor na obrigação tributária, não é uma parte processual qualquer; é uma parte poderosa, cheia de privilégios e vantagens.

A ideia de lide tributária diferenciada a exigir solução diferenciada é bem mais antiga que o desenvolvimento de nossa doutrina acima apontado. Foi Francesco Carnelutti, em célebre artigo publicado em 1932, que falou pela primeira vez em lide tributária diferenciada e processo tributário diferenciado. Contudo, as premissas do grande *maestro* italiano são absolutamente diversas das defendidas atualmente. Segundo a visão organicista de Carnelutti, o fenômeno tributário é "jurídico essencialmente porque uma norma subordina o interesse do cidadão a gozar de seus bens ao interesse do Estado em tomar-lhe uma parte para a satisfação das necessidades públicas"[4]. Os possíveis *conflitos de interesses* entre Estado e contribuinte deveriam ser solucionados levando-se em conta sempre esse traço essencial do fenômeno tributário.

Portanto, envolvido o interesse público na arrecadação, para Carnelutti haveria, de um lado, "uma *obrigação tributária* a cargo dos

3. Cf. MICHELI, Gian Antonio. *A tutela jurisdicional diferençada do contribuinte no processo tributário. In*: Estudos em homenagem ao Prof. Ruy Barbosa Nogueira, coord. Brandão Machado. São Paulo: Saraiva, 1984, pp. 403-410; LAPATZA, José Juan Ferreiro. *Poder Tributário y Tutela Judicial Efectiva. In*: Estudos em homenagem a Geraldo Ataliba, vol. 1, org. Celso Antonio Bandeira de Mello. São Paulo: Malheiros, 1997, pp. 90-104; SPISSO, Rodolfo. *Tutela Judicial Efectiva en Matéria Tributaria*. Buenos Aires: Depalma, 1996, pp. 79-117; MARINS, James. *Tutela Jurisdicional Efetiva em Matéria Tributária no Brasil – Aspectos da Antecipação de Tutela no Processo Tributário. In*: Justiça Tributária. São Paulo: Max Limonad, 1998, pp. 291-312.

4. CARNELUTTI, Francesco. Introduzione allo Studio del Diritto Processuale Tributario. *Rivista di Diritto Processuale Civile*, Vol. IX (I), Ano X, 1932, Padova: CEDAM, p. 109.

contribuintes" e, de outro, "um *poder tributário* a favor do Estado"[5]. A resistência do contribuinte ao interesse do Estado seria sempre algo indesejado; ou seja, o conflito de interesses surgido da resistência do contribuinte – a lide tributária – não atenderia a qualquer noção de interesse público. Presentes sempre tais elementos, e tendo em conta a finalidade de custear a satisfação das necessidades públicas, Carnelutti famosamente afirmou que o Estado é um "credor que não pode esperar". Em suas palavras:

> Uma vez que, na massa de normas jurídicas se distingue, pelo caráter acima indicado, o grupo das *normas tributárias*; como, do mesmo modo, a *relação jurídico-tributária* vem a ser subespécie de relação jurídica, então se pode falar de uma *lide tributária* sempre que, contra a pretensão do Estado à percepção do tributo, se opõe a resistência do cidadão, na forma de contestação ou, como quer que seja, na forma de desobediência.
>
> Se pode acrescentar que, no campo tributário, a lide é um fenômeno de particulares frequência e gravidade. A frequência é devida à escassa sensibilidade do cidadão quanto às vantagens que o mesmo obtém, *ut civis,* do cumprimento do tributo; nove entre dez cidadãos pagam contrariados, de má vontade, e, por isso, buscam escapar à obrigação. A gravidade se refere à urgência das necessidades públicas e da disponibilidade dos bens para satisfazê-las: o Estado é, tipicamente, *um credor que não pode esperar*.[6]

Para Carnelutti, o Estado seria um credor que não apenas não poderia esperar, mas também não poderia errar, abusar, se comportar de forma ilegal ou arbitrária. Segundo o autor, "o Estado ou, em geral, o ente público se apresenta como um credor *particularmente digno de tutela e fé*"[7] e, como tal, faz por merecer um processo diferenciado em termos de execução forçada de seu crédito. Sem dúvida, ante o quadro de falta de sistematização normativa dos processos de oposição dos contribuintes à pretensão fiscal, e de existência de leis próprias regulando os

5. CARNELUTTI, Francesco. Introduzione allo Studio del Diritto Processuale Tributario. *Rivista di Diritto Processuale Civile,* Vol. IX (I), Ano X, 1932, Padova: CEDAM, p. 110.
6. CARNELUTTI, Francesco. Introduzione allo Studio del Diritto Processuale Tributario. *Rivista di Diritto Processuale Civile,* Vol. IX (I), Ano X, 1932, Padova: CEDAM, p. 112.
7. CARNELUTTI, Francesco. Introduzione allo Studio del Diritto Processuale Civile. *Rivista di Diritto Processuale Civile,* Vol. IX (I), Ano X, 1932, Padova: CEDAM, p. 119.

processos judiciais de cobrança do crédito tributário, **parece que o Direito Processual Tributário Brasileiro ainda vive os tempos de Carnelutti**.

- III -

Essa disparidade de forças e instrumentos entre Estado e contribuintes, no âmbito de nosso processo tributário, foi o mote da excelente dissertação do agora mestre Pedro Lameirão. Pedro, ótimo aluno que tive no Programa de Pós-Graduação *stricto sensu* na UERJ, foi extremamente feliz em perceber esse traço indesejado de nosso processo tributário, aí incluído também o contencioso administrativo tributário. Certeiro nas premissas e nos fundamentos, produziu excelente dissertação sobre o assunto, que tive a honra e a alegria de orientar. O trabalho de Pedro, intitulado "A emancipação dos fatos no processo judicial tributário", ganha agora, em conformidade com a recomendação da banca examinadora, sua versão publicada, que muito me orgulha prefaciar.

Inicialmente, o autor descreve nossa estrutura do processo tributário, destacando a fase litigiosa administrativa da judicial para ressaltar a falta de diálogo entre essas fases. Assim, argutamente questionou: "existe sistema"? Para o autor, não seria sequer boa técnica falar em "sistema" ante o caminho que percorre o crédito tributário desde a sua constituição até a sua fase de cobrança judicial, tendo em vista "as fases da discussão tributária mal se relaciona[re]m, dada a deficiente comunicação que mantêm entre si, e tampouco se coordena[re]m, na medida em que costumam trabalhar paralelamente, à revelia uma da outra. O que diferencia uma etapa da outra é apenas o órgão que as conduz e praticamente não há evolução no trâmite que liga as diferentes fases, pelo contrário, há uma infinidade de redundâncias e ineficiências". Tais deficiências não permitem possa falar-se em processo tributário justo, e ainda favorece o fenômeno chamado de *apartheid fiscal*.

Nos capítulos 2 e 3, o autor foca no principal ponto de seu trabalho: em como a distribuição do ônus da prova se dá no âmbito do processo judicial tributário, principalmente tendo em conta as patologias formuladas anteriormente. O autor faz boa descrição dos conceitos e institutos relacionados à prova, e de como a distribuição de seu ônus vem se dando nos processos judiciais tributários, destacando jugados relevantes formulados pelo Superior Tribunal de Justiça. Todo o trabalho descritivo, muito bem esquematizado pelo autor, serviu de pano de fundo para as críticas certeiras que viriam no capítulo seguinte, o último da dissertação, ora livro.

No capítulo 4, Pedro sentencia o quanto desigual é a distribuição do ônus da prova entre contribuintes e Fisco durante todo o processo tributário, de forma que se revela imprópria a manutenção integral de um dos dogmas mais odiosos de nosso processo de execução fiscal: a presunção de legitimidade da certidão de dívida ativa. Pautado nas regras do Novo Código de Processo Civil, em especial no seu artigo 373, Pedro propõe reduzir a vulnerabilidade probatória dos contribuintes por meio da releitura dos efeitos da tal "presunção de legitimidade da CDA". Como Pedro fez isso? Bem, descubra por si mesmo, dando início à leitura desta excelente obra!

- IV -

Este livro que prefacio, "A emancipação dos fatos no processo judicial tributário", escrito por Pedro Lameirão, oferece aos leitores texto primoroso, cuidadosamente articulado. A obra servirá de fonte doutrinária relevante e de inspiração àqueles que pretendem ampliar os horizontes do pensamento sobre o tema. Será, sem dúvida, uma das grandes obras do nosso incipiente Direito Processual Tributário. Por tudo isso, é motivo de orgulho apresentar o primeiro livro de Pedro, marcando o início de um futuro acadêmico brilhante.

Rio de Janeiro, 29 de maio de 2019.

Carlos Alexandre de Azevedo Campos

Professor de Direito Financeiro e Tributário da UERJ.

SUMÁRIO

ABREVIATURAS E SIGLAS

ADC	–	Ação Declaratória de Constitucionalidade
ADCT	–	Ato das Disposições Constitucionais Transitórias
ADI	–	Ação Direta de Inconstitucionalidade
ADPF	–	Ação de Descumprimento de Preceito Fundamental
AgInt	–	Agravo Interno
AgRE	–	Agravo em Recurso Extraordinário
AgResp	–	Agravo em Recurso Especial
AgRg	–	Agravo Regimental
AI	–	Agravo de Instrumento
AR	–	Ação Rescisória
Art.	–	Artigo
CARF	–	Conselho Administrativo de Recursos Fiscais
CC	–	Código Civil
CDA	–	Certidão de Dívida Ativa
CIDE	–	Contribuição de intervenção no domínio econômico
CNI	–	Confederação Nacional da Indústria
CNJ	–	Conselho Nacional de Justiça
COFINS	–	Contribuição para o Financiamento da Seguridade Social
CONFAZ	–	Conselho Nacional de Política Fazendária
CPC/1973	–	Código de Processo Civil de 1973
CPC/2015	–	Código de Processo Civil de 2015
CRFB/1988	–	Constituição da República Federativa do Brasil
CSLL	–	Contribuição Social Sobre o Lucro Líquido
CSRF	–	Câmara Superior de Recursos Fiscais
CTN	–	Código Tributário Nacional
Des.	–	Desembargador(a)
DJe	–	Diário de Justiça Eletrônico
DL	–	Decreto-Lei
DOE	–	Diário Oficial do Estado
DOU	–	Diário Oficial da União
DRJ	–	Delegacias da Receita Federal do Brasil de Julgamento

EC	–	Emenda Constitucional
EDs	–	Embargos de Declaração
ICMS	–	Imposto sobre Operações relativas à Circulação de Mercadorias e Prestação de Serviços de Transporte Interestadual e Intermunicipal e de Comunicação
IE	–	Imposto de Exportação
II	–	Imposto de Importação
IOF	–	Imposto sobre Operações Financeiras
IPI	–	Imposto sobre Produtos Industrializados
IPVA	–	Imposto sobre a Propriedade de Veículo Automotor
IR	–	Imposto sobre a Renda e Proventos de Qualquer Natureza
IRDR	–	Incidente de Resolução de demandas Repetitivas
IRPJ	–	Imposto de Renda da Pessoa Jurídica
ISS	–	Imposto sobre Serviços
ITCMD	–	Imposto sobre Transmissão Causa Mortis e Doação
JF	–	Justiça Federal
LC	–	Lei Complementar
LEF	–	Lei de Execuções Fiscais
MF	–	Ministério da Fazenda
Min.	–	Ministro(a)
MP	–	Medida Provisória
OAB	–	Ordem dos Advogados do Brasil
PAF	–	Processo Administrativo Fiscal
PEC	–	Proposta de Emenda à Constituição
PIS	–	Programa de Integração Social
RE	–	Recurso Extraordinário
Rel.	–	Relator(a)
REsp	–	Recurso Especial
RFB	–	Receita Federal do Brasil
RICARF	–	Regimento Interno do Conselho Administrativo de Recursos Fiscais
SEFAZ	–	Secretaria de Fazenda
STF	–	Supremo Tribunal Federal
STJ	–	Superior Tribunal de Justiça
TJ	–	Tribunal de Justiça
TRF	–	Tribunal Regional Federal
UERJ	–	Universidade do Estado do Rio de Janeiro
UF	–	Unidade da Federação

CONSIDERAÇÕES INICIAIS

1.1. INTRODUÇÃO AO TEMA

O homem é um animal político. A célebre frase de Aristóteles (2011, pp. 21-22) foi cunhada enquanto buscava defender a *polis* e sua importância na vida do homem, defesa essa que, segundo alguns historiadores, foi motivada pela necessidade de dar uma resposta à pregação anárquica e cosmopolita de Diógenes. O tempo coroaria as previsões aristotélicas, uma vez que as cidades floresceram e se multiplicaram na mesma medida em que as civilizações se desenvolveram. A evolução das cidades se deu de modo tão intenso que passaram a exercer papel central na vida do homem e na forma de organização da sociedade.

Tal fenômeno pode ser mais bem visualizado a partir do surgimento da atualmente vivenciada sociedade de massa (ORTEGA Y GASSET, 2005, p. 58). Esse novo contexto é marcado pela dificuldade na manutenção da harmonia e da coesão social, que se sustentam em um cada vez mais frágil equilíbrio[1] entre um aglomerado cada vez mais significativo de indivíduos que se relacionam de forma cada vez mais efêmera e sofisticada.

A sociedade de massa cria a exigência de que o indivíduo se relacione com outros membros da coletividade que lhes são desconhecidos e que, por vezes, encontram-se até mesmo inseridos em uma realidade distante de seu mundo cotidiano (ORTEGA Y GASSET, 2005, pp. 58-61). Tal circunstância obviamente traz consigo significativos desafios para o convívio social, os quais demonstram ser ainda mais agravados por outro fenômeno característico da sociedade de massa: a intensificação dos fluxos de informação.

Com efeito, por mais paradoxal que possa parecer, a enorme quantidade de informação à qual estamos expostos hoje acaba produzindo

1. É a ideia exposta por Zygmunt Bauman em sua obra "Medo Líquido" (2008, pp. 27-28).

incompreensão, na medida em que, diante da evidente incapacidade de processar tudo quanto se lhe apresenta, o homem luta com o problema da falta de mecanismos para selecionar o que de fato é relevante e, dentro desse grupo, aquilo que realmente merece fé (POSTMAN, 2005, p. 160). Some-se a isso o fato de que já não há mais disponível um sistema de crenças suficientemente abrangente para ser utilizado como lente a partir da qual possa ser analisada toda informação a que o indivíduo é habitualmente exposto. Postman (1993, pp. 77-78) observava que, em tempos não muito remotos, esse papel era incumbido à religião, todavia, desde o advento do iluminismo, sua capacidade para exercer essa função foi progressivamente dissipada.

A massificação da informação e seus efeitos colaterais – notadamente as já mencionadas dificuldades em sua filtragem e processamento e a inexistência de uma perspectiva abrangente comum aos indivíduos – acabam por intensificar os já significativos transtornos para o convívio social existentes na sociedade de massa. O estabelecimento de relações entre sujeitos que não possuem proximidade entre si seria facilitado por cosmovisões compatíveis e pela sua inserção em realidades semelhantes, mas normalmente não é isso o que ocorre. Pelo contrário, é comum que existam divergências entre discursos e às vezes até mesmo em relação a fatos aparentemente difundidos.[2]

Tais circunstâncias produzem terreno fértil para o surgimento de conflitos, os quais, entretanto, dificilmente são solucionados pelo diálogo, que, diga-se, é quase impossível, diante de partes de tal forma desalinhadas em suas crenças e em seus ideais. A visualização desse cenário é essencial para que se possa compreender o contínuo aumento da litigiosidade experimentado pelo Poder Judiciário na sociedade atual (POSTMAN, 1993, p. 74).

Ainda mais interessante é observar o papel simbólico que, na visão de Postman (1993, p. 74), a justiça passa a incorporar diante das necessidades impostas pelo contexto descrito: trata-se de um dos últimos sobreviventes dentre os mecanismos aptos a arbitrar conflitos e a realizar o discernimento entre verdade e mentira, certo e errado. Isso

2. Nesse sentido, é interessante observar a força que o anticientificismo ainda possui hoje em dia, e o fato de que inúmeras questões já desmistificadas pela ciência continuam sendo alvo da ocupação de boa parte da população. Carl Sagan (2006) faz uma interessante análise sobre o tema e cita alguns misticismos como a teoria da Terra oca, o mito de Atlântida, e a teoria dos astronautas antigos, dentre outros.

demonstra que, na sociedade atual, o sistema jurídico é muito mais que uma ferramenta para solucionar litígios. Suas decisões – ao menos em um contexto de normalidade cívica – projetam-se simbolicamente sobre a coletividade como se exaradas pela entidade capaz de determinar que ideias ou quais indivíduos devem prevalecer.[3] Não à toa, Bauman afirma que, na pós-modernidade, "*a noção de verdade pertence à retórica do poder*" (1998, p. 143): adquire sentido somente no contexto do desacordo, da oposição, quando se torna objeto de disputa identificar quem está certo e quem está errado, o que vem a ser "*simultaneamente o debate acerca do direito de alguns de falar com a autoridade que alguns outros deveriam obedecer*" (BAUMAN, 1998, p. 143). Parece claro que o poder que decorre da função de apurar a verdade importa em significativa influência e coloca o Judiciário como um dos principais agentes dentre os atuantes no equilíbrio das forças políticas em nossa sociedade[4] (CAMPOS, C., 2016b, pp. 33-37).

É importante perceber, todavia, que esse papel de protagonismo incumbido ao Poder Judiciário carrega implícita a premissa de que as partes litigantes receberão tratamento isonômico quando provocarem a justiça a oferecer sua solução ao eventual conflito que venha a surgir. Isso porque, não fosse assim, as decisões judiciais seriam encaradas pela sociedade como tendenciosas, ao invés de imparciais, e não poderiam ser tratadas como mecanismos dignos da atribuição de distinguir o certo do errado e a verdade da mentira. Desse modo, pode-se afirmar que a simbologia que constitui um dos principais alicerces de nosso sistema jurídico depende, em certa medida, do mencionado equilíbrio entre as partes litigantes, atualmente denominado pela doutrina de princípio da paridade de armas (GRECO, L., 2006, pp. 125-126).

---

3. Em sentido muito semelhante, Bauman afirma que "*A noção de verdade pertence à retórica do poder. Ela não tem sentido a não ser no contexto da oposição — adquire personalidade própria somente na situação de desacordo, quando diferentes pessoas se apegam a diferentes opiniões, e quando se torna objeto da disputa de quem está certo e quem está errado [...]. A disputa acerca da veracidade ou falsidade de determinadas crenças é sempre simultaneamente o debate acerca do direito de alguns de falar com a autoridade que alguns outros deveriam obedecer; a disputa é acerca do estabelecimento ou reafirmação das relações de superioridade e inferioridade, de dominação e submissão, entre os detentores de crenças*" (1998, p. 143).
4. Nesse sentido, Luís Roberto Barroso (2009b, pp. 2-6) chega a usar a expressão "judicialização da vida" para se referir à crescente transferência de poder para os tribunais, apesar de apontar como causas do fenômeno fatores eminentemente relacionados à fase vivenciada nos últimos tempos pelo direito constitucional no Brasil e no mundo.

Sem embargo da relevância simbólica descrita acima, a importância do princípio da paridade de armas vai ainda mais além, visto que há muitas outras funções projetadas sobre o sistema jurídico, dentre as quais se inclui obviamente aquela relacionada diretamente à ideia de fazer justiça. Nesse passo, cabe recorrer à feliz síntese de Taruffo (1997, p. 319) acerca das condições que devem estar presentes para que se possa tratar determinada decisão judicial como justa[5] e à estreita relação existente entre tais condições e os princípios do contraditório e da paridade de armas, evidenciada com muita propriedade por Leonardo Greco (2006, p. 125).

Ocorre que nem sempre o sistema jurídico brasileiro corresponde às altas expectativas que sobre si a sociedade deposita. Mais do que isso, embora muitas vezes falhe em exercer esse papel, raramente tal fato é desvelado, uma vez que magistrados e tribunais têm consciência de que a manutenção de sua autoridade depende não apenas da gestão de seu capital político e institucional, mas também de sua capacidade de demonstrar racionalidade e transparência a fim de legitimar suas decisões.[6] É sabido que a falta de confiança nas decisões judiciais pode fomentar diversas formas de reação, que vão desde o simples descumprimento à correção legislativa da jurisprudência (OLIVEIRA, 2010, 2017). Tais circunstâncias acabam por produzir uma indesejável obscuridade na dinâmica do equilíbrio das forças institucionais do país, contribuindo para agravar ainda mais a falta de fé que a sociedade demonstra em relação à política como um todo.

Nesse sentido, torna-se importante observar criticamente o cenário acima descrito e não aceitar dogmas e verdades absolutas simplesmente por estarem presentes no discurso de autoridade – pelo contrário, deve-se

---

5. São elas a veracidade da determinação dos fatos, a correção do processo, a adequada interpretação das normas e a correta qualificação jurídica dos fatos.
6. Nesse sentido, Mendes, C. afirma que:

   "A opinião pública interage e é responsável por flutuações de legitimidade. Instituições constroem capital político difuso e passam a gerenciá-lo em decisões mais e menos populares. Sua margem de ação, ademais, não se define em bloco. Varia também de tema para tema, de acordo com a respectiva voltagem política do conflito.

   Apesar de a corte poder errar, e errar grosseiramente (seja qual for o critério por meio do qual se meça o erro), não é realista nem historicamente plausível dizer que ela possa decidir continuamente de modo desconectado da realidade, que ela não se preocupe com a manutenção de seu prestígio e respeitabilidade, dos quais depende não só sua legitimidade, mas inclusive a eficácia de suas decisões. Ela não consegue sustentar sua autoridade por muito tempo se insistir numa postura que não seja aceitável numa determinada cultura política." (2008, p. 186)

aceitá-los apenas se houver razões legítimas para fazê-los, o que independe completamente do prestígio e da influência de quem os afiança (FOUCAULT, 2007, p. 46). Esse é o primeiro passo para identificar o que deve ser endossado e o que deve corrigido de forma a conseguir que os institutos submetidos à nossa análise passem a cumprir as expectativas sobre eles depositadas e a desempenhar as funções que deles são esperadas.

Um exemplo de contundente quebra da expectativa de paridade de armas no processo judicial pode ser verificado no âmbito do objeto de estudo da presente obra: a distribuição do ônus da prova (GRECO, L., 2004, pp. 256-257). Algumas vezes, o sistema jurídico acaba por instituir tratamento desigual entre as partes ao optar por depositar o ônus de provar sobre determinadas classes de sujeitos em função de características selecionadas arbitrariamente,[7] ou seja, independentemente do polo que os mesmos venham a ocupar na relação jurídica de direito material ou de direito processual, ou de qualquer outra qualidade relevante para fins de determinação da distribuição do ônus probatório. Em outras palavras, estejam tais sujeitos na condição de pretensos credores ou devedores, estejam eles na condição de autores ou réus, ficarão sempre obrigados a apresentar provas suficientemente elucidativas do contexto fático, sob pena de ver prevalecer a versão dos fatos que lhes é mais prejudicial.

Permitir que o ordenamento jurídico conforme os fatos em determinado sentido aprioristicamente é algo singularmente impactante. Isso porque, no direito, é muito nítido que a comunicação entre fato e discurso comporta-se como um pilar fundamental do sistema, uma vez que o direito subjetivo não nasce por abiogênese: ele decorre dos fatos (GRECO, L., 2004, p. 213; BARROSO, 2009, p. 287). Tal característica se reflete com singular clareza e simplicidade no discurso prescritivo, representado pela muito difundida estrutura silogística, segundo a qual o consequente previsto na norma deve ser aplicado sempre que o contexto fático se amoldar à hipótese descrita no antecedente (GUASTINI, 1999, pp. 92-95). Embora o discurso prescritivo não seja a única via disponível de normatização, certamente ocupa função de destaque nos ordenamentos jurídicos (GUASTINI, 1999, p. 96; KAUFMANN, 2004, pp. 115-116). Além disso, apesar de não ser a única demonstração da relação existente

7. Nesse sentido, Celso Antônio Bandeira de Mello (2014, p. 17; 2014, p. 39) ensina que qualquer elemento pode ser escolhido como fato discriminatório, desde que exista um vínculo de correlação lógica entre a peculiaridade diferencial e a desigualdade de tratamento instituída.

entre fato e direito, serve para deixar especialmente tangível o aludido relacionamento (GRECO, L., 2004, p. 213).

No direito pátrio, é possível observar a existência de alguns ramos específicos, como o direito penal e o tributário, nos quais, em decorrência de algumas características particulares, há um apelo mais frequente à estrutura silogística, de forma que a manifestação da importância dos fatos parece ser ainda mais intensa. Nesses casos, o desequilíbrio na distribuição do ônus da prova acaba provocando danos ainda mais severos ao princípio da paridade de armas.

O direito penal, por exemplo, está estruturado fundamentalmente sobre o princípio da tipicidade, que guarda íntima relação com o raciocínio silogístico (SALVADOR NETTO, 2010). Assim, na seara penal, afirma-se que a conduta a ser punida como crime deve ser previamente descrita em lei, como bem sintetizado no brocardo *nullum crimen, nulla poena sine praevia lege.*[8] Nesse sentido, adquire fundamental relevância a necessidade de aferir com precisão o contexto fático, de modo que se torne possível verificar se há compatibilidade entre o mesmo e os tipos previstos na lei penal.

O direito tributário, por sua vez, tem como pressuposto essencial a ideia de que cada um deve contribuir de acordo com a sua capacidade contributiva, sendo certo que essa capacidade é aferida mediante a análise de determinados fatos jurídicos (TORRES, 2006, p. 23) que denotam a existência de riqueza por parte do indivíduo que se pretende submeter à tributação (FALCÃO, 2013, pp. 37-67). Daí a norma entalhada no artigo 150, inciso I, da Constituição da República Federativa do Brasil de 1988 – "CRFB/1988" e o entendimento razoavelmente difundido na doutrina de que o direito tributário, além de possuir um princípio da legalidade, dispõe também de um princípio da tipicidade,[9] embora exista controvérsia sobre sua correta denominação e sobre o quão rígidos seriam os denominados "tipos" (CAMPOS, C., 2016a, pp. 266-268; DERZI, 1998, pp. 627-650; GRECO, M., 2011, pp. 143-169; QUEIROZ, 2008, p. 750; TORRES, 2005, pp. 468-512).

Também no direito processual os fatos adquirem especial relevância. Isso porque há basicamente duas origens mais comuns para o surgimento de divergências entre as partes (cuja solução é o escopo do processo):

8. A esse respeito, v. Delmanto Júnior (2007, p. 212).
9. Nesse sentido, v. por todos, Xavier (1978, pp. 57-70) e Torres (2006, p. 2).

a discordância quanto à interpretação do direito e a discrepância na forma de enxergar os fatos. Apesar de parecer uma obviedade, tais circunstâncias trazem desdobramentos importantes para o processo e, não à toa, o Código de Processo Civil de 2015 - "CPC/2015", a exemplo do que fazia o Código de Processo Civil de 1973 - "CPC/1973", estabeleceu expressamente que a petição inicial deve indicar "*o fato e os fundamentos jurídicos do pedido*".

De tal cenário depreende-se a dupla importância da consideração dos fatos no processo tributário, campo de estudo que engloba o objeto do presente trabalho. Em primeiro lugar, quando se trata de litígio envolvendo matéria tributária, torna-se fundamental a análise acerca da possibilidade de se caracterizar ou não determinado fato jurídico como fato gerador da obrigação tributária. Em segundo lugar, porque, como todo litígio, é comum que sua instauração esteja relacionada ao dissenso das partes acerca do contexto fático da lide e não apenas quanto ao sentido e alcance das normas envolvidas.

Tendo em vista que até hoje o homem não foi capaz de desenvolver alguma ciência ou área do saber humano que fornecesse meios aptos a reconstruir os fatos de forma absolutamente segura e incontroversa, quando não há consenso entre as partes em relação ao contexto fático, cabe ao direito recorrer à prova (GRECO, L., 2004, pp. 213-214; TOMÉ, 2016, pp. 54-56). Assim, o exame crítico da prova adquire importância análoga àquela mantida pela consideração dos fatos (FERRAGUT, 2016, pp. 21-22), os quais, por sua vez, extraem sua relevância do prestigioso papel atribuído por nossa sociedade à ideia de verdade (BAUMAN, 1998, pp. 142-144).

Considerando que a distribuição do ônus da prova mostra-se um campo da teoria da prova particularmente fragilizado no processo judicial tributário, torna-se oportuna e necessária a realização de um estudo capaz de fornecer critérios e padrões para o reequilíbrio da atividade probatória desenvolvida entre Fisco e contribuintes. É com o objetivo de oferecer contribuições nesse sentido que foi pensada a presente obra.

1.2. A RELEVÂNCIA DO TEMA

Uma vez concluída a introdução ao tema, em que se buscou primordialmente expressar como a presente obra se situa no universo, cabe seguir adiante para demonstrar qual a relevância da contribuição que se pretende aqui oferecer. Para tanto, é necessário antes tecer algumas considerações sobre o que a sociedade espera do direito processual nos dias de hoje.

Pois bem, é de conhecimento comum que a relação desenvolvida entre processo e direito material apresenta-se como um objeto de estudo relativamente habitual no âmbito do direito processual. A desoladora – porém recorrente – observação de que o processo pode conferir direitos a quem deles não dispõe e removê-los de quem os possui[10] torna a tutela do direito material no processo um problema antigo, que parece, contudo, inesgotável, uma vez que se renova na mesma velocidade em que a comunidade jurídica propõe soluções para superá-lo (SATTA, 2004, pp. 61-62).

É nítida a especial atenção dada ao tema pelo CPC/2015 (WAMBIER *et. al.*, 2015, p. 51). Do início ao fim, o novo diploma processual exibe inúmeros artefatos concebidos para que o processo se desenvolva em função do direito, e não o direito em função do processo (CÂMARA, 2015, pp. 45-49). É justamente nesse contexto que se insere o acolhimento da teoria da distribuição dinâmica do ônus da prova pelo CPC/2015. Com efeito, regras equilibradas de distribuição do ônus da prova são uma condição fundamental para permitir o desenvolvimento de um processo justo e capaz de tutelar efetivamente o direito material (GRECO, L., 2006, pp. 127-128), uma vez que, conforme se verá de forma mais detalhada adiante, o ônus da prova influencia significativamente no resultado da prestação jurisdicional.

Isso porque, em sua perspectiva subjetiva, o ônus da prova distribui entre as partes a responsabilidade pela demonstração da (não) ocorrência de determinados fatos controversos, enquanto, na perspectiva objetiva, orienta o juízo quanto à forma segundo a qual deve solucionar a controvérsia posta na hipótese de as partes não terem sido capazes de se desincumbir do seu ônus probatório, de modo a persistirem incertezas a respeito do contexto fático da lide. Em outras palavras, as regras de ônus da prova podem se apresentar, em última análise, como regras de julgamento, nas quais se apoia o órgão judicante para se posicionar diante de fato incerto a respeito do qual não foi obtida prova alguma (BARBOSA MOREIRA, 1977, p. 61; TESAURO, 1986b, p. 78; SALDANHA

---

10. Nesse sentido, Leonardo Greco observa que "*uma das maiores ilusões que a consciência democrática contemporânea difunde na sociedade é a de que, no Estado de Direito, todo aquele que tiver um direito lesado ou ameaçado vai receber do Estado a mais ampla e eficaz tutela jurisdicional que lhe assegurará o pleno gozo desse direito*" (2004, p. 213).

SANCHES, 1987, pp. 106-107). Torna-se evidente, assim, a importância da existência de um firme e preciso equilíbrio nas regras de distribuição do ônus da prova para que o processo possa cumprir de forma adequada o que dele se espera.

Tal equilíbrio, contudo, não se faz presente em específico no campo do processo judicial tributário, tendo em vista que o artigo 204 do Código Tributário Nacional - CTN (assim como o artigo 3º da Lei nº 6.830/1980 - Lei de Execuções Fiscais - "LEF", que possui redação praticamente idêntica)[11] atribui presunção de certeza e liquidez e efeito de prova pré-constituída à Certidão de Dívida Ativa - "CDA" regularmente inscrita. Tal presunção levou a doutrina mais tradicional a depositar sobre o contribuinte a responsabilidade por realizar um maior esforço probatório nos litígios com o Fisco (BONILHA, 1997, p. 73).

Pelo menos de acordo com o entendimento manifestado de maneira predominante por nossos Tribunais,[12] trata-se simplesmente de uma

---

11. Ambos os dispositivos serão transcritos mais à frente, no momento em que o foco do presente estudo será voltado à análise do arcabouço normativo pertinente ao tema.

12. Para ilustrar tal afirmação, recorre-se à análise do acórdão em que foi unificado o entendimento da Primeira Seção do STJ a respeito do ônus da prova no redirecionamento da execução fiscal contra o sócio-gerente, proferido quando do julgamento dos EREsp nº 702.232/RS. Naquela ocasião, o Tribunal, à luz da presunção de veracidade da certidão de dívida ativa, definiu como se daria a distribuição do ônus da prova quando a fazenda requeresse o redirecionamento da execução fiscal contra o sócio-gerente com fundamento no artigo 135 do CTN. Vejamos: "*TRIBUTÁRIO. EMBARGOS DE DIVERGÊNCIA. ART. 135 DO CTN. RESPONSABILIDADE DO SÓCIO-GERENTE. EXECUÇÃO FUNDADA EM CDA QUE INDICA O NOME DO SÓCIO. REDIRECIONAMENTO. DISTINÇÃO. 1. Iniciada a execução contra a pessoa jurídica e, posteriormente, redirecionada contra o sócio-gerente, que não constava da CDA, cabe ao Fisco demonstrar a presença de um dos requisitos do art. 135 do CTN. Se a Fazenda Pública, ao propor a ação, não visualizava qualquer fato capaz de estender a responsabilidade ao sócio-gerente e, posteriormente, pretende voltar-se também contra o seu patrimônio, deverá demonstrar infração à lei, ao contrato social ou aos estatutos ou, ainda, dissolução irregular da sociedade. 2. Se a execução foi proposta contra a pessoa jurídica e contra o sócio-gerente, a este compete o ônus da prova, já que a CDA goza de presunção relativa de liquidez e certeza, nos termos do art. 204 do CTN c/c o art. 3º da Lei n.º 6.830/80. 3. Caso a execução tenha sido proposta somente contra a pessoa jurídica e havendo indicação do nome do sócio-gerente na CDA como co-responsável tributário, não se trata de típico redirecionamento. Neste caso, o ônus da prova compete igualmente ao sócio, tendo em vista a presunção relativa de liquidez e certeza que milita em favor da Certidão de Dívida Ativa. 4. Na hipótese, a execução foi proposta com base em CDA da qual constava o nome do sócio-gerente como co-responsável tributário, do que se conclui caber a ele o ônus de provar a ausência dos requisitos do art. 135 do CTN. 5. Embargos de divergência providos.*" (EREsp 702.232/RS, Rel. Ministro Castro Meira, Primeira Seção, julgado em 14/09/2005, DJ 26/09/2005, p. 169).

presunção – reconheça-se de antemão, relativa, vez que admite prova em contrário, conforme disposto no parágrafo único dos referidos artigo 204 do CTN e artigo 3º da LEF – generalizada de que, em matéria tributária, o ente fiscal terá razão a menos que se prove o contrário.

Evidentemente, esse racional acaba por onerar desarrazoadamente o contribuinte nas discussões travadas perante o Judiciário versando sobre matéria fática. Em última análise, pode-se afirmar que o processo judicial tributário experimenta atualmente um verdadeiro monopólio dos fatos por parte dos entes tributantes, monopólio este já referendado por Tribunais Superiores que, conforme será visto mais à frente, já não demonstram qualquer embaraço em exigir do contribuinte a produção de prova diabólica como condição para seu sucesso no litígio.

O monopólio dos fatos, no caso brasileiro, adquire ainda maior gravidade tendo em vista que, de modo oposto ao que ocorre em ordenamentos estrangeiros, não está legitimado por um sistema equilibrado de constituição, discussão e cobrança do crédito tributário (GRECO, L. 2006, pp. 131-133). Pelo contrário, as graves assimetrias e desarmonias que se fazem presentes quando da discussão do crédito tributário na esfera administrativa tornam as restrições impostas aos contribuintes no processo judicial ainda mais perniciosas. Embora tenha sido reservado o espaço apropriado para tratar disso mais à frente, cabe antecipar algumas das referidas mazelas, pelo menos aquelas de especial gravidade, como o voto de qualidade em esfera administrativa, a ideia da primazia do interesse público e o entendimento de que o processo administrativo representa uma forma de autotutela, sendo considerado quase que uma concessão da Administração Tributária para com o contribuinte, que pode ser limitada conforme ela bem entender. A soma desses traços resulta quase que na instauração, na prática, de um princípio "*in dubio pro fiscum*" no processo administrativo fiscal. Ainda assim, a despeito da evidente ausência de paridade de armas da fase administrativa, a existência de um processo administrativo prévio apresenta-se talvez como o principal fundamento para que seja instituído o atual desequilíbrio entre as partes – de modo a favorecer a Fazenda, obviamente – no âmbito da produção de provas no processo judicial tributário.

Esse julgado passou a ser replicado nos tribunais pátrios e teve seu entendimento muito bem sintetizado em acórdão de lavra do Ministro Humberto Martins no julgamento do AgRg no Ag nº 774.242/RS (rel. Min. Humberto Martins, Segunda Turma, julgado em 24/04/2007, DJ 09/05/2007, p. 230).

Na verdade, o que se verifica é que, apesar da total ausência de compatibilidade, existe uma tentativa de estabelecer um diálogo forçado entre o processo administrativo tributário e o processo judicial tributário, sem que, todavia, seja devidamente implementada a remodelação necessária para isso. De fato, conforme poderá ser visualizado de maneira detalhada mais à frente, quando se analisa o sistema de contencioso tributário como um todo, é possível constatar a existência de diversos pontos de sobreposição e redundância, os quais, quando somados às assimetrias e desarmonias mencionadas acima, denotam falta de coesão e coerência desarrazoada e extremada a ponto de ser possível até mesmo questionar se é apropriado utilizar-se do termo "sistema" para se referir ao conjunto dos procedimentos por meio dos quais ocorrem a constituição, a discussão e a cobrança do crédito tributário no Brasil (CAMPOS, C., 2006, pp. 143-145). Dito de outra forma, a própria existência de um sistema brasileiro de contencioso tributário deve ser posta em questão. Nesse passo, cumpre esclarecer que, apesar da justa ressalva, o presente trabalho utilizará com frequência a expressão "sistema brasileiro de contencioso tributário" para se referir ao conjunto de atos por meio dos quais se dá a discussão e a satisfação do crédito tributário, desde seu nascimento, quando do lançamento que constata a prática do fato gerador, até sua extinção. Trata-se de "acordo semântico" necessário em função da indisponibilidade de um termo mais apropriado.

Além disso, por mais paradoxal que possa parecer, o monopólio dos fatos pelo Fisco no processo tributário não se mostra uma mazela exclusivamente para os contribuintes. Na realidade, juntamente com outras violações ao contraditório e à paridade de armas no contencioso tributário, esse monopólio acaba trazendo prejuízos para a própria cobrança das dívidas tributárias. Com efeito, verifica-se que o fortalecimento do sistema de execução do crédito tributário à custa da violação dos direitos processuais elementares dos contribuintes não tem rendido bons frutos, na medida em que nem por isso os entes fazendários têm visto aumentar a eficiência de sua arrecadação (GONÇALVES, 2015, pp. 452-454). Isso se deve ao fato de que os aludidos vícios forçam a adoção de procedimentos repetitivos e pouco produtivos, como uma tentativa de compensar a falta de equilíbrio identificada em determinadas etapas da cadeia de constituição, discussão e cobrança do crédito tributário.

Pior ainda, as compensações instituídas com tal propósito mostram-se pouco profícuas e muito danosas, pois não apenas não sanam os vícios identificados, como permitem que alguns contribuintes se aproveitem delas para se esquivar de suas obrigações, tendo em vista que, a partir do momento em que o sistema de contencioso tributário se torna redundante, a execução dos créditos passa a ser realizada tardiamente, tornando-se cada vez mais ineficiente (CALIENDO, 2016, p. 16). Essa ineficiência gera uma descrença generalizada no sistema de execução de créditos fiscais, que deixa de exercer qualquer papel coercitivo sobre os contribuintes (SUNDFELD, 2003, p. 19) e se mostra incapaz de inibir o surgimento de transgressores contumazes.

Em outras palavras, a tentativa de corrigir os equívocos relacionados à fragilização dos princípios do contraditório e da paridade de armas acaba gerando novos equívocos que contribuem para o aparecimento de uma casta de contribuintes privilegiados, verdadeiros "*fugitivos fiscais*" (NABAIS, 2001, p. 20), que parecem viver fora do alcance do sistema tributário. Instaura-se, assim, uma contundente exceção ao princípio da igualdade e ao Estado Democrático (NABAIS, 2001, pp. 20-21), em que inadimplentes habituais levam à sobrecarga dos demais contribuintes para o financiamento da máquina pública. Casalta Nabais (2001, p. 20) se refere a esse fenômeno com a expressão "*apartheid fiscal*" e o descreve da seguinte forma:

> Como todos sabemos, a luta eficaz contra as múltiplas e variadas formas de evasão fiscal constitui [...] uma luta que não pode deixar de ser travada e travada em termos de conseguir um mínimo de êxito, sob pena de vermos o próprio estado democrático ir ao fundo sem apelo nem agravo.
>
> Com efeito, é de todo insustentável a situação a que uma parte significativa e crescente de contribuintes se conseguiu alcandorar, fugindo descaradamente e com assinalável êxito aos impostos. E insustentável pela receita perdida que origina e, consequentemente, pelo apartheid fiscal que a mesma provoca, desonerando os "fugitivos" fiscais e sobrecarregando os demais contribuintes que, não podendo fugir aos impostos, se tornam verdadeiros reféns ou cativos do Fisco por impostos alheios. Um fenómeno que muito justamente coloca a questão de saber se, através desta via, não estamos de algum modo a regressar à situação que com algumas excepções se manteve até ao triunfo do estado constitucional, em que certas classes, ou seja, o clero e a nobreza, estavam excluídos da tributação que, assim, incidia apenas sobre os membros do terceiro estado.

> Naturalmente que a fuga aos impostos aparentemente nada traria de mal ao mundo se todos os contribuintes estivessem em condições de fugir e de fugir em condições de igualdade. Mas isso é de todo inverificável, pois fugitivos fiscais só alguns estão em condições de o ser. [...] (2001, pp. 20-21)

Tal cenário, por óbvio, entra em frontal colisão com a cada vez mais intensa e atual preocupação da sociedade civil com o alcance e a efetivação da justiça fiscal, uma das principais alternativas democráticas para o enfrentamento das injustiças sociais que, apesar do patamar de riqueza sem precedentes alcançado pela humanidade, ainda se fazem presentes na atualidade. (RIBEIRO, 2015, pp. 36-37). Deve-se dar a devida atenção para o fato de que jamais será possível estabelecer um sistema tributário justo enquanto os mecanismos disponíveis para sua materialização – o que inclui, por exemplo, os procedimentos de fiscalização, de discussão e de cobrança – permanecerem ineficientes a ponto de deturpar completamente a distribuição da carga tributária inicialmente planejada pelo legislador (CAMPOS, G., 2009, pp. 37-38).

1.3. ATUALIDADE DA QUESTÃO

A atualidade da questão que o presente trabalho pretende ajudar a solucionar guarda estreita relação com os fatores até aqui delineados para demonstrar sua relevância. Isso porque o abandono da visualização compartimentada de nosso ordenamento jurídico e a aproximação experimentada pelo processo em relação ao direito material (instrumentalização do processo) e ao direito constitucional, além de evidenciarem a importância do tema em tela, apresentam-se como tendências recentes, que ganham cada vez mais força no Brasil.

Nesse sentido, considera-se que o acolhimento da teoria da distribuição dinâmica do ônus da prova pelo artigo 373 do CPC/2015 já era esperado, considerando que a interpretação da lei processual à luz da Constituição Federal já levava inevitavelmente à estruturação de um sistema menos rígido e mais equilibrado de distribuição do ônus da prova, e que, em certa medida, a doutrina, a jurisprudência e até mesmo o legislador ordinário em algumas hipóteses específicas[13] já haviam de-

13. Veja-se os casos de flexibilização do ônus da prova na legislação processual específica, como, por exemplo, no âmbito do direito do consumidor.

monstrado o reconhecimento de tal fato (GRECO, L., 2004, pp. 259-261; RODRIGUES, 2013, pp. 552-553).

Aliás, como já afirmado anteriormente, o espírito que levou o CPC/2015 a flexibilizar as regras de distribuição do ônus da prova esteve presente ao longo de todo o código, de modo que foi formado um sistema processual integralmente voltado para a tutela efetiva do direito material e empenhado em alcançar os fins e valores definidos pela Constituição (WAMBIER et. al., 2015, p. 51).

Tais elementos por si só já demonstram a atualidade da questão, que, contudo, não se limita a esse ponto. De fato, não há como ignorar que a distribuição do ônus da prova no processo judicial tributário dependerá intimamente da medida da credibilidade de que está dotada a CDA, título executivo que dá lastro à pretensão dos entes tributantes.

O exame dessa credibilidade demandará que voltemos nosso foco ao sistema brasileiro de contencioso tributário como um todo, o que permitirá a identificação de falhas e assimetrias - algumas já mencionadas anteriormente - que acabam por refletir em todo o sistema tributário nacional, as quais, como visto acima, contribuem para acentuar de forma perversa a injustiça tributária no Brasil (CAMPOS, G., 2009, pp. 37-38).

Dessa forma, o tema que se propõe enfrentar no presente estudo mostra-se atual tanto por refletir tendências contemporâneas de direito processual materializadas no CPC/2015 - que, por ser diploma legislativo extremamente recente, ainda suscita as mais variadas dúvidas em sua aplicação -, quanto por envolver a análise da instrumentalidade do sistema de contencioso tributário brasileiro, ao tratar dos impactos negativos trazidos pelo mesmo - ao menos da forma como se encontra estruturado atualmente - à tão almejada justiça tributária.

1.4. DELIMITAÇÃO E OBJETIVOS

O presente estudo está voltado para o exame da distribuição do ônus da prova entre Fisco e contribuintes no processo judicial tributário, conferindo especial atenção aos impactos trazidos com a nova regulamentação introduzida pelo CPC/2015 e às inovações por ele viabilizadas relacionadas ao tema. A análise será conduzida sob um prisma amplo a ponto de permitir a consideração de todas as peculiaridades do sistema brasileiro de contencioso tributário - inclusive em etapas anteriores à discussão judicial - e dos reflexos trazidos por elas para as conclusões que serão propostas ao longo do trabalho.

De fato, tendo em vista que existe um contato entre o litígio judicial envolvendo matéria tributária e os procedimentos administrativos de fiscalização, lançamento e discussão do crédito tributário,[14] em alguns momentos será necessário deixar de lado o foco principal do presente trabalho para debruçar-se sobre outras partes do sistema brasileiro de contencioso tributário. Esse método de abordagem abrirá espaço para uma análise mais profunda dos problemas que serão visualizados ao longo deste estudo, bem como de suas origens, suas repercussões e das alternativas plausíveis.

Apesar disso, é necessária a ressalva de que não há neste trabalho o objetivo de formular uma proposta de reforma do sistema brasileiro de contencioso tributário, eis que este não é o espaço para se oferecer respostas a todos os problemas. Como já esclarecido, o propósito principal do presente estudo consiste em formular uma proposta de divisão do ônus da prova no processo judicial tributário que seja equânime e leve em consideração todo o contexto que circunda as discussões fáticas travadas em matéria tributária.

Nada obstante, este espaço certamente admite visão crítica e até mesmo sugestões de alternativas para lidar com as adversidades inerentes a algumas matérias conectadas com o objeto principal de estudo.

Outra ressalva que precisa ser feita de plano é de caráter metodológico. Tendo em vista que cada um dos entes tributantes da federação desenvolve um processo administrativo fiscal distinto, cada um deles dotado de suas próprias peculiaridades, e considerando a impossibilidade de que todos sejam examinados no presente estudo, faz-se necessário delimitar a abrangência da análise.

Nesse sentido, optou-se por adotar como modelo o processo administrativo fiscal que se desenvolve no âmbito federal e isso decorre dos fundamentos explicados a seguir. Em primeiro lugar, a escolha se explica porque dá mais alcance ao presente trabalho, na medida em que torna o rol de potenciais interlocutores mais amplo do que se fosse realizada a opção por tomar como referencial o processo administrativo desenvolvido no âmbito de algum dos Estados ou Municípios da Federação. Em segundo lugar, porque a arrecadação tributária se concentra cada vez mais na União Federal, de modo que a escolha também confere ao

14. Contato este que, como já vimos, é bem ilustrado pelas normas positivadas no artigo 204 do CTN e no artigo 3º da LEF.

presente estudo a capacidade de propiciar uma contribuição de maior impacto prático. Em terceiro lugar, porque muitas vezes as normas que regulam o processo administrativo fiscal dos Estados e Municípios possuem inspiração na estrutura existente em nível federal, de modo que, mesmo diante da ressalva ora manifestada, não se poderia afirmar peremptoriamente que as conclusões aqui propostas sejam incompatíveis com o processo administrativo fiscal desenvolvido fora da esfera federal.

Dessa forma, a menos que excetuado expressamente em momentos individuais, sempre que for necessário direcionar nosso olhar à fase administrativa do contencioso tributário,[15] deve-se ter em mente como modelo o processo administrativo fiscal que se desenvolve no âmbito federal, bem como a legislação de regência específica. Vale dizer que, com a finalidade de manter a coesão e a coerência interna do trabalho, até mesmo os exemplos práticos que serão analisados ao longo do estudo estarão, sempre que possível, relacionados a tributos federais, pelo menos quando isso for relevante e determinante para a análise da distribuição do ônus da prova para aquela situação em particular.

Uma vez firmadas as ressalvas necessárias, cabe retomar a descrição dos objetivos e métodos próprios do presente trabalho. Nesse sentido, destaca-se que o primeiro passo mandatório para atingir as pretensões aqui almejadas está relacionado à necessária observação e compreensão inicial de toda a estrutura do sistema brasileiro de contencioso tributário, que será desenvolvida ao longo do Capítulo 1. A abordagem que se pretende empregar percorrerá desde o lançamento do crédito tributário (artigo 142 do CTN), passando por sua formalização definitiva no processo administrativo fiscal (artigo 145 do CTN), até sua discussão na esfera judicial, onde se inclui também o procedimento de cobrança (execução fiscal). Ao longo dessas fases, serão tratadas as premissas envolvidas, os valores, diretrizes e princípios constitucionais eventualmente pertinentes, as etapas a serem percorridas e os principais defeitos encontrados, bem como suas respectivas consequências.

Como já antecipado, pretende-se com isso alcançar uma visão ampla e profunda do sistema brasileiro de contencioso tributário para identificar suas características marcantes que devem ser levadas em consideração

15. Tal redirecionamento pode se justificar, por exemplo, diante da necessidade de se obter uma visão mais profunda da distribuição do ônus da prova no processo judicial e identificar de forma mais eficaz a origem dos problemas que buscaremos solucionar ao longo do estudo.

quando da análise da distribuição do ônus da prova no processo judicial tributário. Espera-se que a partir deste momento já se torne possível identificar o claro monopólio dos fatos detido pelos entes tributantes ao longo de toda a discussão acerca do mérito do crédito tributário e mais notadamente na fase judicial da controvérsia.

Em seguida, no Capítulo 2, serão tratados alguns conceitos e noções fundamentais para estudos envolvendo direito probatório. Com isso pretende-se formar o suporte conceitual e teórico necessário para permitir o desenvolvimento da análise crítica que se pretende realizar nos capítulos subsequentes. Além disso, busca-se demonstrar a importância e o papel que a prova exerce em nosso sistema jurídico e como se relaciona com o processo civil e com o direito constitucional. Tais conceitos e noções serão importantes também para facilitar o exame de casos concretos que será conduzido em momentos oportunos.

Passar-se-á então, no Capítulo 3, ao exame do estado atual da distribuição do ônus da prova no processo judicial tributário. Nessa fase, será exposto o arcabouço normativo que está na base do presente estudo e o tratamento dado pelos tribunais à distribuição do ônus da prova em matéria tributária. Nesse momento, já será possível inferir que, mesmo no âmbito do processo tributário, o nosso ordenamento positivo atual oferece soluções capazes de viabilizar a construção de regras de distribuição do ônus probatório mais justas e eficientes do que aquelas que vêm sendo praticadas no dia a dia forense.

No Capítulo 4, pretende-se desenvolver as inferências construídas ao longo dos capítulos anteriores, de modo a analisar criticamente a distribuição do ônus da prova no processo judicial tributário e a propor os caminhos que devem ser tomados para reequilíbrio do sistema. Inicialmente, será necessário desenvolver a ideia de presunção de veracidade dos atos administrativos, bem como sua relação com a certidão de dívida ativa, de forma a apontar as impropriedades atualmente predominantes a respeito deste ponto e seus efeitos nefastos sobre a paridade de armas no processo tributário. Tais efeitos serão mais bem ilustrados buscando-se exemplos em outros âmbitos do direito processual, oportunidade em que será analisado o tratamento dado pelo ordenamento brasileiro a diversas espécies de títulos executivos.

A partir daí, já será possível demonstrar que as desarmonias e incongruências espalhadas por todo o sistema brasileiro de contencioso tributário demandam a relativização das normas insculpidas no artigo 204 do CTN e no artigo 3º da LEF. Assim, será proposta uma releitura dos aludidos dispositivos que seja de fato adequada ao contexto normativo que os circunda, dando especial atenção à regra do artigo 373 do CPC/2015 e à sua importância para restauração do equilíbrio da relação entre Fisco e contribuintes. Tal proposta será ilustrada por meio de alguns exemplos concretos de sua aplicação, que serão apresentados em subtópico específico.

Por fim, ainda no Capítulo 4, se permitirá apresentar brevemente algumas soluções dotadas de efeitos mais abrangentes no sentido de reequilibrar o sistema brasileiro de contencioso tributário. Nesse momento o foco deixará de ser exclusivamente a distribuição do ônus da prova e passará a abranger outras das deficiências identificadas ao longo do presente estudo.

É importante ressaltar a preocupação do presente trabalho em não ignorar que os mecanismos de distribuição do ônus da prova e seu desenvolvimento teórico encontram-se sempre adstritos à legislação vigente, pelo que a busca por equilíbrio nas discussões probatórias travadas no sistema de controvérsia tributária deverá sempre estar atenta a estes limites. Contudo, espera-se constatar que o próprio direito positivo já oferece expedientes capazes de propiciar o reequilíbrio da distribuição do ônus da prova no processo judicial tributário e que a utilização dos mesmos mostra-se ainda mais importante enquanto não houver uma reforma capaz de reduzir as incongruências e as desarmonias presentes nas demais fases da discussão tributária. Como antecipado, tais expedientes envolvem principalmente a valorização dos mecanismos de flexibilização do ônus da prova instituídos pelo artigo 373 do CPC/2015 e o recurso ao pluralismo metodológico[16] quando da interpretação das regras e princípios relacionados ao processo tributário.

Dessa forma, deve-se recorrer a uma interpretação que, indo além do mero sentido literal das palavras, observe as normas processuais

16. O pluralismo metodológico interpretativo se faz necessário em decorrência da constatação de que nenhum dos métodos de interpretação consegue isoladamente oferecer garantias acerca da interpretação mais apropriada para determinado enunciado. Nesse sentido, Carlos Alexandre de Azevedo Campos afirma, com apoio em Karl Larenz, que: "A inviabilidade de qualquer dos elementos da interpretação governar, sozinho, o processo de aplicação do direito tem por consequência lógica a recusa da preponderância apriorística dos mesmos. Deve prevalecer a noção de 'pluralismo metodológico': a inter-relação entre os critérios de interpretação, cabendo pesos distintos a cada um a depender do caso concreto, mas devendo o intérprete sempre buscar que esses se apoiem reciprocamente." (2016a, p. 249).

levando em consideração seu propósito – *mens legis* (interpretação teleológica) –, a influência de seu enquadramento no cenário social e político instaurado à época de sua elaboração (interpretação histórica), o contexto normativo em que elas se inserem (interpretação sistemática) e os princípios constitucionais pertinentes (interpretação à luz da CRFB).[17]

Em suma, o presente trabalho procura demonstrar que a consideração do sistema de contencioso tributário[18] como um todo é fundamental na hora de avaliar as inovações trazidas pelo CPC/2015 e as soluções existentes na legislação que são capazes de contribuir para a definição de parâmetros mais equânimes de distribuição do ônus da prova no litígio tributário. Acredita-se que esse é o melhor caminho para findar com o monopólio atualmente exercido pelos entes tributantes de modo a alcançar, ao menos no processo judicial tributário, a tão necessária emancipação dos fatos. Trata-se da destinação fundamental à qual será dedicado o presente trabalho.

Nada obstante, indo um pouco além do objetivo imediato deste estudo, eventualmente se verificará que a definitiva solução dos problemas aqui identificados dependeria de uma revisão mais profunda do sistema brasileiro de contencioso tributário. Assim, cabe esclarecer desde já que, conforme antecipado, não nos furtaremos de opinar sobre as soluções disponíveis para correção dos aludidos problemas. Nessa hipótese, haverá também oportunidade para que sejam expostas avaliações a respeito de como se daria, nesse cenário considerado ideal, a regulamentação da distribuição do ônus da prova ao longo da discussão tributária.

---

17. Nesse sentido, v. Carlos Alexandre de Azevedo Campos (2016a, pp. 247-251).

18. Não se ignora o fato de que não apenas as normas de natureza processual, mas também as normas tributárias de natureza material exercem influência sobre a forma de abordar o tema em tela, uma vez que estamos diante de um sistema jurídico complexo, composto por partes que se comunicam. Para melhor ilustrar essa ideia, recorre-se à feliz metáfora idealizada por Carlos Cossio, para quem "um caso judicial sempre se resolve pela totalidade do ordenamento jurídico e não por uma só de duas partes, tal como o peso de uma esfera gravita sobre a superfície em que ela jaz, mesmo que seja um só o ponto de contacto" (1944, p. 148). Inclusive o presente trabalho considera, em determinados momentos, premissas relacionadas a questões de direito material, como a justiça tributária e o *apartheid fiscal*, por exemplo. No entanto, a delimitação para o "sistema de contencioso tributário" torna-se impositiva ante a necessidade de delimitar o foco do presente estudo e em função de sua maior proximidade com o objeto final desta pesquisa.

O SISTEMA BRASILEIRO DE CONTENCIOSO TRIBUTÁRIO

Uma vez devidamente situado o tema em estudo no universo, esclarecida a sua importância, inclusive no contexto contemporâneo, e delimitados os métodos e objetivos que aqui serão utilizados, cabe proceder com o plano traçado, voltando o foco de análise para o sistema brasileiro de contencioso tributário. Não caberá, contudo, discorrer sobre o assunto desprendidamente. Dado que o objetivo é fixar alguns conceitos aos quais deveremos recorrer mais adiante, no decorrer do presente trabalho, a abordagem que será tecida neste capítulo não ignorará que o propósito final deste estudo é elaborar a distribuição do ônus da prova no processo judicial tributário.

No presente capítulo serão abordadas as diversas etapas em que se desenvolve a discussão de natureza tributária, desde a constituição até a extinção do crédito tributário. Com isso, será possível obter uma visão mais ampla do contexto em que se inserem os problemas que serão analisados ao longo desse trabalho, ao mesmo tempo em que ficará viabilizado um exame com maior profundidade de suas origens e consequências. Além disso, somente com conhecimento abrangente do sistema se torna viável encontrar o melhor caminho para a definição de parâmetros mais equânimes de distribuição do ônus da prova no litígio tributário.

Como já ressalvado anteriormente, diante da impossibilidade de estudar a forma com que o processo administrativo fiscal se manifesta em cada uma das unidades da federação, optou-se por posicionar nosso foco exclusivamente sobre aquele desenvolvido perante a União Federal. Todavia, ressalta-se novamente que, em função da semelhança estrutural geralmente mantida entre os diversos microssistemas de processo administrativo tributário existentes no Brasil, não se deve descartar de antemão a possibilidade de aplicar, para os outros entes tributante, as conclusões que aqui serão alcançadas. Pelo contrário, ousa-se considerar que, na realidade, a maioria das ideias que serão construídas ao longo deste trabalho com referencial no processo administrativo da União Federal será adequada também ao processo administrativo desenvolvido perante as demais unidades federativas. Afinal, conforme será visto mais à frente, o processo administrativo fiscal desenvolvido em solo brasileiro possui suas raízes no texto constitucional, de modo que, independentemente do ente federativo, sempre haverá, na essência, certa proximidade entre as premissas normativas adotadas (ROCHA, 2017, pp. 71-72).

Por fim, antes de dar seguimento ao estudo, cabe fazer notar que muitos dos vícios que serão identificados no presente capítulo encontram-se ainda mais exacerbados no processo tributário – tanto o administrativo, quanto o judicial – desenvolvido no âmbito dos demais entes federativos. Isso se deve a alguns fatores como falta de orçamento e estrutura de boa parte destes entes em comparação com a União Federal e até mesmo ao fato de que, na maioria dos casos, há menos interesse da parte da sociedade civil em monitorar o respeito a alguns princípios e direitos fundamentais para o justo processo – tais como contraditório, ampla defesa e devido processo legal. Tal desinteresse ocorre porque normalmente esses ambientes processuais geram repercussão econômica, social e política de menor impacto quando comparados ao âmbito federal.

Essas nocivas circunstâncias poderiam ser amenizadas caso os órgãos responsáveis pela aplicação uniforme do ordenamento jurídico em todo o território nacional não adotassem uma jurisprudência defensiva, que investe notável esforço em restringir as possibilidades de o jurisdicionado levar sua lide ao conhecimento dessas instâncias superiores. No caso específico do tema objeto do presente estudo, tal aspiração torna-se praticamente impossível, vez que os tribunais superiores não costumam admitir discussão de natureza fático-probatória, o que é bem representado pela súmula 7 do STJ, segundo a qual "*A pretensão de simples reexame de prova não enseja recurso especial*". Nesse sentido, talvez a discussão acerca da correta distribuição do ônus da prova – a qual, ressalte-se versa sobre o direito aplicável à lide e não sobre os fatos que aos quais este se relaciona indiretamente – seja a única alternativa que resta à parte que teve seu direito frustrado em função do exame inadequado do conjunto fático-probatório no âmbito do Poder Judiciário local.[1]

1. A veracidade dessa afirmação será verificada mais à frente, quando serão analisados inúmeros julgados dos Tribunais Superiores que versam sobre direito probatório.

1.1. PONTO DE PARTIDA

Uma das propriedades marcantes do sistema brasileiro de contencioso tributário, pelo menos quando comparado com ordenamentos jurídicos dos demais países, reside na possibilidade concedida ao contribuinte de realizar a discussão tributária tanto na esfera administrativa, quanto na esfera judicial (VALADÃO, 2008, p. 1) e com ampla sobreposição de matérias.[2]

Embora nosso ordenamento jurídico adote o princípio da inafastabilidade da jurisdição (hoje positivado na CRFB/1988, artigo 5º, inciso XXXV) desde a proclamação da República e a Constituição de 1891, fazendo com que a função de dar a palavra final nos conflitos entre o Estado e seus cidadãos fique a cargo do Poder Judiciário (SEIXAS FILHO, 2013, p. 3), é reservada também a possibilidade de que tal discussão seja travada internamente, no âmbito da Administração Pública (nesse sentido, importa fazer menção ao artigo 5º da CRFB/1988, incisos LIV, LV e LXXVIII). Isso se deve ao fato de que "*todo e qualquer ato jurídicoadministrativo pode ter a sua legalidade revista ou reexaminada pela autoridade administrativa hierarquicamente superior à que prolatou o ato*" (SEIXAS FILHO, 2013, p. 4).

Ressalte-se que a revisão interna dos atos administrativos pode ser realizada tanto por provocação do administrado – conforme será visto mais adiante – quanto por iniciativa espontânea da Administração, hipótese que configura a denominada "autotutela", que, embora hoje esteja positivada no artigo 53 da Lei nº 9.784/1999, trata-se, na realidade, de legítimo corolário do princípio da legalidade, que encontra reconhecimento expresso da parte do Supremo Tribunal Federal – "STF", na súmula 346 e na súmula 473,[3] e da doutrina administrativista (LEVIN, 2017, p. 74). Especificamente no campo tributário, a possibilidade de revisão do ato administrativo do lançamento, tanto por iniciativa do contribuinte

2. Apesar de ser possível discutir o crédito tributário administrativa e judicialmente, verifica-se hoje uma insuficiente coordenação entre as duas etapas, que resulta em severos prejuízos tanto para contribuintes, quanto para a Administração. Essa questão será abordada de forma detalhada mais adiante.

3. Súmula 346: "*A administração pública pode declarar a nulidade dos seus próprios atos*". Súmula 473: "*A administração pode anular seus próprios atos quando eivados de vícios que os tornam ilegais, porque deles não se originam direitos; ou revogá-los, por motivo de conveniência ou oportunidade, respeitados os direitos adquiridos, e ressalvada, em todos os casos, a apreciação judicial*".

quanto por iniciativa do próprio ente tributante, encontra-se prevista nos artigos 145 e 149 do CTN.

O ato jurídico do lançamento, aliás, se apresenta como importante elemento para instauração do conflito acerca do crédito tributário (MARINS, 2016, p. 32). Isso porque é a partir desse ato que o contribuinte é notificado pelo Fisco a realizar o pagamento do crédito tributário ou a apresentar sua impugnação para instaurar a discussão administrativa (nos termos do artigo 10, inciso V, do artigo 11 do Decreto nº 70.235/1972 e do artigo 40, inciso II, do Decreto nº 7.574/2011), restando-lhe, ainda, a opção de levar eventual controvérsia direto ao Poder Judiciário.

Em outras palavras, ressalvadas hipóteses específicas, como aquelas em que o contribuinte ajuíza uma ação declaratória negativa ou um mandado de segurança preventivo e antecipa a discussão tributária, por via de regra, não há objeto a respeito do qual litigar antes da materialização do lançamento do crédito tributário. Isso se deve até mesmo ao fato de o lançamento se tratar de atividade administrativa vinculada (parágrafo único do artigo 142 do CTN), na qual a autoridade fiscal tem obrigação de proceder sempre que identificar a presença do fato gerador no contexto fático que lhe é apresentado.[4]

No âmbito do procedimento administrativo (expressão aqui utilizada para designar toda a fase anterior à instauração do processo administrativo fiscal), impera a observância à inquisitoriedade e à celeridade (MARINS, 2009, p. 86), o espaço para instauração de controvérsia entre Fisco e contribuinte fica limitado pela inexistência de uma figura imparcial com aptidão para exercer eventual atividade judicante. Assim, ao contribuinte, durante o procedimento administrativo, caberá somente entregar eventuais documentos requeridos pela autoridade e, em caso de questionamento, apresentar esclarecimentos e até mesmo argumentos aptos a justificar a interpretação por ele dada às normas tributárias no período sob investigação.

Nesse sentido, não há que se falar em paridade de armas, até mesmo porque, em tal fase do ciclo tributário, ainda não existem partes em situação de litígio, ou qualquer autoridade em posição de intermediar eventual conflito (TOMÉ, 2016, pp. 340-341).

4. Observe-se que, ressalvados os casos de lançamento por homologação, em que o contribuinte pode se abster (culposa ou dolosamente) de cumprir suas obrigações, a expectativa geral é que, sempre que o agente do ente fazendário tomar conhecimento da ocorrência do fato gerador, deverá proceder ao lançamento.

Tais circunstâncias, todavia, não afastam a noção de que o lançamento deve observar o procedimento estabelecido em lei, sendo seu propósito "*verificar a ocorrência do fato gerador da obrigação correspondente, determinar a matéria tributável, calcular o montante do tributo devido, identificar o sujeito passivo e, sendo caso, propor a aplicação da penalidade cabível*" (artigo 142 do CTN, *caput*), o que torna necessária a apuração dos fatos já durante o procedimento administrativo. Percebe-se, assim, a existência de uma investigação probatória embutida no procedimento tendente a culminar no ato do lançamento, cujo objetivo é a delimitação de uma série de elementos relativos ao contexto fático que circunscreve o fato gerador tributário (DABUL, 2010, pp. 91-92).

Nesse passo, o Decreto nº 7.574/2011 afirma, em seu artigo 25, que os "*autos de infração ou as notificações de lançamento deverão estar instruídos com todos os termos, depoimentos, laudos e demais elementos de prova indispensáveis à comprovação do ilícito*".

Embora não se mostre oportuno discorrer aqui amplamente sobre o lançamento tributário, bem como a respeito dos inúmeros pontos sensíveis de divergência existentes na doutrina acerca do instituto, parece particularmente profícuo aludir brevemente à discussão a respeito da natureza que carrega o referido ato, seja ela de declaração ou de constituição do crédito tributário. Isso porque a análise das duas correntes antagônicas deixa ainda mais evidente a investigação probatória que o ato do lançamento carrega em sua essência. Nesse sentido, recorre-se às observações de James Marins acerca do tema:

> [...] o lançamento tributário somente pode surtir eficácia declaratória já que não pode existir o ato impositivo sem seu suporte fático, colhido no mundo dos fenômenos. Embora se possa argumentar que há um necessário hiato entre a realidade e a formalização e que, inclusive, pode vir a tornar-se definitivo um lançamento sem o respectivo evento, pensamos que o instituto do lançamento foi concebido com a finalidade de tão somente registrar a realidade de modo a declarar-lhe a existência e seus efeitos jurídicos, sempre com atenção ao princípio da verdade material. Defeitos de formalização, como lançamentos sem suporte fático, desafiam a integridade do sistema e devem ser corrigidos através dos mecanismos revisores, administrativos e judiciais de modo a

> que recuperem sua pertinência fática, o que significa, em última análise, reconduzi-los à estrita legalidade. (2016).[5]

A transcrição do trecho justifica-se pela didática com que se demonstra a função do lançamento de capturar as informações colhidas no mundo dos fenômenos, isto é, de registrar a realidade e declarar os efeitos jurídicos que dela se extraem.[6] Não à toa, o já citado artigo 10 do Decreto nº 70.235/1972 estipula que o auto de infração deverá conter obrigatoriamente a descrição do fato que deu origem à autuação, ao passo que o artigo 9º do diploma determina sua instrução com "*todos os termos, depoimentos, laudos e demais elementos de prova indispensáveis à comprovação do ilícito*".

Sendo insuficientes as informações de que dispõe a autoridade fiscal, caberá a ela investigar o contexto fático do caso específico, o que pode incluir a requisição de informações e documentos ao contribuinte e a terceiros. Tal requisição deve ser realizada mediante intimação acerca da lavratura de Mandado de Procedimento Fiscal para instauração de fiscalização, conforme determinado pelos artigos 194 e subsequentes do CTN, pelo artigo 7º do Decreto nº 70.235/1972 e pelo artigo 1º do Decreto nº 6.104/2007.

Nesse caso, o contribuinte terá o direito de apresentar à fiscalização as informações e provas pertinentes (DABUL, 2010, pp. 103-104). Por sua vez, à fiscalização caberá instruir o auto de infração "*com todos os termos, depoimentos, laudos e demais elementos de prova indispensáveis à comprovação do ilícito*" (artigo 9º, *caput*, do Decreto nº 70.235/1972).

Finalmente, antes de se prosseguir com a análise da estrutura do sistema brasileiro de contencioso tributário e de cada uma de suas etapas, cabe ressalvar que, com exceção da parte que trata do processo judicial, o presente capítulo não será aplicável aos casos em que a constituição do crédito tributário se der mediante a sistemática do lançamento por homologação.[7] Isso porque, nessas oportunidades, não haverá procedimento administrativo – vez que o próprio contribuinte apura o tributo devido

---

5. A este respeito, v. também Rocha (2011, pp. 444-446).
6. Nas palavras de Dabul, a verdade exerce papel de sustentáculo do lançamento (2010, p. 95).
7. Observe-se que, mesmo nos tributos sujeitos ao lançamento por homologação, há casos em que o crédito tributário é constituído a partir de lançamento de ofício, uma vez que a autoridade fiscal, ao discordar do que fora apurado ou informado pelo contribuinte, entra em cena para efetuar a lavratura de auto de infração.

–, nem processo administrativo – vez que "*a entrega de declaração pelo contribuinte reconhecendo débito fiscal constitui o crédito tributário, dispensada qualquer outra providência por parte do fisco*" (súmula 436 do STJ).

Nesse sentido, observa-se ainda que o lançamento por homologação comum – isto é, aquele que se apresenta desacompanhado de posterior lançamento de ofício ou de qualquer outro fator que possa originar a instauração de processo administrativo fiscal – importa em significativa diferença nas etapas processuais a serem percorridas desde a constituição do crédito tributário até o momento de sua execução.

Por esse motivo, no Capítulo 5 – onde se pretende dar cabo do propósito essencial do presente trabalho e realizar uma análise crítica da distribuição do ônus da prova no processo judicial tributário –, o lançamento realizado na modalidade por homologação merecerá algumas considerações especiais, necessárias para que ocorra a devida adaptação das conclusões alcançadas neste estudo às suas vicissitudes.

1.2. ESTRUTURA

Uma vez analisado o procedimento tributário tendente ao ato do lançamento e fixadas algumas premissas e ressalvas necessárias, considera-se devidamente delineado o ponto de partida para o estudo do sistema brasileiro de contencioso tributário. Passa-se, assim, à análise de sua estrutura que, no presente trabalho, se dará a partir de sua divisão em dois grandes momentos: o processo administrativo fiscal e o processo judicial tributário.

Como se sabe, o objetivo primordial que se tem em foco é analisar as regras de distribuição do ônus da prova no processo judicial tributário, contudo, para fazê-lo, é necessário compreender qual o caminho percorrido pelo crédito tributário até o momento em que se encontra em disputa no Judiciário, tendo em vista que muitas vezes, na discussão judicial, vê-se a adoção de argumentos que guardam raízes nas fases anteriores da discussão tributária.

Assim, caberá examinar as premissas que dão base ao processo administrativo fiscal, sempre mantendo foco nos diálogos desenvolvidos entre elas e as possibilidades dadas ao contribuinte (ou limitações a ele impostas) para fazer valer sua visão a respeito dos fatos controvertidos. Em seguida, serão analisadas as principais etapas do contencioso administrativo fiscal, bem como as oportunidades de manifestação sobre fatos e provas nelas contidas. Por fim, espera-se poder identificar todas as limitações atualmente existentes no processo administrativo, que nos impedem de enxergá-lo como um processo justo e obediente ao princípio da paridade de armas. Por isso mesmo, será possível concluir que o processo administrativo afigura-se insuficiente para justificar qualquer desequilíbrio na relação processual mantida entre Fisco e contribuintes diante dos tribunais.

Exemplos desse injustificado desequilíbrio, todavia, não faltarão na segunda parte do presente capítulo, quando voltaremos nosso foco de análise para o processo judicial tributário. Mais uma vez, examinaremos as premissas comumente adotadas para justificar eventuais concessões e restrições existentes no processo judicial envolvendo Fisco e contribuintes. Em seguida, serão analisadas as diferentes etapas da discussão tributária travada nos tribunais até o momento derradeiro da cobrança do crédito mediante execução fiscal.

1.2.1. Processo Administrativo Fiscal no âmbito federal

O processo administrativo fiscal federal é regulado principalmente pelo CTN, pelo Decreto nº 70.235/1972, pelo Decreto nº 7.574/2011, pela Lei nº 9.784/1999 e, no âmbito do Conselho Administrativo de Recursos Fiscais – "CARF", pelo seu Regimento Interno, instituído pela Portaria do Ministério da Fazenda – "MF" nº 343/2015.

Se a função do lançamento tributário é, como visto anteriormente, retirar do mundo fenomênico as informações atinentes ao fato gerador, e, se o processo administrativo fiscal tem como propósito apurar se a constituição do crédito tributário da forma como realizada se sustenta, pode-se concluir de imediato que o processo administrativo fiscal também deverá dar atenção ao contexto fático que circunscreve a exação tributária sob discussão (DABUL, 2010, pp. 95-96).

Nesse sentido, uma vez efetuado o lançamento tributário nos termos do já mencionado artigo 142 do CTN, caberá ao contribuinte aquiescer com o mesmo ou manifestar sua discordância expressa e formalmente perante a Administração Pública (artigo 145 do CTN).[8]

8. Evidentemente o contribuinte pode optar por contrapor o ato administrativo direto no Judiciário, abrindo mão da discussão na esfera administrativa. Essa possibilidade será abordada mais à frente, contudo não é o que ocorre por via de regra, pelo menos não intencionalmente.

Na hipótese de escolher por prosseguir com a segunda das opções, deverá fazê-lo mediante apresentação de impugnação (artigo 14 do Decreto nº 70.235/1972) ou manifestação de inconformidade, caso se trate de não homologação de compensação declarada pelo contribuinte (artigo 119 do Decreto nº 7.574/2011). A partir da contraposição formal da parte do contribuinte ao ato da Administração Tributária, ocorrerá a instauração do processo administrativo fiscal, conforme dispõe o já mencionado artigo 7º do Decreto nº 70.235/1972.

É oportuna a ressalva de que a instauração do processo administrativo fiscal não ocorre unicamente em função da revisão – seja ela provocada pela própria Administração, seja ela provocada pelo contribuinte – do lançamento tributário. Há outras hipóteses específicas na legislação tributária que dão origem ao processo administrativo fiscal, como, por exemplo: (i) a formulação de consulta pelo contribuinte; (ii) a apresentação de pedido de restituição na esfera administrativa; (iii) a apresentação de declaração de compensação; (iv) a apresentação de pedido de adesão a anistia, transações fiscais, moratória ou parcelamento; (v) a requisição de concessão de regimes especiais; (vi) o pedido de revisão de débito inscrito em dívida ativa; (vii) a formalização de isenções ou imunidades, dentre outros (MOTA, 2015, p. 4).

Nada obstante, como já destacado anteriormente, o propósito do presente capítulo é analisar o sistema brasileiro de contencioso tributário em seu relacionamento com a distribuição do ônus da prova no processo judicial tributário, motivo pelo qual não há necessidade nem espaço para discorrer aqui sobre todos os procedimentos específicos existentes na esfera administrativa.

1.2.1.1. Premissas

A despeito das previsões normativas aludidas anteriormente, a doutrina costuma apresentar algumas explicações para a opção adotada por nosso sistema jurídico de permitir que a discussão em matéria tributária possa ser realizada não apenas perante o Poder Judiciário, como também no âmbito interno da própria Administração.

Normalmente são mencionados, dentre outros, os seguintes elementos: (i) a necessidade de controlar a legalidade do ato administrativo tributário (CALDAS, 2014, pp. 15-16); (ii) o poder-dever da Administração

Pública de exercer a autotutela em relação aos seus atos;[9] (iii) o princípio da busca pela verdade material, como consectário do princípio da legalidade e do fato de a atividade administrativa do lançamento ser vinculada e obrigatória,[10] nos termos do artigo 142, parágrafo único, do CTN; (iv) a importância de dar legitimidade à certidão de dívida ativa, como título executivo do credito tributário que goza da presunção de liquidez e certeza;[11] e, por fim, (v) a obrigação de materializar os princípios do contraditório, do devido processo legal e da paridade de armas também na esfera administrativa (GRECO, L., 2006, pp. 121-126; MARTINS, A., 2011, pp. 147-148).

Um aspecto do processo administrativo que suscita discussões na doutrina é seu caráter dispositivo ou inquisitório (GRECO, L., 2006, pp. 133-134). Como se sabe, os princípios do direito processual, como parte elementar do modelo jurídico de uma sociedade, mantêm estreita relação com o sistema político no qual se inserem (TESAURO, 1986b, p. 78).

No ordenamento jurídico brasileiro, em que são adotados como pressupostos a liberdade individual e a autonomia da vontade, os princípios do dispositivo e do debate se inserem como garantias fundamentais que serão dadas ao indivíduo de que apenas ele será capaz de dispor sobre os próprios direitos (RODRIGUES, 2013b, pp. 171-176), e de que o provimento jurisdicional observará os limites da provocação das partes, não sendo facultada a possibilidade de oferecer resposta que exceda ou fique aquém do pedido, muito menos que não guarde correspondência com este, concedendo bem diverso do pleiteado (CÂMARA, 2006, pp. 70-71). Nesse contexto, o contraditório legitima a atuação do Estado por meio do processo.

---

9. Nesse sentido, vale esclarecer que a "*necessidade de que o Estado reúna meios céleres para a atuação da norma tributária transformase em princípio da autotutela vinculada do ente tributante e deságua necessariamente no princípio da dualidade da cognição em matéria tributária. Esta autotutela, embora não seja prestigiada com foros de definitividade (já que não está imune ao controle do Poder Judiciário), é instrumento essencial ao atendimento das premências instrumentais do Estado*" (MARINS, 2016).
10. Nesse sentido, deve-se observar que, "*no direito tributário, onde a obrigação nasce da lei, cabe à autoridade administrativa ater-se única e exclusivamente ao disposto na lei: com ou sem o auxílio do contribuinte, deve proceder à verificação da ocorrência do fato gerador e declarar a sua ocorrência através do lançamento*" (SCHOUERI; SOUZA; 1998, pp. 12-13).
11. Tal assertiva encontra respaldo na doutrina de Hugo de Brito Machado, para quem a presunção de liquidez e certeza decorre "*da circunstância de ser a inscrição em Dívida Ativa precedida de apuração em regular processo administrativo, no qual é assegurada ampla defesa ao sujeito passivo da obrigação tributária. Por isto mesmo, para superar tal presunção basta a demonstração de que no processo administrativo ocorreu cerceamento desse direito fundamental.*" (MACHADO, 2007, pp. 280-281).

Por outro lado, verifica-se que, nos estados socialistas, onde o processo tem a função de cuidar da manutenção do equilíbrio do sistema, a intervenção estatal no processo é muito maior. Exemplo disto é a atuação do Ministério Público, que normalmente possui amplos poderes de interferência, sendo o braço do estado capaz de influenciar nas relações jurídicas entre particulares (MOREIRA PINTO, 2002, p. 65).

Nada obstante, é possível verificar também nos sistemas jurídicos liberais, como o nosso, alguns pontos de erosão na lógica do princípio dispositivo. Essa flexibilização não é a regra, mas ocorre em alguns campos específicos, como aqueles em que se verifica a hipossuficiência de uma das partes ou aqueles que envolvem direitos indisponíveis, ou ainda quando há a presença do interesse público.

Parece ser essa a tendência predominante no processo administrativo tributário, justamente por envolver o interesse público e direito indisponível da Fazenda. Atualmente, a maior parte da doutrina e até os próprios órgãos julgadores administrativos, como o CARF, entendem que a Administração tem o poder-dever de autotutela, do qual decorre a necessidade de apurar a verdade material dos fatos que dão substrato à imposição fiscal, uma vez que o Estado não tem interesse em praticar atos que não encontrem respaldo em seu ordenamento jurídico (GRECO, L., 2006, pp. 139-140; MACHADO SEGUNDO; MACHADO, 2014, pp. 1267-1268; SCHOUERI; SOUZA, 1998, pp. 12-13).

Em harmonia com tal entendimento, a Lei nº 9.784/1999, em seu artigo 38[12], instituiu postura mais flexível que aquela que havia sido adotada anteriormente pelo Decreto nº 70.235/1972, mais especificamente no inciso IV e no § 1º de seu artigo 16, a respeito do momento apropriado para que o particular apresente, no processo administrativo de que for parte ou interessado, pedido de produção de provas (DABUL, 2010, pp. 107-108).

Como se verifica da leitura de ambos os dispositivos, o pedido de produção de provas deverá ser justificado, de modo que o julgador administrativo poderá rejeitá-lo caso entenda que as provas sejam impertinentes, desnecessárias ou possuam subjacente intuito protelatório. No entanto, sendo essa a hipótese, caberá ao julgador administrativo fundamentar sua decisão, sob pena de cerceamento do direito de defesa do particular e da consequente declaração da nulidade do ato administrativo, com

12. A possibilidade de aplicação do referido dispositivo ao processo administrativo fiscal foi reconhecida, por exemplo, no Processo nº 10283.100179/2004-61, rel. Luiz Roberto Domingo, Primeira Turma Ordinária da Terceira Câmara da Terceira Seção do CARF, julgado em 30/09/2010.

fundamento no artigo 59 do Decreto nº 70.235/1972. Cabe observar que, conforme bem destacado por Alessandra Dabul (2010, pp. 109-110), o CARF já se pronunciou, em algumas ocasiões, no sentido de reconhecer a nulidade de processos administrativos em função do cerceamento de defesa decorrente de óbice à produção de provas legítimas e pertinentes.

Ainda em relação às premissas a partir das quais se desenvolve o processo administrativo fiscal, há que se observar que, apesar da possível contradição com relação ao princípio inquisitório e à busca pela verdade, o processo administrativo também é marcado pelo princípio da presunção de legitimidade e de veracidade dos atos da Administração Pública. Ora, se a doutrina brasileira[13] reconhece tal princípio como um atributo inerente aos atos do poder público, evidentemente, o processo administrativo, como uma sucessão de atos administrativos, também gozará de tal característica.

A análise crítica do referido princípio será realizada de forma mais detida mais adiante. Todavia, para o presente momento, importa observar que, na realidade, todo ato jurídico - seja ele praticado pela Administração Pública, seja ele praticado pelo particular - goza da presunção de adequação com o ordenamento jurídico em que se insere (CARVALHO, 1995, p. 229).

Apesar de esse fenômeno possuir respaldo no direito administrativo e constitucional, sua principal justificativa está relacionada a necessidades pragmáticas do direito como sistema. Isso porque, se não existisse a referida presunção, não haveria a segurança mínima necessária para a materialização dos atos jurídicos e de seus efeitos, tendo em vista que o ato jurídico que não goza de confiança e de credibilidade no meio social em que se insere não está apto a cumprir sua função.

Por fim, observe-se que, ao lado do princípio da presunção de legitimidade e de veracidade dos atos da Administração Pública, encontra-se o princípio da primazia do interesse público, que também gera significativas controvérsias. Tal princípio será analisado de forma crítica mais adiante, mas cabe observar desde já que o mesmo decorre de uma lógica utilitarista, cuja recepção abrangente e irrestrita pelo texto constitucional parece cada vez mais improvável, ante sua difícil compatibilização com o princípio da dignidade da pessoa humana e com a ideia de individuo como centro dos deveres do Estado, importantes fundamentos da nossa República (BARROSO, 2012, pp. 10-11).

13. Nesse sentido, v. por todos, os ensinamentos de Hely Lopes Meirelles na obra "Direito Administrativo Brasileiro" (2004, p. 156).

1.2.1.2. Etapas

Primeiramente, cabe esclarecer que não serão abordados, no presente tópico, os diversos procedimentos específicos do processo administrativo fiscal – tais como aqueles destinados à concessão de regime especial ou à prolação de solução de consulta tributária – eis que, por questões metodológicas, o objetivo que se tem em foco consiste em tratar primordialmente do processo administrativo fiscal destinado a discutir o lançamento tributário, bem como as etapas mediante as quais tal discussão se desenvolve.

Feita essa ressalva, vale, de início, observar que a controvérsia atinente ao lançamento realizado pela autoridade tributária – *i.e.*, o processo administrativo fiscal – costuma ser dividida pela doutrina em quatro etapas, quais sejam, a introdutória ou de instauração, a instrutória, a decisória e, por fim, a recursal, sendo certo que há também entendimento no sentido de que a primeira etapa, na realidade, estaria englobada pela fase de instrução (TOMÉ, 2016, pp. 391-392).

Deixando de lado a controvérsia semântica que pouco tem a acrescentar para o presente estudo, importa fazer notar que a instauração do litígio na esfera administrativa ocorre com a apresentação de impugnação por parte do contribuinte, nos termos do artigo 14 do Decreto nº 70.235/1972. Dentre os requisitos estabelecidos pela legislação de regência, inclui-se a necessidade de instruir a peça com os documentos em que as alegações estiverem fundamentadas (artigo 16, III e § 4º, do Decreto nº 70.235/1972).

Além disso, devem ser apontadas as provas possuídas pelo contribuinte, bem como aquelas que ele pretende produzir mediante a realização de diligências ou perícias, sendo certo que, nessa hipótese, deverão ser expostos os motivos justificadores do requerimento e formulados os eventuais quesitos referentes aos exames desejados (artigo 16, IV e § 1º, do Decreto nº 70.235/1972). Daí o entendimento de que tal ato seria parte da etapa instrutória do processo (TOMÉ, 2016, p. 392).

Embora o Decreto nº 70.235/1972 estabeleça fases processuais bastante rígidas e dificulte a produção de provas em momento posterior ao da impugnação, a Lei nº 9.784/1999, conforme já verificado, adota postura diversa, permitindo a produção de provas de ofício ou mediante proposição dos interessados.

Em relação ao ônus da prova, verifica-se que a regulamentação do processo administrativo fiscal em âmbito federal adota a regra geral segundo a qual o ônus recairá sobre aquele que tiver interesse na alegação a ser provada. Tanto a Lei nº 9.784/1999, quanto o Decreto nº 7.574/2011 possuem disposições nesse sentido.

A autoridade julgadora de primeira instância administrativa (Delegacias da Receita Federal do Brasil de Julgamento – "DRJ") poderá apreciar as provas produzidas no processo de modo a formar livremente sua convicção, conforme disposto no artigo 29 do Decreto nº 70.235/1972. Considerando que a autoridade julgadora detém a prerrogativa de recusar, mediante decisão fundamentada, as provas propostas pelos interessados quando sejam ilícitas, impertinentes, desnecessárias ou protelatórias, não é incomum que a decisão administrativa julgue insuficientes as provas produzidas pelo contribuinte para fundamentar suas alegações, ainda que anteriormente tenha havido a rejeição de seu pedido para realização de perícias ou diligências.

Sendo esse o caso, caberá ao contribuinte demonstrar em seu recurso voluntário a necessidade das provas negadas, o que, na ocasião do julgamento pelo CARF, poderá resultar na anulação da decisão de primeira instância por vício nela contido (preterição do direito de defesa do contribuinte), conforme se extrai da interpretação conjunta do artigo 59 do Decreto nº 70.235/1972 com o artigo 67, § 4º, do anexo II da Portaria nº 343/2015 (Regimento Interno do Conselho Administrativo de Recursos Fiscais – "RICARF").

Nada obstante, sabe-se que, na prática, o CARF demonstra notória resistência à anulação de decisões ou atos administrativos. Por via de regra, isso vem a ocorrer somente quando o prejuízo ao exercício do direito de defesa da parte do contribuinte é aberrante. Desafortunadamente, o Conselho não costuma[14] enquadrar nessa categoria os casos em que tenha ocorrido recusa à realização de diligências ou à produção de prova pericial acompanhada de decisão afirmando a incapacidade do contribuinte de comprovar suas alegações.[15] Por outro lado, o órgão costuma ser flexível ao permitir a realização de atos instrutórios também na fase recursal do

14. Há decisões favoráveis aos contribuintes, mas não se mostram tão comuns no dia a dia do órgão.

15. Tal afirmação é bem ilustrada pelo seguinte precedente do CARF: "*PROVA PERICIAL. INDEFERIMENTO. LIVRE CONVICÇÃO DO JULGADOR. CERCEAMENTO DIREITO DE DEFESA. INOCORRÊNCIA. Nos termos do art. 29, do Decreto nº 70.235/1972, a autoridade julgadora de primeira instância, na apreciação das provas, formará livremente sua convicção, podendo indeferir o pedido de perícia que entender desnecessário. DEPÓSITOS BANCÁRIOS. OMISSÃO DE RENDIMENTOS. NÃO COMPROVAÇÃO. Caracterizam omissão de receita os valores creditados em conta de depósito ou de investimento, mantida junto a instituição financeira, quando não forem comprovados a sua origem*" (Processo nº 10580.729511/2014-91, rel.

processo administrativo, até porque a autoridade julgadora tem o dever de converter o julgamento em diligência caso entenda necessários ulteriores esclarecimentos relativos ao contexto fático para que se torne possível a solução da lide. Tal circunstância não deixa de ser uma característica decorrente do princípio inquisitivo (TOMÉ, 2016, pp. 243-244), cuja aplicação se mostra ainda mais importante em um sistema tributário que recorre frequentemente ao artifício das presunções (VILLANI, 2016, p. 1.017) como o nosso.

Caso o contribuinte obtenha decisão favorável na primeira instância administrativa, haverá recurso de ofício sempre que a decisão exonerar sujeito passivo do pagamento de tributo e encargos de multa, em valor total superior a R$ 2.500.000,00 (dois milhões e quinhentos mil reais).[16] Nessa hipótese, tanto as questões de fato como aquelas de direito serão devolvidas integralmente ao julgador de segunda instância administrativa.

O recurso de ofício (Fazenda), assim como o recurso voluntário (contribuinte), tem sua apreciação incumbida a uma das turmas julgadoras do CARF, que podem ser descritas sinteticamente como órgãos colegiados de composição paritária (as turmas de julgamento são formadas por quatro conselheiros de indicação dos contribuintes e quatro conselheiros de indicação fazendária). Para fins de organização, esses colegiados são agrupados em câmaras, as quais são agrupadas em três seções de julgamento, cada uma com competência para apreciar matérias distintas (RICARF, anexo II, artigo 2º e subsequentes).

Embora o regimento interno do CARF não discipline a produção de provas nessa instância, predomina entendimento construído casuisticamente que defende a flexibilização de preclusões e formalidades com o propósito de esclarecer o contexto fático e de aproximar-se da denominada verdade material[17].

Rayd Santana Ferreira, Primeira Turma Ordinária da Quarta Câmara da Segunda Seção de Julgamento do CARF, julgado em 03/04/2017).

Entendimento semelhante foi adotado no Processo nº 10746.721354/2014-35, rel. Luciana Matos Pereira Barbosa, Primeira Turma Ordinária da Quarta Câmara da Segunda Seção de Julgamento do CARF, julgado em 04/04/2017.

16. É o que se depreende da interpretação conjunta do artigo 1º da Portaria MF nº 63/2017 e do artigo 34, I, do Decreto nº 70.235/1972: *"Art. 34. A autoridade de primeira instância recorrerá de ofício sempre que a decisão:*

I - exonerar o sujeito passivo do pagamento de tributo e encargos de multa de valor total (lançamento principal e decorrentes) a ser fixado em ato do Ministro de Estado da Fazenda. [...]"

17. Nesse sentido, v. Processo nº 19515.722631/201334, rel. Diego Diniz Ribeiro, Segunda Turma Ordinária da Quarta Câmara da Terceira Seção de Julgamento do CARF, julgado

Além disso, é possível que o julgamento do recurso seja convertido em diligência sempre que as autoridades julgadoras entenderem necessário o esclarecimento de questões fáticas ainda obscuras. Nessa hipótese, o contribuinte deverá ser intimado a se manifestar depois de concluída a apuração necessária e, dependendo do caso, poderá até mesmo colaborar na própria atividade instrutória, fornecendo documentos, cálculos e nomeando assistentes, dentre outras possibilidades. É o que preveem o artigo 18, I, do RICARF e o artigo 35 do Decreto nº 7.574/2011.

Após a prolação de acórdão pela turma julgadora do CARF, tornam-se bastante restritas as possibilidades de discussão relacionadas a matéria fática. Isso porque o recurso especial (artigos 67 e subsequentes do RICARF) é cabível apenas para debater interpretação divergente dada à legislação tributária, estando limitado por formalidades bem rígidas, dentre as quais se inclui a impossibilidade de rediscussão do contexto fático.

1.2.1.3. Principais defeitos e suas consequências

Estabelecida uma noção – ainda que de abrangência limitada às características que influenciam de alguma forma as discussões de natureza probatória – das premissas e das etapas envolvidas na controvérsia administrativa do crédito tributário, poder-se-ia considerar que o contribuinte encontra em tal fase da lide tributária amplo espaço para exercício do contraditório e de seu direito à ampla defesa. O presente tópico tem como objetivo demonstrar que tal percepção não corresponderia à realidade em função dos inúmeros fatores de desequilíbrio processual que serão nele elencados.

Observa-se que, não obstante a determinação constitucional para que o processo administrativo também respeite o devido processo legal – o qual, segundo a doutrina, vem sempre acompanhado do princípio da paridade de armas (GRECO, L., 2006, pp. 121-126) –, tal determinação ainda se encontra muito distante de ser posta em prática.

Com efeito, dificilmente poder-se-ia considerar apropriado afirmar a existência de paridade de armas na esfera administrativa, uma vez que são inúmeros os fatores que contribuem para o desequilíbrio da relação processual mantida entre Fisco e contribuinte. Iniciaremos nosso percurso por aqueles que possuem caráter meramente procedimental e, em

---

em 23/08/2016.

seguida, analisaremos aqueles que possuem relação mais próxima com o direito material.[18]

O primeiro elemento de desequilíbrio na relação processual que merece ser mencionado é a existência do recurso de ofício, que garante vantagem processual à Fazenda de maneira muito semelhante àquela obtida na esfera judicial com o instituto do reexame necessário (RODRIGUES, 2013c). O benefício auferido pela Fazenda é evidente e decorre da obrigatoriedade da submissão à revisão do CARF de toda e qualquer decisão que lhe seja desfavorável e possua valor total superior a dois milhões e quinhentos mil reais.

Outra fonte de desequilíbrio de caráter procedimental – talvez a mais relevante[19] delas – trata-se do voto de qualidade no âmbito do CARF. Como já visto, o julgamento em segunda instância administrativa é realizado pelas turmas julgadoras do CARF, que possuem composição paritária, sendo formada por quatro conselheiros de indicação dos contribuintes e quatro conselheiros de indicação da Fazenda. Tendo em vista que todos os conselheiros votam, obviamente existe a possibilidade de empate no julgamento. Sendo esse o caso, o entendimento que prevalecerá no colegiado será aquele adotado por seu presidente, que é sempre escolhido dentre os conselheiros de indicação fazendária.

Esse mecanismo acaba por produzir uma espécie de institucionalização da parcialidade, uma vez que se visualiza uma tendência cada vez mais nítida[20] de os conselheiros votarem agrupados de acordo com sua ascendência (FGV, 2017). Nesse sentido, tornam-se cada vez mais comuns os empates resolvidos em favor da Fazenda pelo voto de qualidade (LEME, 2017), o que, aliás, já havia sido antecipado pela doutrina

18. Apesar de não ser viável distinguir perfeitamente a natureza de cada um desses fatores, adota-se essa "classificação" apenas para melhor organização do presente tópico, no qual serão abordadas espécies que não necessariamente possuem vinculação lógica entre si, mas que, por serem estudadas em conjunto, demandam alguma forma de agrupamento. É importante ressalvar, portanto, que a aludida classificação – fatores que possuem caráter meramente procedimental e fatores que possuem relação mais próxima com o direito material – tem propósito puramente formal, metalinguístico, e de maneira alguma influenciará qualquer das conclusões que serão alcançadas no presente estudo.
19. Não à toa, encontra-se atualmente em curso a ADI 5731/DF, proposta pelo Conselho Federal da Ordem dos Advogados do Brasil – "OAB", cujo objetivo é justamente questionar a sistemática do voto de qualidade no CARF.
20. Talvez essa nitidez decorra da progressiva diminuição dos esforços por parte dos conselheiros no sentido de ocultar essa espécie de facciosismo que ocorre no CARF (FGV, 2017).

como uma provável sequela da recente crise institucional vivenciada pelo CARF e da consequente reforma em seu regimento interno realizada no ano de 2015 (ROCHA, 2015, p. 23).

Apesar de esse ambiente de polarização provavelmente ser influenciado pelas ascendências colidentes dos conselheiros e por fatores relacionados à reação psicológica advinda de tais mecanismos de julgamento e do contexto atual do sistema de contencioso tributário (ROCHA, 2017, pp. 74-75), não pode ser desconsiderado o papel também importante exercido pela influência externa que ocorre sempre que o Conselho se distancia do cenário considerado ideal (MARINS, 2016, p. 35). Tal fato pode ser bem ilustrado pelas inúmeras sanções políticas às quais os conselheiros de indicação fazendária que demonstram maior independência podem ficar sujeitados, tais como a não recondução ao cargo e até a transferência para postos menos conceituados (ROCHA, 2017, p. 61).

No mesmo sentido, visualiza-se atualmente com certa frequência a realização de julgamentos sem respeito à composição paritária das turmas, em função do não preenchimento de todas as vagas de conselheiros (titulares e suplentes) de indicação dos contribuintes (LEME, 2017).[21] Argumenta-se que tal circunstância não seria prejudicial à paridade de armas, eis que, supostamente, todos os conselheiros devem ser igualmente imparciais. Dessa forma, se tornaria descabido cogitar que um conselheiro de indicação da Fazenda teria maior tendência a votar favoravelmente à exação tributária. Além disso, afirma-se que, para todos os fins, a composição paritária serve para viabilizar o exercício do contraditório, o que já estaria garantido se o órgão julgador estiver composto por pelo menos um conselheiro de cada origem.[22]

21. É justo observar que tal circunstância também pode ocorrer em desfavor da Fazenda, quando, por exemplo, greves de auditores fiscais reduzem temporariamente o contingente de conselheiros de indicação fazendária no órgão.

22. Veja-se, a esse propósito, o seguinte trecho, retirado de decisão que foi proferida pelo Tribunal Regional Federal da 1ª Região ao ser provocado a se manifestar a respeito do tema: "*Não há que se falar, neste caso, em violação à paridade, uma vez 'paridade' implica em garantir às partes contraditório útil e neste caso, tendo conselheiros representando tanto a Fazenda Nacional, como os Contribuintes, está garantida a paridade de armas. [...] Ressalte-se, ainda, que havendo qualquer prejuízo futuro, a parte prejudicada poderá recorrer novamente ao Judiciário, que, na ocasião, apreciará eventual nulidade do julgamento.*" (AI 1004402-83.2016.4.01.0000, rel. Desembargadora Federal Ângela Catão, Sétima Turma – TRF1, julgado em 06/10/2016).

Também a respeito do tema, cabe fazer referência aos seguintes precedentes: AO 1006737-26.2017.4.01.3400, Juiz Federal Marcelo Rebello Pinheiro, JFDF, julgado em 01/12/2017; MS 1006009-19.2016.4.01.3400, Juiz Federal Rodrigo Parente Paiva Bente-

Tal consideração nos parece, no mínimo, ingênua e talvez até mesmo contrária a toda lógica que levou à estruturação do CARF como um órgão de composição paritária. Ademais, mostra-se facilmente superável por estudos estatísticos que, para o bem do direito, vêm se tornando cada vez mais comuns e apontam a absurda desigualdade na distribuição do resultado dos julgamentos definidos por meio do voto de qualidade no âmbito das turmas da Câmara Superior de Recursos Fiscais - "CSRF", órgão que, como se sabe, é responsável por dar a última palavra no processo administrativo fiscal.[23] Por fim, cabe observar que as críticas à influência exercida pela ascendência do julgador não são exclusividades brasileiras: a doutrina clássica italiana, por exemplo, ao analisar o processo desenvolvido perante as denominadas *commissioni tributarie* antes da reforma do sistema de justiça tributária de 1992, já reconhecia a gravidade dessa questão e os prejuízos causados à paridade de armas (MICHELI, 1975, p. 533; TESAURO, 1977, p. 135).[24]

Outro aspecto que também pode ser apontado como influente no desequilíbrio entre as partes no processo administrativo fiscal diz respeito à definição da pauta de julgamentos. Sabe-se que o CPC/2015 instituiu no seu artigo 12 a previsão de que, salvo casos excepcionais, os julgamentos deveriam ser realizados seguindo a ordem cronológica. Como no CARF não existe previsão dessa natureza e o artigo 50 do seu Regimento Interno - que determina que o processo deverá ser incluído em pauta para julgamento em até seis meses após a definição de seu relator - na maioria das vezes não é observado, tem-se que, na prática, há grande margem para definição da ordem dos julgamentos de acordo com os interesses daqueles que pretendem influenciar no Conselho.

Além disso, fatores tais como greves de conselheiros que impedem o funcionamento do órgão, com exceção de algumas turmas de julgamento

---

muller, JFDF, julgado em 10/03/2017; MS 1007903-30.2016.4.01.3400, Juiz Federal João Carlos Mayer Soares, JFDF, julgado em 26/09/2016; MS 1005775-37.2016.4.01.3400, Juíza Federal Diana Maria Wanderlei da Silva, JFDF, julgado em 29/08/2016; e MS 1007573-33.2016.4.01.3400, Juiz Federal Márcio de França Moreira, JFDF, julgado em 09/09/2016, todos desfavoráveis ao pleito do contribuinte, com exceção do último elencado.

23. Nesse sentido, observa-se que estudo recente indicou que, "em todos os julgamentos de mérito das Turmas da CSRF que foram resolvidos pelo voto de qualidade, quem ganhou a disputa foi a Fazenda Nacional" (LEME, SANTI, HOFFMANN, 2016).

24. Não chega a surpreender o fato de que as críticas tecidas por Tesauro (1977, p. 135) à antiga *commissione tributaria centrale* assemelham-se sobremodo ao que aqui se afirma a respeito da Câmara Superior de Recursos Fiscais do CARF. No mesmo sentido são as críticas elaboradas por Scoca (1992, pp. 728-745) em sua análise da evolução histórica do contencioso tributário italiano.

específicas,[25] contribuem para agravar a falta de transparência e isonomia na definição da ordem dos julgamentos no processo administrativo fiscal federal.

A princípio, poder-se-ia considerar que, com o crédito tributário suspenso durante o processo administrativo fiscal (artigo 151, inciso III, do CTN), eventual mora na realização do julgamento seria prejudicial unicamente à Fazenda e não ao contribuinte. No entanto, uma reflexão mais aprofundada nos leva a conclusão diversa.

Em primeiro lugar, porque a demora da solução da controvérsia tributaria na fase administrativa acaba por provocar graves ineficiências no sistema de execução do crédito tributário que, por sua vez, produz injustas disparidades na distribuição da carga tributária. Esse fenômeno se deve ao fato de alguns contribuintes acabarem sendo obrigados a arcar com o ônus não sustentado por aqueles que se beneficiam da ineficiência do sistema, tornando-se inadimplentes contumazes. Este ponto será analisado de modo mais detido adiante, quando se tratará do fenômeno denominado *apartheid fiscal.*

Em segundo lugar, porque o sistema brasileiro de controvérsia tributária, como verificado anteriormente, é mais complexo que um simples mecanismo de revisão de autuações fiscais. Na realidade, muitos dos processos administrativos invertem a lógica tradicional de ter a Fazenda como sujeito ativo e o contribuinte no polo passivo da relação jurídica de direito material. De fato, alguns dos processos dizem respeito a direitos dos contribuintes oponíveis ao Fisco, tais como aqueles que discutem direito creditório e a consequente possibilidade de restituição ou compensação,[26] ou ainda aqueles que discutem a glosa de despesas

---

25. A esse propósito veja-se trecho de comunicado divulgado pelo próprio Conselho Administrativo de Recursos Fiscais (2017) em sua página na internet: "*em razão da paralisação das atividades dos integrantes do cargo de Auditor-Fiscal da Receita Federal do Brasil, integrantes deste órgão na condição de Conselheiros representantes da Fazenda Nacional, as sessões de julgamento das Turmas Ordinárias da 2ª Seção de Julgamento, previstas para a próxima semana (05 a 07/12/2017), ficam suspensas, com exceção da 1ª Turma Ordinária da 4ª Câmara que terá funcionamento normal. Igualmente, informo que as sessões de julgamento da 1ª Turma da Câmara Superior de Recursos Fiscais está mantida, com funcionamento normal.*"
26. Novamente poder-se-ia alegar que não há prejuízo ao contribuinte na demora no julgamento de processos que versam sobre compensações, tendo em vista que o crédito tributário que se pretende extinguir (artigo 156, inciso II, do CTN) se manteria suspenso durante todo o processo. No entanto, mais uma vez relembra-se a complexidade do sistema de contencioso administrativo fiscal, para recorrer a situações como aquelas em que o contribuinte vê seu crédito utilizado para compensações de ofício com outros débitos. Há ainda situações em que o contribuinte pretende compensar estimativas da

de empresas que apuraram prejuízo, impedindo-as de utilizar parcela de seu prejuízo fiscal em compensações.

Note-se que, por via de regra, são justamente esses os processos que mais demoram a ser julgados e, não por acaso, verifica-se uma frequência cada vez maior na concessão de medidas judiciais voltadas a garantir o julgamento de pedidos de restituição em tempo razoável.[27] Tais medidas mostram-se necessárias principalmente para provocação do julgamento de primeira instancia administrativa, vez que, no âmbito federal, os processos tramitam internamente na RFB[28], sem qualquer contato com o contribuinte, o que torna impossível a obtenção por eventual interessado de qualquer informação ou satisfação a respeito da demora para solução de seu caso.

Em terceiro lugar, deve-se lembrar dos muitos outros fatores prejudiciais aos contribuintes que se prolongam com a falta de avanço da discussão na esfera administrativa, tais como a manutenção de provisões correspondentes ao montante em discussão e o cômputo de juros sobre os valores autuados. Também devem ser considerados os impactos danosos decorrentes da insegurança que perdurará enquanto não ultimada a lide tributária: o contribuinte também tem interesse no esclarecimento definitivo da controvérsia. Tal insegurança, aliás, não se manifesta apenas no plano individual; pelo contrário, verifica-se a presença de incertezas subjetivas e sistêmicas que acabam limitando a liberdade do contribuinte, que se vê obrigado a abandonar determinadas práticas enquanto não houver consenso acerca de seu tratamento jurídico.

Superado este ponto, cabe notar que outro elemento determinante para as assimetrias existentes no contencioso administrativo fiscal

---

antecipação do Imposto de Renda da Pessoa Jurídica – "IRPJ", mas em função da mora na resolução do processo administrativo fiscal, vê-se impossibilitado de apurar de modo seguro o montante da tributação anual definitiva.

27. Nesse passo, observa-se que o STJ já se manifestou no sentido de que: "*1. A conclusão de processo administrativo fiscal em prazo razoável é corolário do princípio da eficiência, da moralidade e da razoabilidade da Administração pública. 2. Viável o recurso à analogia quando a inexistência de norma jurídica válida fixando prazo razoável para a conclusão de processo administrativo impede a concretização do princípio da eficiência administrativa, com reflexos inarredáveis na livre disponibilidade do patrimônio.*" (REsp 1.091.042/SC, rel. Ministra Eliana Calmon, Segunda Turma, julgado em 06/08/2009, DJe 21/08/2009). No mesmo sentido é o entendimento de James Marins (2009, p. 97).

28. A Ordem dos Advogados do Brasil chegou a obter decisão favorável em Mandado de Segurança coletivo que questionava, dentre outros pontos, a realização de julgamentos fechados em primeira instância administrativa pela RFB (MS 0000113-91.2014.4.02.5101, Juiz Federal Firly Nascimento Filho, JFRJ, julgado em 31/10/2014). A decisão foi posteriormente reformada pelo TRF2, mas até o momento não houve trânsito em julgado.

reside na já aludida falta de transparência nos julgamentos de primeira instância administrativa. Apesar das pressões para mudança, a Receita Federal resiste na manutenção desse regime sob a alegação de que não teria estrutura para aumentar a transparência do processo administrativo fiscal por meio da adoção de medidas como permitir a participação das partes e eventuais interessados nas sessões de julgamento.

Ocorre que essa falta de transparência e participação das partes na primeira instância administrativa somada ao fato de que os responsáveis pela atividade judicante pertencem aos quadros da Receita Federal acaba por produzir julgamentos muitas vezes superficiais e até mesmo tendenciosos (MARINS, 2016, p. 35).

Com isso, perde-se a oportunidade de resolver um problema – transferindo toda a responsabilidade por sustentar a qualidade dos julgamentos na esfera administrativa para o CARF – e contribui-se para a morosidade inaceitável do processo tributário[29]. De fato, verifica-se que recorrentemente acaba restando ao CARF a tarefa de suprir funções não desempenhadas adequadamente pela DRJ. Muitas vezes, diante das falhas ocorridas na condução do processo na primeira instância administrativa, incumbe aos conselheiros determinar conversão de julgamentos em diligência para, por exemplo, complementar a atividade instrutória realizada de maneira insuficiente.[30]

Ocorre que tal tentativa de remediar mostra-se a toda evidência insuficiente, tendo em vista que a conversão do processo em diligência já em segunda instância não substitui de forma alguma os benefícios de um processo corretamente conduzido e instruído desde seu início. Por outro lado, como já visto acima, dificilmente o CARF anula decisões ou

29. Quanto a esse ponto, não custa lembrar que o artigo 24 da Lei nº 11.457/2007 estabeleceu o prazo máximo de trezentos e sessenta dias para que sejam proferidas as decisões administrativas e que o STJ já confirmou, em sede de recurso repetitivo, a aplicabilidade da norma ao processo administrativo fiscal (REsp 1.138.206/RS, rel. Ministro Luiz Fux, Primeira Seção, julgado em 09/08/2010, DJe 01/09/2010).

30. Ilustra-se tal afirmativa fazendo referência a caso (Processo nº 13896.721727/2014-42, rel. Fernando Brasil de Oliveira Pinto, Segunda Turma Ordinária da Quarta Câmara da Primeira Seção de Julgamento do CARF, julgado em 22/03/2017) em que o CARF entendeu por converter o julgamento em diligência para apuração de questões fáticas. No entanto, o fez sem demonstrar qualquer contrariedade à decisão de primeira instância administrativa, que negara o pedido de perícia do contribuinte e julgara totalmente procedente o auto de infração. Dessa forma, ainda que indiretamente, o Conselho reconheceu que o julgamento de primeira instância administrativa foi realizado com o processo insuficientemente instruído.

autuações em decorrência do cerceamento do direito de defesa do contribuinte, ainda que se considere, em seguida, a insuficiência das provas produzidas para dar lastro às suas alegações. Dessa forma, na prática, a utilidade da tramitação do processo administrativo em primeira instância fica severamente prejudicada, passando até mesmo a impressão de tratar-se de mera formalidade, enquanto todos os passos de fato importantes no sentido de solucionar a controvérsia tributária ficam incumbidos à segunda instância administrativa e à esfera judicial.

Além de todos esses vícios, importa observar também aqueles que possuem relação mais próxima com o direito material em disputa. Grande exemplo é a limitação imposta à cognição a ser realizada no processo pelo artigo 25 da Lei nº 11.941/2009 e pela súmula 2 do CARF, segundo a qual "*o CARF não é competente para se pronunciar sobre a inconstitucionalidade de lei tributária*". Os defensores da súmula apoiam-se na justificativa de que admitir o contrário importaria em violação ao princípio da presunção da constitucionalidade das leis.

Apesar de não ser o objetivo do presente estudo se aprofundar nesse tema, cabe observar que tal lógica, se levada ao extremo, tornaria inviável que o CARF reformasse qualquer auto de infração, uma vez que todo e qualquer ato jurídico carrega consigo a presunção de conformidade com o ordenamento jurídico (CARVALHO, 1995, p. 229). Em outras palavras, a presunção de conformidade do ato administrativo, seja com relação à legislação comum, seja com relação ao texto constitucional, de forma alguma deveria obstar a revisão do ato. Esse racional acaba por diminuir a importância do texto constitucional, como se retornássemos ao tempo em que a Constituição era tida como mera carta de recomendações ao poder público.

Outra limitação à atividade cognitiva no processo administrativo fiscal decorre da obrigatoriedade de que os conselheiros – representantes da Fazenda e dos contribuintes – se submetam a entendimentos formalizados internamente no âmbito da Administração (MARINS, 2016, p. 35). Também a existência de súmulas no âmbito do CARF pode ser aqui abarcada.

Na mesma categoria pode ser enquadrada também a chamada presunção de veracidade dos atos públicos. Trata-se de corolário da supramencionada presunção de conformidade dos atos com o ordenamento jurídico (presunção de legitimidade ou de validade), segundo o qual não apenas os pressupostos jurídicos do ato administrativo devem presumir-se corretos, mas também seus pressupostos fáticos, que devem ser tidos como verdadeiros até que se prove o contrário (GUEDES, 2007, pp. 23-24).

Pode-se perceber de imediato que se trata de princípio pouco compatível com aquele supramencionado da busca pela verdade material. Este fato, todavia, não impede sua convivência simultânea no processo administrativo fiscal, onde acaba servindo como uma versátil ferramenta de justificação das decisões à disposição do julgador administrativo.

Além de todos os elementos examinados acima, há ainda diversas outras fontes de desequilíbrio no processo administrativo fiscal que colocam o contribuinte em um estado de "*vulnerabilidade processual-administrativa*", nas palavras de James Marins (2016, pp. 35-36). Pode-se mencionar, nesse sentido, a introdução do denominado "*bônus de eficiência e produtividade na atividade tributária e aduaneira*" em benefício dos auditores da RFB (inclusive aqueles que integram o CARF) por meio da Lei nº 13.464/2017 (CANÁRIO, 2017); a ausência de concurso público exclusivo, que permitiria o preenchimento das vagas por conselheiros com a devida imparcialidade (ROCHA, 2015, p. 15); a subordinação do órgão ao Ministro da Fazenda, que tem o poder de regulamentá-lo mediante simples edição de portaria (MARINS, 2016, p. 35); e, por fim, até mesmo a excessiva litigiosidade identificada no direito tributário como um todo em decorrência da complexidade e da falta de sistematização eficiente da legislação (ROCHA, 2017, p. 58).[31]

Não cabe abordar esses pontos com mais detalhes, tendo em vista que já se considera suficientemente demonstrado o recorrente desrespeito à paridade de armas que ocorre no processo administrativo fiscal, sendo certo que não é esse o propósito principal do presente estudo. No entanto cabe desde já observar que todos esses vícios e limitações à cognição existentes no processo administrativo fiscal contribuem de forma expressiva para a ineficiência do sistema brasileiro de contencioso tributário. Isso porque, atualmente, temos um processo administrativo que muitas vezes se dá o luxo de durar até dez anos (SILVA, 2016, p. 7), mas que é incapaz de solucionar questões elementares como a constitucionalidade de determinado ato administrativo ou a veracidade do contexto fático sobre o qual tal ato encontra-se apoiado.

---

31. Quanto a esse ponto, Carnelutti defendia a adoção de mecanismos capazes de diminuir a frequência das pretensões infundadas para que se lograsse o enfraquecimento do perigo da lide (1932, p. 113).

Com isso, perde-se tempo precioso e posterga-se largamente a execução do crédito tributário sem contrapartidas à altura. Empurra-se para o Poder Judiciário a responsabilidade de resolver questões enfrentadas de forma insuficiente, uma vez que os vícios existentes no processo administrativo impedem que a certidão de dívida ativa possua credibilidade suficiente para que sejam adotadas medidas mais céleres e efetivas na execução do crédito tributário (MARINS, 2016, p. 36).

O sistema evidentemente falho permite o surgimento de uma classe de contribuintes que se beneficia com frequência dessas fraquezas para deixar de honrar suas obrigações perante o Fisco. Como já mencionado anteriormente, isso leva o Estado a onerar ainda mais os contribuintes que não dispõem de tais estratagemas, dividindo a sociedade entre as castas dos privilegiados e dos abnegados por coação, que se tornam os únicos responsáveis por suportar o ônus de prover o financiamento das necessidades do Estado (NABAIS, 2001, pp. 20-21).

No fim, arrisca-se até a afirmar que atualmente o processo administrativo fiscal aparenta ser analisado com certa ingenuidade por boa parte da doutrina e dos operadores do direito. Ignora-se que o texto constitucional também determinou a observância dos princípios do devido processo legal, do contraditório e da ampla defesa (artigo 5º, incisos LIV e LV, da CRFB/1988) já no âmbito do contencioso administrativo e que tais princípios possuem como corolário o princípio da paridade de armas (GRECO, L., 2006, pp. 121-126; MARINS, 2016, pp. 35-36). Parte-se do pressuposto equivocado de que o processo administrativo fiscal é apenas um dos meios disponíveis à Administração Pública para que seja exercido o poder de autotutelar seus atos, de modo que a mera possibilidade de litigar na esfera administrativa já se torna quase que uma concessão em favor do contribuinte.[32]

32. Nesse sentido: "*Em outras palavras, órgãos que deveriam ser coadjuvantes no sistema de controle da legalidade de atos administrativos de cobrança tributária passaram à condição de protagonistas. O primeiro desafio da reforma do processo tributário passa pelo necessário reequacionamento da função dos órgãos administrativos de julgamento. Seu papel deveria ser secundário em relação ao Poder Judiciário, servindo para evitar que situações, cuja própria Administração Fazendária reconheça que um erro foi cometido, cheguem aos tribunais.*" (ROCHA, 2015, pp. 10-11). É necessário fazer justiça a tal posicionamento do autor por meio do esclarecimento de que a sobreposição de instâncias é reconhecida como uma patologia grave do processo judicial tributário, o que permite que, ainda assim, sejam propostas interessantes soluções para o sistema brasileiro de contencioso tributário. No entanto, a transcrição do trecho é válida para ilustrar a postura com a qual se encara predominantemente o processo administrativo fiscal.

Sob esta ótica, justifica-se o voto de qualidade quase como se de fato devesse haver na esfera administrativa um princípio do "*in dubio pro fiscum*". Justifica-se qualquer restrição imposta à atuação do contribuinte no processo administrativo, como se a Administração já oferecesse mais do que de fato seria obrigada (MARINS, 2016, p. 35).

Pouco se fala, no entanto, da relação fundamental existente entre a democracia e a autonomia dos órgãos que exercem atividade judicante (MARINS, 2016, p. 36).[33] Não se percebe o quão danosa essa postura vem sendo para o sistema brasileiro de contencioso tributário, que hoje se parece cada vez menos com um sistema, diante de tantos furos e redundâncias. Não se compreende que o ente tributante – tanto quanto o contribuinte comum – sofre severas perdas em decorrência desses vícios e que os únicos vencedores desse jogo são os chamados inadimplentes contumazes, que se aproveitam desses vícios sistêmicos para instaurar um verdadeiro *apartheid fiscal*, uma vez que escapam de suas obrigações como cidadãos perante a sociedade e transferem todo o ônus de suportar o Estado para os demais contribuintes.

Finalmente, cabe deixar consignado que, se na esfera federal o processo administrativo fiscal enfrenta problemas dessa monta, tudo leva a crer que o processo administrativo desenvolvido perante os demais entes da federação esteja em situação ainda pior. O princípio da autonomia administrativa vem impedindo a edição de uma lei federal uniformizadora, que poderia ao menos garantir o respeito a padrões e princípios mínimos no processo administrativo estadual e municipal e isso certamente contribui para a configuração de um cenário ainda mais grave que aquele visualizado no âmbito federal (MARINS, 2016, p. 36).

33. Para melhor ilustrar a aludida relação, recorre-se às palavras do Ministro Joaquim Barbosa no julgamento do RE 388.359/PE (depósito recursal) pelo Tribunal Pleno: "*As relações entre Estado e administrados devem desenvolver-se legitimamente não apenas no âmbito judicial mas também no âmbito da própria Administração, que está vinculada ao dever de realizar as diversas normas constitucionais e, especialmente, as normas constitucionais administrativas. A consecução da democracia, de último modo, depende da ação do Estado na promoção de um procedimento administrativo que seja: (i) sujeito ao controle dos órgãos democráticos, (ii) transparente e (iii) amplamente acessível aos administrados.*" (RE 388.359/PE, rel. Ministro Marco Aurélio, Tribunal Pleno, julgado em 28/03/2007, DJe 22/06/2007).

1.2.2. Processo Judicial Tributário

Para as pretensões do presente estudo considera-se suficiente a análise do processo administrativo fiscal até aqui realizada, motivo pelo qual esta deve ser tida por encerrada para que se possa passar a tratar do processo judicial tributário. Tal como realizado no tópico anterior, "Processo Administrativo Fiscal no âmbito federal", e seus subtópicos, serão examinadas, em um subtópico inicial, as premissas sobre as quais o processo judicial tributário está fundamentado. Em seguida, pretende-se analisar o processo judicial tributário dividindo-o em dois momentos principais, quais sejam o da discussão do mérito do crédito tributário e o da sua execução por intermédio do Poder Judiciário.

Mantendo-se em vista o propósito final definido para o presente estudo, importa-nos, antes de prosseguir com nossas considerações acerca do processo judicial tributário, identificar as especificidades na distribuição do ônus da prova aqui existentes que de alguma forma possam diferir do processo comum. Nesse passo, considera-se relevante elemento de diferenciação a certidão de dívida ativa e os efeitos presuntivos e de prova pré-constituída a ela atribuído pelo artigo 204 do Código Tributário Nacional e pelo artigo 3º da Lei de Execuções Fiscais. Em decorrência de tal circunstância, pode-se afirmar que o executado no processo tributário encontra-se em situação mais gravosa que o executado por título extrajudicial no processo comum.

Outro elemento de diferenciação que merece ser mencionado diz respeito ao fato de a arquitetura do sistema de controvérsia tributária fazer com que o contribuinte apareça sempre no polo ativo da ação que tenha como objetivo discutir o mérito do crédito tributário. Isso se deve ao fato de o ente tributante poder sempre prescindir de qualquer ação de conhecimento para satisfazer seu crédito e ao fato de tal crédito consubstanciar-se em título executivo lavrado pela própria Administração (ROCHA, 2011, p. 646). Com efeito, em nosso sistema de controvérsia tributária, com exceção de raríssimos casos, como o da medida cautelar fiscal e o da ação pauliana, o ente tributante aparece sempre no polo passivo da demanda, a menos que seja para execução do crédito tributário. De qualquer forma, nos casos citados, dificilmente haverá discussão do mérito de eventual exação tributária.

Assim, usualmente, na discussão do mérito do crédito tributário o contribuinte se encontrará em posição processual desvantajosa, vez que, se ambas as partes falharem em provar suas alegações, o contribuinte

– primeiramente por ser autor[34] (CPC/2015, artigo 373 e seus incisos) e, em segundo lugar, porque na maioria dos casos tem contra si o efeito de prova pré-constituída da certidão de dívida ativa – será a parte sucumbente. É o que a doutrina denomina de "*problema da decisão diante de fato incerto*" (BARBOSA MOREIRA, 1977, p. 61; TESAURO, 1986b, p. 78; SALDANHA SANCHES, 1987, pp. 106-107).

É verdade, contudo, que a introdução da norma de flexibilização da distribuição do ônus da prova pelo CPC/2015, no § 1º do artigo 373, foi pensada justamente para reduzir o desequilíbrio antes existente entre autor e réu,[35] pois passou a permitir que o juiz julgue em favor do autor mesmo se ambas as partes falharem em provar suas alegações, quando considerar impossível ou excessivamente difícil o cumprimento do encargo probatório pelo autor. É necessário, todavia, refletir sobre como tal regra se relacionará com os efeitos presuntivos e de prova pré-constituída atribuídos à CDA pelo CTN e pela LEF.

Esse cenário faz com que a certidão de dívida ativa adquira papel de protagonismo para diferenciar a consideração da prova que ocorre no processo tributário daquela existente no processo comum. É justamente por isso – e também em decorrência do fato de tratar-se do caminho natural do processo judicial tributário, ou seja, da possibilidade mais corriqueira no dia a dia forense – que no presente trabalho opta-se por dar mais atenção às hipóteses em que a lide tributária envolve a certidão de dívida ativa.

Cabe observar, nesse passo, que o sistema processual brasileiro permite a coexistência de inúmeras espécies de ações tributárias, cada uma com suas peculiaridades, e que tratar de todas elas seria uma digressão pouco saudável. Nesse sentido, relembre-se que este estudo possui como propósito oferecer critérios mais equilibrados de distribuição do ônus da prova no processo judicial tributário, não fazendo parte de suas

34. Nesse sentido, Saldanha Sanches afirma que os sistemas ancorados no *actor probare debet* atiram sobre o contribuinte o ônus da prova nos litígios contra o Fisco (1987, p. 126).

35. Nesse sentido, verifica-se que a doutrina mais atual vem defendendo que não foi possível conferir equilíbrio à disciplina da distribuição do ônus da prova pela mera definição de regras estáticas, motivo pelo qual foi pensado o princípio da normalidade. Tal princípio impõe a consideração de "*uma multiplicidade de fatores, a saber: 1) o tipo de vício deduzido; 2) a espécie do ato contestado; 3) o interesse que se pretende fazer valer (pretensão ou oposição); 4) disponibilidade do material instrutório*" (MIRANDA NETTO, 2009, pp. 179-180).

ambições englobar dentro de si qualquer coisa semelhante a um manual das ações tributárias.

Por fim, antes de prosseguir e de modo a garantir a manutenção da simetria da presente análise, cumpre observar que o processo judicial tributário, ao menos na parte que interessa a este estudo, será influenciado principalmente pelo Código de Processo Civil, pela Lei de Execuções Fiscais e pelo Código Tributário Nacional. Tal fato, conforme será verificado mais à frente, pode ensejar eventual discussão acerca da solução de antinomias envolvendo diplomas legais de naturezas distintas (*i.e.*, lei ordinária e lei complementar).

1.2.2.1. Premissas

Anteriormente, quando da análise das premissas do processo administrativo fiscal, verificou-se que a doutrina aponta algumas razões – normalmente conectadas à necessária autotutela dos atos da Administração – para justificar a existência de duas esferas (a administrativa e a judicial) coexistentes na discussão do crédito tributário.

Tal circunstância, contudo, não explica a necessidade de que na esfera judicial ocorra a repetição quase que integral da lide travada no campo administrativo; o que o faz é o chamado princípio da inafastabilidade do controle jurisdicional, ou princípio do direito de ação, positivado no artigo 5º, inciso XXXV, da CRFB/1988, aliado a algumas opções definidas pelo legislador infraconstitucional no momento de projetar a estrutura do sistema brasileiro de contencioso tributário.[36]

Com efeito, somam-se ao princípio da inafastabilidade do controle jurisdicional as disposições de nosso ordenamento, principalmente do CTN, do CPC/2015 e da LEF, que viabilizam uma espécie de reprise completa da discussão ocorrida na esfera administrativa, sem que se aproveite praticamente nada de eventual progresso que nela tenha sido alcançado. A importância atribuída nesse sentido à legislação infraconstitucional decorre evidentemente do entendimento de que o princípio da

36. Importante dar o devido destaque ao papel exercido pela legislação infraconstitucional, uma vez que o princípio da inafastabilidade do controle jurisdicional não impede o aproveitamento, pela esfera judicial, de avanços obtidos em campos alternativos de solução de litígios. Grande exemplo disso pode ser identificado no instituto da arbitragem, que é acolhido de forma uníssona pela jurisprudência e doutrina pátrias (ROCHA, 2015, p. 20).

inafastabilidade do controle jurisdicional, por si só, não impõe que seja descartado todo e qualquer progresso alcançado em esferas alternativas de resolução de conflito,[37] como ficou estabelecido pelo legislador brasileiro ao tratar do processo tributário.

Há que se reconhecer, no entanto, que certamente contribuem para essa opção os inúmeros defeitos (já devidamente analisados nesse estudo) que se fazem presentes no processo administrativo fiscal e a consequente impossibilidade de se atribuir maior credibilidade à CDA, título executivo que dele advém. Não à toa, pesquisa realizada pela Universidade Federal do Rio Grande do Sul – "UFRGS" apontou que 73,2% dos operadores do direito consideram que as decisões administrativas apresentam um viés favorável ao Fisco (CNJ, 2011, pp. 5-6).

Curiosamente, tal cenário não obsta que o CTN (artigo 204) e a LEF (artigo 3º) atribuam à certidão de dívida ativa efeitos presuntivos e de prova pré-constituída, conforme já mencionado anteriormente. Disso decorre que, em última análise, o sistema de controvérsia tributária renega qualquer crédito à esfera administrativa ao determinar a repetição integral[38] e totalmente independente da discussão na esfera judicial, exceto no que tange ao âmbito fático-probatório, que será significativamente influenciado pelo produto da discussão administrativa, a CDA.

A falta de coesão do sistema provavelmente serve para agravar ainda mais a disciplina da prova no direito tributário, uma vez que a redundância verificada entre o processo judicial e o processo administrativo fiscal serve de muleta para a manutenção dos inúmeros fatores de desequilíbrio entre as partes até aqui verificados.

Tendo em vista não ser esse o momento oportuno para prosseguir no desenvolvimento deste ponto, importa fixar que uma das premissas do processo judicial tributário mais significativas para o presente

---

37. Quanto a esse aspecto, é interessante mencionar o entendimento consolidado na doutrina, nos tribunais e na própria legislação processual a respeito da compatibilidade entre o princípio da inafastabilidade da jurisdição e a solução de conflitos pela via arbitral. Nesse sentido, v. Didier (2013, pp. 73-74).

38. Observe-se que o artigo 372 do CPC/2015 introduziu a figura da "prova emprestada", permitindo ao juiz a "*utilização de prova produzida em outro processo, atribuindo-lhe o valor que considerar adequado, observado o contraditório*". Sob essa ótica, o processo judicial tributário poderia sim aproveitar determinados avanços logrados na esfera administrativa. No entanto, isso não afasta o ponto principal aqui considerado de que o reaproveitamento é pouco significativo e de que ambas as esferas se sobrepõem de forma majoritariamente redundante.

trabalho consiste no desequilíbrio introduzido entre as partes por conta dos efeitos presuntivos e de prova pré-constituída atribuídos à CDA pelo CTN e pela LEF.

Tal premissa poderia colidir com alguns dos mais importantes princípios processuais, como o do devido processo legal, do contraditório, da ampla defesa e da paridade de armas (GRECO, L., 2006, p. 125; MICHELI, 1975, p. 544). O objetivo do presente estudo é justamente fornecer mecanismos de conciliação desses vetores presumivelmente colidentes.

Antes de prosseguir com o presente estudo e dar início à análise da discussão do mérito do crédito tributário na esfera judicial, é justo deixar consignada a existência de fatores de desequilíbrio também prejudiciais aos entes tributantes. O principal deles, cuja menção se faz necessária nesse momento, diz respeito à impossibilidade de levar ao Judiciário as decisões proferidas em favor do contribuinte na esfera administrativa.

Isso decorre do entendimento predominante de que seria processualmente inviável que a Fazenda ressuscitasse a discussão no Judiciário em decorrência da falta de interesse de agir e da paradoxal situação que se configuraria nos polos da demanda. Em outras palavras, como nosso ordenamento estabelece que o contencioso administrativo fiscal se desenvolve dentro da própria Administração, qualquer decisão ali proferida é considerada como ato administrativo emanado do ente estatal em si mesmo. Disso deriva que, caso tal decisão fosse questionada no Judiciário, a parte interessada deveria arrolar no polo passivo o próprio ente responsável por sua prolação. De forma semelhante, o ente tributante não possuiria interesse de agir para reformar o ato dele mesmo emanado.

Esse contexto possivelmente é um dos elementos que incentivam a manutenção dos já identificados desequilíbrios existentes no processo administrativo fiscal, simplesmente porque a decisão administrativa contrária à Fazenda se torna muito mais grave que aquela contrária ao contribuinte, eis que apenas a primeira seria definitiva.

Sob essa ótica específica a posição do contribuinte se mostra privilegiada, tendo em vista que conta com um processo administrativo robusto e demorado, mas, ainda assim, mantém com exclusividade o direito de reiniciar toda a discussão da lide tributária na esfera judicial. Todo esse contexto constitui-se como mais um elemento que – aliado a todos aqueles já aqui tratados – evidencia a falta de coordenação no sistema brasileiro de contencioso tributário.

Finalmente, cabe tecer a importante ressalva de que a mencionada falta de coordenação e o consequente privilégio gozado pelos contribuintes de forma alguma são suficientes para remediar os demais vícios e fatores de desequilíbrio até aqui examinados. A possibilidade de se levar a discussão do crédito tributário à esfera judicial e de que tal discussão dure mais dez ou quinze anos não influencia em nada o fato de que há um desequilíbrio na relação processual judicial causado pelos efeitos atribuídos à CDA e tampouco supre as inúmeras violações à paridade de armas que se fazem presentes na esfera administrativa. Em outras palavras: um erro não compensa o outro.

1.2.2.2. A discussão do mérito do crédito tributário na esfera judicial

Conforme destacado no tópico anterior, as pretensões do presente trabalho demandam um maior foco na discussão judicial tributária que ocorre após a inscrição do crédito em dívida ativa. Tal fato, no entanto, não impacta de forma significativa o campo de abrangência do estudo, tendo em vista que a discussão do crédito tributário perante o Poder Judiciário geralmente ocorre posteriormente à confecção da CDA.

Isso se explica pelo fato de o caminho mais usualmente percorrido pelo crédito tributário ser aquele no qual, após sua constituição definitiva – seja ela pelo encerramento da discussão na esfera administrativa de forma desfavorável ao contribuinte, seja ela por meio da confissão através do lançamento por homologação –, o ente tributante realiza a inscrição do débito em dívida ativa e, em seguida, ajuíza a execução fiscal para sua cobrança. A partir daí, o executado terá o prazo de cinco dias para pagar ou garantir a execução (artigo 8º da LEF) e em seguida oferecer embargos (artigo 16 da LEF), nos quais deverá alegar toda matéria útil à defesa e requerer o que entender apropriado em matéria de provas, apresentando desde logo as que estiverem em seu poder (RODRIGUES, 2016, p. 186; ROCHA, 2011, p. 660). Verifica-se, portanto, que a lide travada nessas condições já se encontra sob a influência dos efeitos da CDA.

Por outro lado, caso o contribuinte decida por não aguardar o encerramento da discussão na esfera administrativa, ajuizando mandado de segurança ou ação anulatória para discutir o mérito de determinada autuação, estará, por força legal, automaticamente gerando sua "*renúncia ao poder de recorrer na esfera administrativa e desistência do recurso acaso interposto*", nos termos do artigo 38, parágrafo único, da LEF[39] e da súmula 1 do CARF.[40] Nesse caso, tão logo seja ajuizada a ação judicial, poderá o ente tributante realizar a inscrição em dívida ativa do crédito tributário correspondente.

Mostra-se oportuno, nesse ponto, refletir sobre eventual hipótese em que o ente tributante tarde a realizar a inscrição do crédito tributário em dívida ativa, permitindo que a discussão do mérito em sede de ação anulatória ou de mandado de segurança se desenvolva sem a interferência dos efeitos presuntivos e de prova pré-constituída da CDA.

Tende-se a considerar que a diferença entre as duas situações - isto é, a presença da inscrição em dívida ativa, ou sua ausência decorrente de simples mora do ente tributante - não é relevante o suficiente para legitimar tamanha disparidade de tratamento. Na realidade, sabe-se que a inscrição em dívida ativa em nosso ordenamento é desprovida de qualquer materialidade, apresentando, a toda evidência, a função meramente protocolar de dar forma àquilo que já havia sido anteriormente apurado pela Administração Tributária seguindo o devido processo legal (BITTENCOURT, 1998, pp. 117-118; CONRADO, 2016, p. 202; DELGADO, 1981, pp. 202-203; MARINS, 2016, pp. 747-749). Em outras palavras, deve-se admitir que, se existe algum conteúdo material que dá respaldo à formalidade da inscrição em dívida ativa, o mesmo emana dos atos praticados anteriormente à inscrição em si, mormente durante o processo administrativo fiscal, ou quando da confissão da dívida pelo contribuinte nas hipóteses dos tributos lançados homologação.

Esse mesmo problema pode se materializar sob circunstâncias diversas, como, por exemplo, aquela em que o contribuinte opta por antecipar a discussão tributária mediante ajuizamento de ação declaratória ou impetrando mandado de segurança preventivo. Há que se questionar, nesse sentido, se de fato existe justificativa para que o contribuinte, ao discutir em sede de ação declaratória crédito tributário ainda não materializado,

---

39. Ressalte-se que o STF reconheceu a constitucionalidade do dispositivo no RE 233.582/RJ, em que fora reconhecida a repercussão geral do tema (RE 233.582/RJ, Rel. Ministro Marco Aurélio, Rel. do acórdão Ministro Joaquim Barbosa, Tribunal Pleno, julgado em 16/08/2007, DJe 16/05/2008).

40. "*Súmula CARF nº 1: Importa renúncia às instâncias administrativas a propositura pelo sujeito passivo de ação judicial por qualquer modalidade processual, antes ou depois do lançamento de ofício, com o mesmo objeto do processo administrativo, sendo cabível apenas a apreciação, pelo órgão de julgamento administrativo, de matéria distinta da constante do processo judicial.*"

se encontre em posição processual tão significativamente mais benéfica que aquela em que se encontraria caso aguardasse inerte[41] o lançamento e a inscrição em dívida ativa. Sem embargo de se reconhecer que as duas situações processuais são distintas e que a maior diligência do contribuinte que antecipa a discussão justificaria sim uma posição mais favorável, tal diferença não aparenta ser suficiente para legitimar tamanha disparidade na interpretação do contexto fático-probatório.

Esse cenário merecerá análise mais detida no futuro, vez que coloca sob questionamento a legitimidade dos efeitos que o artigo 204 do CTN e o artigo 3º da LEF pretendem atribuir à certidão de dívida ativa, da mesma forma que chama atenção para a necessidade de regras de distribuição do ônus da prova que possibilitem ao juízo levar em consideração as peculiaridades de cada caso concreto.

Retomando nosso rumo após essa breve digressão, cabe repisar que, em regra, o contribuinte discutirá o mérito do crédito tributário ocupando o polo ativo da demanda e que tal circunstância, assim como a existência da CDA, consiste em um relevante diferenciador do processo tributário em relação ao processo comum no que tange às discussões em matéria de prova.[42] Isso porque, somando-se a tal contexto a dinâmica de distribuição do ônus da prova estabelecida pelos incisos do artigo 373 do CPC/2015, obtém-se como resultado o fato de que, geralmente, o contribuinte se encontrará em uma posição processual de maior fragilidade, principalmente nas hipóteses em que o juízo considerar que as provas trazidas pelas partes são insuficientes para esclarecer o contexto fático da lide.

Quanto a esse ponto, cabe observar que Gian Antonio Micheli (1975, pp. 545-546), ao analisar fenômeno semelhante presente no processo tributário italiano, afirmava que ao contribuinte restava a incumbência

---

41. Optou-se por destacar a inércia do contribuinte no exemplo suscitado simplesmente porque, caso tivesse se insurgido contra o lançamento de modo a instaurar o litígio na esfera administrativa, supostamente essa discussão conferiria maior credibilidade à inscrição em dívida ativa, e poderia ser utilizada como argumento para justificar a posição processual menos favorável atribuída ao contribuinte.

    Já no exemplo adotado, tem-se que em ambos os cenários não houve instauração do processo administrativo, de forma que a existência ou não da inscrição em dívida ativa – que, como visto, é ato meramente formal, desprovido de conteúdo material – seria realmente o único fator responsável por diferenciar o tratamento dado às partes em matéria de ônus da prova.

42. Isso ocorrerá seja como autor dos embargos à execução, seja como autor da ação anulatória, seja como impetrante do mandado de segurança.

de suportar sempre o ônus da demanda ("*onere della domanda*"), e que de tais circunstâncias derivava uma inegável assimetria na paridade de armas, com o comprometimento do direito de defesa do particular face à Administração.

Ressalte-se, contudo, que a previsão de flexibilização contida no § 1º do mesmo artigo 373, caso bem utilizada por nossos magistrados, teria a capacidade de remediar[43] o aludido desequilíbrio (MIRANDA NETTO, 2009, pp. 179-180), ao desincumbir as partes da produção de prova impossível ou excessivamente gravosa. Em todo caso, ainda se mostra necessário analisar como se daria a harmonização de tal norma com os efeitos atribuídos à CDA pelos artigos 3º da LEF e 204 do CTN, reflexão esta que terá lugar mais adiante no presente estudo.

Por fim, antes de prosseguir com o presente estudo e dar início à análise da execução do crédito tributário, importa observar que, ao lado do desequilíbrio gerado pelos efeitos atribuídos à CDA no processo judicial tributário, a doutrina costuma apontar também como fator limitador da qualidade dos julgamentos na esfera judicial a insuficiência na formação dos magistrados e sua falta de preparo para lidar com temas tributários específicos e complexos (ROCHA, 2017, pp. 55-56).

Assim, não parece ser possível proclamar a inexistência absoluta de vícios e desequilíbrios nessa fase da controvérsia tributária, por mais que o processo judicial garanta às partes a realização de nova cognição ampla e permita que todos os aspectos de direito e de fato atinentes ao crédito tributário sejam por elas suscitados, tal como ocorre no processo civil geral.

Nesse passo, necessário ressalvar que, evidentemente, a realização de nova cognição ampla pelo Poder Judiciário só será possível caso o

43. Nesse sentido, conforme já destacado anteriormente, a doutrina processualista moderna caminha para chegar à conclusão de que nenhuma das tentativas de estabelecer regras fixas de distribuição do ônus da prova foi capaz de oferecer respostas satisfatórias na totalidade das situações quando colocada em prática. Sabe-se que o polo da demanda a ser ocupado pela parte não necessariamente possui qualquer correspondência com o polo ocupado na relação de direito material. Assim, os ônus probatórios divididos entre as partes poderiam sofrer variação, por exemplo, simplesmente em decorrência do fato de o sujeito ocupante do polo passivo da relação de direito material decidir se antecipar para negar sua existência.
Diante de tais fragilidades no racional da distribuição do ônus da prova, o princípio da normalidade e a definição de regras flexíveis (que possam se amoldar ao caso concreto) vêm despontando como as melhores soluções para o problema (MIRANDA NETTO, 2009, pp. 180-182).

contribuinte adote a via adequada de provocação e o faça em momento oportuno. Nesse sentido, é de se ratificar que os embargos à execução fiscal, a ação anulatória e o mandado de segurança repressivo são os meios apropriados para discussão do crédito tributário já formalizado.

Observe-se, contudo, que este último estará sujeito às limitações próprias do seu rito mais célere, como a necessidade de fundamentação da pretensão do impetrante em direito líquido e certo e respaldado por prova documental e pré-constituída, nos termos do artigo 5º, LXIX, da CRFB/1988 e dos artigos 1º e 6º da Lei nº 12.016/2009 – Lei do Mandado de Segurança (MARINS, 2016, pp. 558-560). Tais limitações, entretanto, não parecem dar origem a novas vulnerabilidades do contribuinte, tendo em vista estar em seu poder a eleição da via que considerar mais adequada para levar cada caso concreto à apreciação do Judiciário. Trata-se, assim, mais de uma prerrogativa que de uma restrição propriamente dita.

1.2.2.3. A execução do crédito tributário

Uma vez analisadas as ações de autoria do contribuinte cabíveis para questionamento da exação fiscal (as quais permitem cognição ampla acerca de seu mérito) e devidamente estudado seu relacionamento com o tema que nos interessa, prossegue-se voltando nosso foco para a fase de execução do crédito tributário. Nesse ponto, pretende-se ir além do objetivo de examinar a amplitude cognitiva em matéria probatória: buscar-se-á também a retomada de nossa análise do sistema como um todo, de modo a identificar eventuais fragilidades presentes na execução fiscal – fase tão importante para o equilíbrio do sistema brasileiro de controvérsia tributária – que possam impactar nas demais fases do litígio tributário.

Dito isto, observa-se inicialmente que a execução fiscal não foi pensada para propiciar a oportunidade de o contribuinte rediscutir a existência e a validade do crédito tributário; o propósito do ordenamento, ao introduzir esse procedimento, foi o de oferecer um meio para cobrança judicial dos créditos inscritos em dívida ativa, e que eventualmente pode envolver debates a respeito de temas relacionados a esse propósito principal, tais como a existência de bens disponíveis e os métodos de execução a serem adotados (ROCHA, 2011, p. 652). Como visto no subtópico anterior, caso seja do interesse do contribuinte discutir o mérito do crédito objeto de determinada execução fiscal, deverá fazê-lo fundamentalmente pela oposição de embargos (RODRIGUES, 2016, p.

178). Como ensina a doutrina clássica, no processo tributário, embora possa parecer paradoxal, o processo executivo precede ao processo de cognição, e isso se deve a razões políticas e técnicas (CARNELUTTI, 1932, p. 116).

Cabe ressalvar, entretanto, que esse racional não é absoluto. Isso porque vem de longa data a criação pela doutrina processualista da exceção de pré-executividade (também denominada pela doutrina mais recente de objeção de não executividade). Trata-se de um meio de defesa prévia do executado, cabível em hipóteses bem mais restritas que aquelas dos embargos à execução (MARINS, 2016, p. 799).

A abrangência do cabimento da exceção de pré-executividade, aliás, foi objeto de debates na doutrina e na jurisprudência, havendo questionamentos até mesmo quanto ao seu cabimento na esfera tributária,[44] que seria considerado incompatível com as prerrogativas da Fazenda Pública, como a suposta garantia da taxatividade da defesa via embargos à execução (MARINS, 2016, p. 799).

No entanto, ainda sob o regime processual anterior, o STJ superou essa questão e admitiu a utilização da exceção de pré-executividade no processo tributário. Na mesma ocasião, tratou de delimitar as hipóteses em que entendia adequado o uso desse mecanismo de defesa por parte do contribuinte, deixando consignado que:

> 1. A exceção de pré-executividade é servil à suscitação de questões que devam ser conhecidas de ofício pelo juiz, como as atinentes à liquidez do título executivo, aos pressupostos processuais e às condições da ação executiva, desde que não demandem dilação probatória (*exceção secundum eventus probationis*) [...].
>
> 2. O espectro das matérias suscitáveis através da exceção tem sido ampliado por força da exegese jurisprudencial mais recente, admitindo-se a arguição de prescrição e de ilegitimidade passiva do executado, que prescindam de dilação probatória [...].[45]

44. O STJ chegou a afirmar expressamente que a exceção de pré-executividade seria incompatível com o regime introduzido pela LEF. Nesse sentido, v. REsp 143.571/RS, rel. Ministro Humberto Gomes de Barros, Primeira Turma, julgado em 22/09/1998, DJ 01/03/1999, p. 227.

45. Nesse sentido, v. julgado da primeira seção do STJ realizado sob a sistemática dos recursos repetitivos: REsp 1.136.144/RJ, rel. Ministro Luiz Fux, Primeira Seção, julgado em 09/12/2009, DJe 01/02/2010.

A prevalência de tal entendimento é bem simbolizada pela edição, ainda no ano de 2009, da súmula 393 pelo STJ, que estabeleceu que "*a exceção de pré-executividade é admissível na execução fiscal relativamente às matérias conhecíveis de ofício que não demandem dilação probatória.*" No mesmo sentido, a doutrina chega a afirmar que o CPC/2015 positivou o instituto no parágrafo único de seu artigo 803, ao permitir que o juiz pronuncie a nulidade da execução de ofício ou a requerimento da parte, independentemente de embargos à execução (MARINS, 2016, p. 801).

Ainda em relação à súmula e ao julgado supratranscritos, mostra-se de significativa relevância para o presente trabalho a observação acerca da impossibilidade de dilação probatória em sede de exceção de pré-executividade, questão essa que já foi reiterada pelo STJ em inúmeras oportunidades.[46]

Disso decorre a conclusão de que, por via de regra,[47] caso o contribuinte pretenda realizar a discussão plena do mérito do crédito tributário já formalizado, inclusive com a possibilidade de produção de provas, deverá recorrer às alternativas examinadas no subtópico anterior, devendo ainda, conforme o caso, garantir anteriormente a execução.

Não há como taxar tal limitação de irrazoável, principalmente quando se considera que o processo administrativo fiscal, apesar de todos os vícios já explicitados, desenvolve-se de forma robusta e pode muitas vezes levar aproximadamente uma década para sua conclusão.[48] Levando-se em conta também que o prazo decadencial para o lançamento de ofício é de cinco anos, é possível estimar que o crédito tributário, ao alcançar sua fase de execução, pode chegar a remeter a fatos geradores ocorridos em um passado antigo, do qual podem ter transcorrido quinze anos ou até mais. Nesse sentido, permitir que a execução fiscal seja obstada por nova e ampla discussão de mérito – a qual, diga-se, provavelmente também

---

46. Nesse sentido, v. REsp 1.110.925/SP, rel. Ministro Teori Albino Zavascki, Primeira Seção, julgado em 22/04/2009, DJe 04/05/2009 e REsp 1.104.900/ES, rel. Ministra Denise Arruda, Primeira Seção, julgado em 25/03/2009, DJe 01/04/2009.
47. Tal afirmação admite exceções cujo aprofundamento não se mostra oportuno, mas vale mencionar a divergência jurisprudencial acerca do recebimento de embargos à execução com o juízo parcialmente garantido, eis que essa seria uma forma de evitar a materialização de óbice ao acesso à justiça por parte do contribuinte que sabidamente não possui condições de garantir o crédito exequendo.
48. De acordo com informações divulgadas pelo presidente do CARF, Carlos Alberto Freitas Barreto, em audiência da CPI realizada no ano de 2016, o tempo médio de duração é de aproximadamente oito anos (SILVA, 2016, p. 7).

durará por algo próximo de uma década (CNJ, 2017, pp. 131-132) –, sem exigir qualquer garantia da parte do executado, seria percurso certeiro em direção ao inadimplemento dos valores exequendos.

Na realidade, por mais que a estratégia de condicionar a discussão de mérito do crédito tributário à prévia garantia da execução fiscal sirva para mitigar a morosidade do sistema brasileiro de controvérsia tributária,[49] uma vez que antecipa a afetação do patrimônio do contribuinte, tal medida, na prática, ainda se mostra insuficiente. Isso não chega a surpreender, vez que a distância temporal entre a ocorrência do fato gerador e a execução da dívida continua sendo extremamente significativa.

Para colocar a referida distância temporal em perspectiva, cabe observar que estudo recente realizado pelo SEBRAE apontou que a taxa de mortalidade de empresas com até dois anos costuma oscilar entre 20% e 50% (BEDÊ, 2016, p. 17). Nesse sentido, ainda que a análise do perfil da dívida ativa da União Federal indique haver uma concentração dos valores devidos nos chamados grandes devedores (SILVA, 2016, p. 6), isso não obsta a conclusão de que a distância entre a prática da atividade econômica e a cobrança do crédito tributário é excessiva. Aliás, tal fator mostra-se fundamental para explicar o fato de empresas pequenas e médias conseguirem exercer suas atividades normalmente até o acúmulo das dívidas fiscais impagáveis que as colocam no rol dos grandes devedores.

Não é à toa que, ano após ano, vem ficando cada vez mais evidente a incapacidade da execução fiscal para desempenhar sua função de recuperação dos débitos inscritos em dívida ativa.[50] Tal incapacidade é bem ilustrada pelo "*Relatório Justiça em Números de 2017*" do Conselho Nacional de Justiça – "CNJ", segundo o qual, dos 80 milhões de processos pendentes de baixa no final de 2016, mais da metade (51,1%) se referiam à fase de execução, sendo que as execuções fiscais representam sozinhas 75% desse estoque (CNJ, 2017, p. 109). Além disso, a taxa de congestionamento das execuções fiscais é simplesmente a maior dentre todos os tipos de processos mencionados no relatório, alcançando o incrível índice de 91% – o que significa que, de cada cem execuções fiscais que tramitaram no ano de 2016, apenas nove foram baixadas –, enquanto o

---

49. Observe-se, quanto a esse ponto, que, na estimativa realizada acima, poderia haver o transcurso de até vinte e cinco anos entre a prática do fato gerador e o fim da discussão judicial.

50. Esforços recentes em favor do protesto da CDA surgem justamente como medidas alternativas para aumentar a eficiência na recuperação do estoque da dívida ativa. Nesse sentido é a lição de Eduardo Fortunato Bim (2014, pp. 201-202).

restante do Poder Judiciário possui taxa de congestionamento de 65% (CNJ, 2017, p. 113).

Apesar de alarmantes, esses indicadores explicitam apenas o início do problema. Com efeito, em relatório um pouco mais antigo, que analisou o período entre novembro de 2009 e fevereiro de 2011, apurou-se que aproximadamente 40% dos executivos fiscais sequer superam a etapa de citação (CNJ, 2011, p. 11). Considerando que tais números envolvem pessoas físicas e jurídicas e que, em muitas das vezes nas quais não é possível citar a pessoa jurídica ocorre o redirecionamento da execução fiscal com a citação de pessoa física tida como responsável, entende-se que tal indicador ilustra precisamente o quão perniciosa é a já mencionada morosidade existente no sistema brasileiro de contencioso tributário. Em outras palavras, esses dados demonstram que, em uma parcela substancial dos casos, a pessoa jurídica devedora de tributos sequer é encontrada pelos mecanismos de cobrança e, a toda evidência, a melhor explicação para tal cenário reside, novamente, na distância existente entre a prática do fato gerador e a execução do crédito correspondente (SILVA NETO, 2011, p. 66).

Embora as dificuldades descritas acima sejam significativas, é de se observar que a fase de citação apresenta-se como apenas um dos graves gargalos existentes no procedimento de execução fiscal. Tal afirmação é corroborada pelo fato de que a penhora chega a ocorrer em apenas 15% dos casos (CALIENDO, 2016, p. 14), sendo que são gerados recursos suficientes para satisfação do crédito exequendo em somente 0,2% dos processos (CNJ, 2011, pp. 11-12).

Disso tudo resulta o desastroso cenário em que a arrecadação da dívida ativa da União Federal pela via da execução fiscal demonstra uma ineficiência crônica, já que entre os anos de 2012 e 2015 oscilou entre 0,80% e 1,70% do estoque total a ser cobrado. Enquanto isso, métodos alternativos de cobrança que demandam uma estrutura muito menos custosa do Estado se mostram significativamente mais eficientes: no período entre 2013 e 2015 o protesto extrajudicial da certidão de dívida ativa, por exemplo, atingiu índice de recuperação de 18,3% (SILVA, 2016, p. 6).

A análise de todo esse contexto não pode levar a conclusão diversa: a grande distância existente entre o momento da prática da atividade econômica pelo contribuinte – a qual dá origem à ocorrência do fato gerador – e aquele em que o crédito tributário correspondente é cobrado coloca-se como grande desafio a ser superado. No dizer do prof. Paulo

Caliendo, "*não há como se afirmar que a execução em si seja ineficaz. Ela o é, quando proposta contra devedor insolvente*" (2016, p. 16), e certamente a distância entre a prática do fato gerador e sua execução contribui para a probabilidade de que o devedor se torne insolvente.

Entretanto, a tão almejada solução demanda muito mais do que mudanças pontuais e paliativas (ROCHA, 2017, pp. 63-71). Não será alcançada pelo atalho da violação a princípios processuais elementares, e isso se explica por mais de um motivo.

Em primeiro lugar, porque, conforme visto anteriormente, tais violações já vêm ocorrendo de diversas formas e em diversos momentos do sistema brasileiro de contencioso tributário, tendo, contudo, contribuído muito pouco para a melhoria do cenário descrito.

Em segundo lugar, porque o recurso a esse tipo de artifício somente contribui para agravar a falta de credibilidade do título executivo fiscal, que também se apresenta como um dos obstáculos para a adoção de meios mais céleres e enérgicos de cobrança e para o consequente aumento da eficiência da recuperação dos débitos inscritos em dívida ativa. Em terceiro lugar, porque, na prática, esses expedientes contribuem para tirar o foco da adoção de reformas mais abrangentes e profundas e que de fato teriam condições de sanar os problemas apontados diretamente em sua raiz.

Em suma, cabe reconhecer, à luz do propósito principal do presente estudo, que condicionar a pretensão do contribuinte à produção de prova diabólica, como muitas vezes vem sendo feito, traz benefícios insignificantes, mas acaba produzindo danos extremamente relevantes no âmbito individual.

Com isso, afasta-se o argumento de que seria inviável respeitar princípios elementares do processo - como os princípios do devido processo legal, do contraditório e da paridade de armas –, ao longo das diversas fases do sistema brasileiro de contencioso tributário, por poder causar severos prejuízos à arrecadação.

Na realidade, como visto, a arrecadação estará permanentemente prejudicada enquanto não for realizada uma revisão mais abrangente do sistema. Deve-se enxergar que a morosidade e a inoperância de suas etapas, bem como a falta de coordenação entre elas, levaram a um cenário que não interessa nem ao Fisco nem à maioria dos contribuintes, que acaba arcando com os custos do *apartheid fiscal*.

1.3. A NATUREZA DO SISTEMA BRASILEIRO DE CONTENCIOSO TRIBUTÁRIO

No presente tópico, pretende-se analisar o sistema brasileiro de contencioso tributário a partir de todas as informações trazidas até o momento neste capítulo, de modo a identificar a eventual existência de determinado padrão que oriente a organização de seus elementos. Em outras palavras, é de se esclarecer que a expressão "natureza do sistema brasileiro de contencioso tributário" pretende, em última análise, referir-se ao enquadramento adequado dentro das possíveis classificações dos sistemas jurisdicionais.

Nesse sentido, cabe relembrar que a doutrina administrativista costuma identificar raízes distintas para as diversas formas de organização jurisdicional identificadas no direito comparado (DI PIETRO, 2007). Basicamente, os sistemas jurisdicionais são agrupados entre aqueles que sofreram influência do modelo francês e aqueles que sofreram influência do modelo da *common law*.

Para o nosso propósito, pode-se afirmar que o modelo francês tem como principal característica a obediência ao denominado princípio da separação das autoridades administrativa e judiciárias (ENTERRÍA, 2010, pp. 23-28) – responsável por delimitar as fronteiras de atuação que não podem ser ultrapassadas pelos tribunais judiciais – e ao denominado princípio das decisões executórias – o qual atribui à Administração a prerrogativa de obrigar o particular de forma unilateral, sem que lhe reste a possibilidade de recorrer ao Judiciário (DI PIETRO, 2007).

O modelo da *common law*, que engloba o sistema jurídico inglês e o norte-americano, por sua vez, parte de premissas incompatíveis com aquelas adotadas no modelo francês, o que, evidentemente, leva a resultados práticos também distintos. Nos sistemas jurídicos inspirados no modelo da *common law*, não há a aceitação da ideia de que a Administração Pública poderia ser sujeitada a um regime jurídico especial em relação àquele aplicado aos particulares[51] e, consequentemente, também é repudiada a adoção da jurisdição administrativa, uma jurisdição própria para resolver as controvérsias envolvendo a Administração Pública (DI PIETRO, 2007).

---

51. Di Pietro (2007) esclarece: *"daí a expressão common law, a designar a existência de um regime único para poder público e particulares"*.

Das premissas incompatíveis explicitadas acima, decorre o principal fator (para o nosso interesse) capaz de diferenciar os sistemas de jurisdição adotados nos países que possuem inspiração no modelo francês e nos países que possuem inspiração no modelo da *common law*: a unidade ou a dualidade da jurisdição.

Como os países influenciados pela *common law* pretendem submeter a Administração Pública ao mesmo regime jurídico que é aplicável aos particulares, torna-se inviável admitir que a Administração Pública seja capaz de exercer a atividade jurisdicional em seu próprio âmago, pronunciando a palavra final nos litígios travados entre ela e os administrados. Com isso, nesses casos o sistema adotado será o da jurisdição una, no qual, ainda que seja possível o desenvolvimento de um processo no âmbito interno da Administração para revisão de seus próprios atos, as conclusões daí extraídas estarão sempre sujeitas à reapreciação do Poder Judiciário.

Já nos sistemas de inspiração francesa, a jurisdição será dual, vez que poderá ser exercida paralelamente no âmbito do Poder Judiciário e no âmbito da Administração Pública. Essa solução tem o propósito de fortalecer a separação dos poderes, ao blindar a Administração de eventual influência do Poder Judiciário. Importante destacar que tanto o Poder Judiciário quanto a Administração, ao exercer a atividade jurisdicional, deverão respeitar os princípios elementares do processo justo, de modo que está garantida a observância ao contraditório, à ampla defesa, à imparcialidade e à paridade de armas.

No Brasil, houve inicialmente a adoção de um sistema jurisdicional de influência francesa, contudo, com o início do período republicano, foi introduzida uma reforma inspirada no sistema norte-americano, que suprimiu a figura do poder moderador e retirou da Administração a possibilidade de desempenhar a atividade jurisdicional (DI PIETRO, 2003, pp. 197-198).

A partir desse momento, a Administração Pública passou a se submeter ao controle jurisdicional do Poder Judiciário (LEVIN, 2017, p. 73), modelo este vigente até hoje em nosso ordenamento jurídico e que se traduz no já mencionado princípio da inafastabilidade da jurisdição, o qual se encontra positivado no artigo 5º, inciso XXXV, da CRFB/1988.

Essa escolha realizada pelo ordenamento brasileiro poderia levar à suposição de que o contencioso administrativo, caso mantido, seria desenvolvido de forma discreta, sem demandar grandes investimentos de tempo e recursos. De fato, boa parte da doutrina demonstra partir dessa premissa, atribuindo ao processo administrativo papel de coadjuvante e admitindo até mesmo que a atividade cognitiva na esfera administrativa poderia ter menor preocupação com os princípios necessários para a obtenção de um processo justo (ROCHA, 2015, pp. 10-11; LEVIN, 2017, p. 74).

Ocorre que, apesar da opção pela unidade da jurisdição, a CRFB/1988 tratou de garantir ao particular, por meio dos incisos LIV e LV do artigo 5º, o respeito aos princípios do contraditório, do devido processo legal e da paridade de armas também na esfera administrativa (GRECO, L., 2006, pp. 121-126; MARTINS, A., 2011, p. 147). Como se sabe, tal circunstância inviabiliza a adoção de um processo administrativo enfraquecido e apressado, nos levando à robusta estrutura descrita nos tópicos anteriores.

A processualização do direito administrativo é um fenômeno do qual não nos podemos mais esquivar e decorre da evolução do Estado Democrático de Direito e do aperfeiçoamento da relação entre suas instituições e os particulares. Deve-se compreender que pode haver processo, cognição e atividade judicante mesmo sem que se configure a presença do Poder Judiciário, e que tal fato é uma realidade que não pode mais ser negada (MARINS, 2016, pp. 86-88).

Dessa forma, não se afigura apropriada a tentativa de solucionar as ineficiências do sistema brasileiro de contencioso tributário por meio da imposição de restrições ao desenvolvimento do processo administrativo. Na realidade, esse racional pouco contribui para a solução das redundâncias identificadas, pelo contrário, dá origem a vícios existentes no processo administrativo que impedem o equacionamento das mesmas.

Diante de tal contexto, o melhor caminho que se apresenta para corrigir as redundâncias e desarmonias identificadas no sistema brasileiro de contencioso tributário reside no fortalecimento do processo administrativo, de modo a viabilizar que os avanços nele alcançados possam ser aproveitados pela esfera judicial. Como já mencionado anteriormente, de forma alguma isso se mostra incompatível com o princípio da inafastabilidade da jurisdição e o tratamento dado à arbitragem é a grande prova disso.

Esse cenário ideal, contudo, não poderia estar mais distante da realidade vivenciada no direito pátrio. Com efeito, como já visto, o sistema brasileiro de contencioso tributário é composto pelo procedimento administrativo, que pode ser compreendido como ponto de partida, e por duas fases principais, quais sejam a do processo administrativo fiscal e a do processo judicial tributário.

Quanto ao procedimento administrativo, é de se ressalvar, mais uma vez, que sua presença ocorre na maioria dos casos em que há controvérsia acerca do crédito tributário, o que, todavia, não o constitui como regra absoluta, tendo em vista haver situações em que o crédito tributário a ser discutido é apurado independentemente de procedimento administrativo prévio.

No que diz respeito à primeira das fases mencionadas, isto é, a do processo administrativo fiscal, cabe relembrar que sua imposição decorre da necessidade de autotutela dos atos administrativos, positivada no artigo 53 da Lei nº 9.784/1999, além de encontrar amplo reconhecimento da doutrina e do STF, este muito bem simbolizado nas súmulas 346 e 473.

Já a sobreposição do processo judicial em relação ao procedimento administrativo e ao processo administrativo fiscal está justificada, como visto, pelo princípio da inafastabilidade da jurisdição, incorporado ao ordenamento brasileiro sob inspiração do direito norte-americano. Por conta desse princípio, a decisão proferida no processo administrativo não fará coisa julgada e poderá ser submetida à reapreciação do Poder Judiciário. Não há, portanto, imutabilidade[52] das decisões administrativas (LEVIN, 2017, p. 73).

Tais circunstâncias, como já visto, impõem desafios ao estabelecimento de um sistema harmônico. Com efeito, são inúmeros os exemplos

52. No caso específico do direito tributário, talvez essa afirmação deva ser encarada de forma mais parcimoniosa. Isso porque é incerta sua validade em relação às decisões administrativas favoráveis ao contribuinte e contrárias à Fazenda, eis que, como já visto, os entes tributantes não reúnem condições processuais para levar suas próprias decisões à revisão do judiciário e tais circunstâncias acabam, ainda que indiretamente, conferindo a essas decisões administrativas efeitos análogos ao da imutabilidade. Todavia, tais fatos não se opõem à lógica aqui exposta, uma vez que essa suposta imutabilidade não afronta o princípio da inafastabilidade da jurisdição, apenas decorre de peculiaridades da estrutura do sistema processual. Além disso, essa suposta imutabilidade não pode ser encarada de modo irrestrito, tendo em vista que ainda não está completamente sedimentado o entendimento acerca do cabimento de medidas alternativas para questionar as decisões administrativas contrárias aos entes fazendários. Exemplo disso é a sentença pela 20ª Vara Federal do Distrito Federal que julgou procedente ação popular ajuizada para anular decisão do CARF que extinguia crédito tributário de valor significativo (Processo 54039-44.2012.4.01.3400, Juiz Renato Coelho Borelli, 20ª Vara Federal/DF, Julgado em 11/02/2016, DJe 01/03/2016). Embora se reconheça tratar-se de entendimento que foge à regra, não deixa de ilustrar perfeitamente o ponto aqui colocado.

de redundâncias, falta de coordenação e retrocessos desnecessários no sistema brasileiro de contencioso tributário. Pode-se até admitir que o passo inicial, dado mediante a atividade do lançamento, a qual possui íntima relação com o procedimento tributário, é bem reaproveitado pelas demais etapas percorridas pelo crédito tributário. As bases fixadas nesse momento preliminar serão tidas como referencial durante todo o exercício da atividade cognitiva tributária,[53] seja na esfera administrativa, seja na esfera judicial. Contudo, a comunicação existente entre os elementos do sistema não avança muito mais que isso.

Com efeito, é estarrecedora a falta de diálogo entre o processo administrativo fiscal e o processo judicial. Na realidade, a menos que haja decisão administrativa parcialmente favorável ao contribuinte, o processo judicial mal levará em consideração a discussão travada na esfera administrativa. O que ocorre, em última análise, é que o processo judicial contorna a discussão administrativa e dialoga diretamente com o procedimento administrativo e o fruto de sua apuração. O processo judicial tributário e o processo administrativo fiscal laboram paralelamente e sem qualquer coordenação e raramente se aproveita, na esfera judicial, o material produzido anteriormente na etapa administrativa.

Dessa forma, tornam-se raras as hipóteses em que o processo administrativo é capaz de agregar uma contribuição definitiva ao sistema. Normalmente, isso se mostra viável apenas quando o contribuinte obtém êxito, o que, como visto anteriormente, não é a situação mais habitual (MARINS, 1998, pp. 95-96). Se, após quase uma década de litígio administrativo (SILVA, 2016, p. 7), o desfecho da lide se apresentar de forma integralmente favorável ao Fisco, simplesmente terá lugar a instauração de uma reprise completa da discussão tributária, que normalmente significará mais uma década de desgaste do aparelho estatal (CNJ, 2017, pp. 131-132).

Em suma, pode-se estabelecer que, apesar de o sistema brasileiro de contencioso tributário possuir seus fundamentos naturais na jurisdição una, ao mesmo tempo admite a dualidade de cognição entre a esfera administrativa e a esfera judicial, dualidade esta que, como verificado,

53. Nesse sentido, observe-se que, durante a discussão administrativa, a discussão judicial, ou até mesmo na execução do crédito tributário, o montante em litígio guardará sempre relação com o que foi apurado no aqui denominado "ponto de partida". Se o contribuinte pretender apontar um equívoco na cobrança, deverá contrapor o que foi apurado nesse momento inicial, que passa a ser o referencial a partir do qual se desenvolverá qualquer discussão.

se apresenta desacompanhada de medidas tendentes a gerar harmonia e coordenação entre as diversas etapas da controvérsia tributária.

Tais circunstâncias nos levam ao próximo tópico, onde se pretende realizar uma reflexão mais apurada sobre as patologias existentes no sistema e as soluções disponíveis.

1.4. CRÍTICA AO SISTEMA BRASILEIRO DE CONTENCIOSO TRIBUTÁRIO

Uma vez abordada a natureza una da jurisdição que impera no ordenamento pátrio e identificada a dualidade da cognição tributária que com ela coexiste, cumpre-nos seguir adiante para identificar as consequências provocadas por essa antítese.

Do simples exercício de contemplação realizado no tópico anterior já despontaram nítidos alguns dos vícios existentes em nosso sistema. A toda evidência, sua superação demanda uma visão holística: apenas a análise do todo nos permitirá identificar as patologias existentes e as soluções disponíveis (CANARIS, 2002, pp. 14-15), tendo em vista que sua origem reside justamente na ausência de diálogo entre os elementos que compõem o sistema.

Há que se compreender que um estudo apropriado do sistema brasileiro de contencioso tributário não pode visualizar o processo administrativo e processo judicial de forma isolada (ROCHA, 2017, pp. 53-54), tendo em vista serem ambos componentes de uma mesma estrutura, que torna seus propósitos em certa medida coincidentes e demanda seu alinhamento.

Antes de prosseguir com tal tarefa, no entanto, mostra-se oportuno renovar a ressalva já apresentada neste estudo a respeito da opção aqui adotada de utilizar a nomenclatura "sistema brasileiro de contencioso tributário" para fazer referência ao caminho percorrido pelo crédito tributário desde sua constituição até sua execução. Tal ressalva deverá ser acompanhada de uma breve digressão acerca da teoria dos sistemas e da sua aplicação ao direito.

1.4.1. Existe sistema?

Conforme afirmado no capítulo introdutório, o objeto de estudo principal do presente trabalho demanda um exame contextualizado para que se afigure possível a apresentação de soluções adequadas e efetivas, ao invés de medidas ingênuas e solipsistas. Pela ausência de tratamento mais apropriado, optou-se por denominar o aludido contexto de "sistema brasileiro de contencioso tributário". Tal opção, contudo, merece ser acompanhada do reconhecimento de que não necessariamente os diversos elementos e etapas que se apresentam no caminho percorrido pelo crédito tributário apresentam coordenação e harmonia suficientes para serem tratados como um sistema.

Para desenvolver tal raciocínio, cabe-nos recorrer à teoria dos sistemas e à aplicação que vem sendo dada a ela no direito. Tal teoria nasceu em meados do século passado, nas ideias do biólogo austríaco Ludwig Von Bertalanffy (MARINS, R., 2017, p. 46).[54]

Apesar de toda a distância que a biologia, ramo de especialização do pai da teoria geral dos sistemas, pode manter em relação ao direito, um dos propósitos principais da aludida teoria é exatamente o de fornecer parâmetros universais a partir dos quais podem ser estudados os mais diversos campos do conhecimento. Afirma-se, dessa forma, que a teoria geral dos sistemas não é apenas uma teoria dos sistemas biológicos; é, na realidade, uma teoria dos sistemas da economia, da engenharia, do direito e assim por diante (WATZLAWICK; BEAVIN; JACKSON, 1971, p. 113).

Segundo considerações do próprio Bertalanffy, tal fenômeno é uma consequência da existência de propriedades gerais dos sistemas que, por sua vez, está diretamente relacionada ao "*aparecimento de semelhanças estruturais ou isomorfismos em diferentes campos.*" Assim, por conta da existência de isomorfismos, acabam ocorrendo "*correspondências entre princípios que governam o comportamento de entidades que são intrinsecamente de todo diferentes.*" (2010, p. 57).

Foi justamente essa a característica que permitiu que a teoria geral dos sistemas fosse desenvolvida e passasse a ser aplicada em outras esferas do conhecimento, inclusive no direito, onde se destacam os avanços alcançados por Canaris (2002) e Niklas Luhmann (MARTINS, 2017, pp. 45-48), que introduziu nesse campo outro conceito oriundo da biologia, o dos chamados sistemas autopoiéticos (TOMÉ, 2016, pp. 63-64).

Não nos parece produtivo prolongar desnecessariamente esta digressão e adentrar em todas as especificidades suscitadas pelo relacionamento entre direito e teoria geral dos sistemas. Mostra-se oportuno,

54. Nesse sentido, v. Teoria geral dos sistemas: fundamentos, desenvolvimento e aplicações (2010).

contudo, para o propósito de verificar a possibilidade de configurar o caminho percorrido pelo crédito tributário como um sistema, a análise da definição dos sistemas à luz de sua própria teoria.

Nesse sentido, denomina-se sistema um conjunto de objetos e das relações mantidas entre tais objetos e seus atributos, onde os objetos são os componentes ou as partes do sistema, os atributos são as propriedades de tais objetos e as relações são as responsáveis pela conservação da coesão do sistema (WATZLAWICK; BEAVIN; JACKSON, 1971, pp. 114-115). Os objetos que compõem o sistema devem apresentar-se de forma coordenada, mantendo sempre determinado referencial ao redor do qual se aglutinam (TOMÉ, 2016, pp. 57-58). O sistema jurídico pressupõe racionalidade e unidade na organização dos elementos que o constituem (CANARIS, 2002, pp. 14-15) e tais circunstâncias decorrem das "*mais fundamentais exigências ético-jurídicas e radicam [...] na própria ideia de Direito*", eis que resultam "*do reconhecido postulado da justiça, de tratar o igual de modo igual e o diferente de forma diferente, de acordo com a medida da sua diferença*" (CANARIS, 2002, p. 18).

Sem mais delongas, afigura-se suficientemente claro que a adoção do termo sistema para fazer referência ao caminho enfrentado pelo crédito tributário desde sua constituição até sua extinção é passível de críticas, podendo ser vista até mesmo como uma atecnicalidade à luz da teoria geral dos sistemas. Isso porque, conforme já visualizado ao longo do presente capítulo, as fases da discussão tributária mal se relacionam, dada a deficiente comunicação que mantêm entre si, e tampouco se coordenam, na medida em que costumam trabalhar paralelamente, à revelia uma da outra. O que diferencia uma etapa da outra é apenas o órgão que as conduz e praticamente não há evolução no trâmite que liga as diferentes fases, pelo contrário, há uma infinidade de redundâncias e ineficiências.

Sob essa ótica, de fato a utilização da expressão "sistema brasileiro de contencioso tributário" se apresentaria como inapropriada, sendo justificável somente mediante recurso a um acordo semântico fundado na ausência de outra denominação mais adequada.

De qualquer forma, é necessário ter em conta também que a palavra sistema tem suas raízes na Grécia antiga e antecede o surgimento da teoria geral de Bertalanffy, sendo que, nessa concepção primária, possui significação mais abrangente e remete à ideia de uma totalidade, um conglomerado composto de várias partes (TOMÉ, 2016, p. 57). Sob essa perspectiva, a expressão aqui adotada não se mostraria de todo equivocada.

Em resumo, o importante é esclarecer que a utilização da expressão "sistema brasileiro de contencioso tributário" não é pensada à luz da teoria geral dos sistemas, vez que isso poderia se mostrar inapropriado diante da falta de coordenação e harmonia aqui já identificadas, faltas estas que se afiguram extremamente importantes para o presente trabalho e que serão mais uma vez alvo de nossa atenção no tópico a seguir.

1.4.2. As desarmonias do sistema e as violações recorrentes à paridade de armas

Retomando o curso deste estudo após a necessária digressão realizada no tópico anterior, mostra-se apropriado um esclarecimento introdutório para que se afaste eventual dúvida a respeito da coesão interna presente neste trabalho.

Pois bem, como já visto anteriormente, um dos principais pontos de fragilidade do sistema de contencioso tributário aqui abordados diz respeito à falta de aproveitamento, no processo judicial, dos avanços logrados durante a fase administrativa do litígio. Por outro lado, também se encontra no âmbito das críticas aqui apresentadas o tratamento dado à CDA e os efeitos que dela irradiam para a distribuição do ônus da prova na discussão judicial do crédito tributário.

Dessa forma, poder-se-ia cogitar que tais posturas se afigurassem contraditórias, talvez até mutuamente excludentes, tendo em vista que os efeitos atribuídos à CDA são justamente uma forma - talvez até a única - de fazer com que a lide tributária travada perante o Poder Judiciário se aproveite do terreno conquistado na etapa administrativa da discussão.

Essa suposta incongruência, contudo, é meramente aparente e decorre da confusão entre dois campos que, a rigor, não se misturam: o do ser e o do dever ser. Com efeito, quando se critica a influência que a CDA possui sobre a distribuição do ônus da prova no processo judicial tributário adota-se como referência o ser, isto é, nosso ordenamento jurídico da forma como se consubstancia na prática, no dia a dia forense. E, nesse dia a dia, ocorrem rotineiramente as mais variadas violações aos direitos dos contribuintes, muitas delas já estudadas aqui. Em tal cenário, de fato não se mostra equilibrada a situação na qual é colocado o contribuinte, que se encontra em posição de vulnerabilidade no processo administrativo fiscal, e vê tal vulnerabilidade ser, em seguida, transferida para o âmbito do processo judicial (MARINS, 2016, pp. 35-39).

Já quando se fala da falta de harmonia do sistema de contencioso tributário – notadamente, das ineficiências e redundâncias que dela decorrem e da necessidade de maior integração entre as diversas etapas, principalmente pelo aproveitamento, no litígio judicial, dos avanços logrados na esfera administrativa – adota-se como referencial o dever ser, isto é, o cenário ideal que seria alcançado mediante uma reforma do processo tributário.

No primeiro caso, critica-se a interpretação dada pela doutrina e pelos tribunais a determinados institutos e, conforme será desenvolvido adiante, pretende-se oferecer soluções já disponíveis diante do arcabouço normativo atual. No segundo caso, alude-se a mudanças mais amplas e complexas, que demandariam a interferência do poder legislativo, para superação das faltas identificadas no caminho até aqui percorrido.

Feito esse esclarecimento, prossegue-se em direção ao propósito principal do presente tópico, permitindo-se firmar a opinião de que a principal fonte dos problemas experimentados pelo sistema brasileiro de contencioso tributário reside na falta de comprometimento com um modelo específico, formulado tendo em conta o nosso contexto constitucional de garantias individuais, assim como o quadro de assimetrias processuais vigente. Com efeito, conforme já visualizado, verifica-se que parte dos protagonistas do direito tributário considera que o contencioso administrativo deve exercer função secundária, o que recomendaria a adoção de um processo menos robusto e mais célere (ROCHA, 2017, p. 55; LEVIN, 2017, p. 74). Esse discurso, contudo, não é adotado na prática, tendo em vista que há também quem defenda que o texto constitucional demanda que também na esfera administrativa sejam observados os princípios do contraditório, do devido processo legal e da paridade de armas (GRECO, L., 2006, pp. 121-126; MARTINS, A., 2011, p. 147).

A oposição de visões tem permitido que o processo administrativo fiscal brasileiro se situe em zona intermediária, não satisfazendo adequadamente as expectativas de nenhuma das duas correntes. O litígio tributário na esfera administrativa está longe de ser célere (SILVA, 2016, p. 7) e isso inviabiliza que o Poder Judiciário assuma o protagonismo que dele espera parte da doutrina; ao mesmo tempo, não é tratado com seriedade suficiente para que, após a observância dos requisitos mínimos para a instauração de um processo justo na esfera administrativa, seja possível reduzir as ineficiências e as redundâncias existentes, assegurando que o processo judicial se aproveite dos avanços colhidos na etapa anterior da discussão tributária.

A CDA, como título gestado a partir do processo administrativo tributário, não possui a credibilidade suficiente e necessária para propiciar a solução das incongruências identificadas. Desse cenário, emergem grandes prejuízos ao contribuinte, que litiga em um processo administrativo simultaneamente parcial e adversarial, ao mesmo tempo em que se vê obrigado a lidar com a presunção de veracidade dos atos do poder público e, na esfera judicial, com a presunção de liquidez e certeza e os efeitos de prova pré-constituída da CDA (MARINS, 2016, p. 36). O sistema apresenta exigências concomitantes e inconciliáveis e afigura-se, a toda evidência, contraditório, forçando a submissão do particular diante do poder de império do Estado, circunstância que de forma alguma se mostra respaldada pela Constituição Federal.

Em todo caso, percebe-se que o resultado desse amálgama de visões antagônicas e incompatíveis é visualizado diariamente por quem milita no contencioso tributário e não é conveniente para nenhuma das partes envolvidas. Hoje, o processo tributário é lento; composto por uma série de atos repetitivos e fases sobrepostas, que integram um sistema redundante e ineficiente;[55] a discussão do mérito não atinge níveis técnicos satisfatórios e há focos de perda de tempo e de energia pulverizados ao longo de toda a lide (SEIXAS FILHO, 2007, p. 22; MARINS, 2016, pp. 87-88). Esses fatores apresentam-se como peças importantes das engrenagens do *apartheid fiscal,* talvez a mais grave das consequências que derivam da falta de um sistema equilibrado e harmônico.

1.4.3. *Apartheid* fiscal

O fenômeno batizado por Casalta Nabais (2001, p. 20) de *apartheid fiscal* já foi mencionado em diversas oportunidades pelo presente trabalho e isso se deve ao fato de constituir-se na perfeita síntese de todos os perniciosos efeitos colaterais que derivam da falta de equilíbrio e congruência no sistema brasileiro de contencioso tributário. Tendo em vista que, ao longo dessas inúmeras menções, houve também a oportunidade de contextualizar o fenômeno, de identificar suas raízes e explicar a mecânica de seu funcionamento, não aparenta ser profícuo despender linhas e linhas para repetir tudo o que até aqui foi dito a seu respeito.

55. Quanto a esse ponto, interessante traçar um paralelo com a crítica tecida por Micheli (1980, p. 130) ao sistema das comissões tributárias vigente antes das reformas de 1972/1973, marcado por uma superabundância de graus de juízo que fazia um contrapeso às insuficiências existentes nas etapas processuais.

Já se sabe que suas raízes repousam principalmente sobre a ineficiência dos mecanismos de arrecadação tributária, a qual foi bem ilustrada pelos dados trazidos anteriormente acerca do funcionamento da execução fiscal da dívida ativa da União Federal.

Verificou-se também que a aludida ineficiência decorre, em larga medida, do longo lapso temporal existente entre o momento em que a atividade econômica é praticada pelo contribuinte - atividade esta que, conforme já observado, leva à materialização do fato gerador tributário - e o momento em que os entes tributantes se veem autorizados a alcançar o patrimônio do contribuinte e adotar medidas efetivas no sentido de satisfação do crédito tributário.

Além disso, foi possível observar a forma como o *apartheid fiscal* se relaciona com o tema central do presente estudo e como o fenômeno tem funcionado como fator de pressão em favor da implementação de restrições aos princípios elementares de um processo tributário justo. Tais restrições, como já visto, impactam diretamente nas regras de distribuição do ônus da prova em matéria tributária, as quais, conforme aqui se defende, não podem ser consideradas isoladamente do contexto de recorrentes violações à paridade de armas narrado no qual se inserem.

A soma de tais restrições ao cenário atual de ineficiência dos mecanismos de arrecadação nos leva à certeza de que não é esse o caminho adequado para solucionar o problema. A justiça tributária não será conseguida pelo atalho da injustiça processual. Somente uma reforma no sistema brasileiro de contencioso tributário seria de fato capaz de corrigir as distorções existentes tanto no âmbito da justiça tributária, quanto no âmbito do processo tributário.

Com efeito, o tratamento que vem sendo recebido pelo *apartheid fiscal* é marcado pelo recurso a medidas paliativas que não resolvem o problema e, de certa forma, acabam introduzindo efeitos colaterais que somente contribuem para seu agravamento. Veja-se, nesse sentido, que os desequilíbrios introduzidos no contencioso tributário não demonstraram qualquer efetividade na recuperação da eficiência do sistema arrecadatório, visto que os "*fugitivos fiscais*" (NABAIS, 2001, p. 20) continuam se esquivando de suas obrigações, ao passo que os demais contribuintes, além de não poder fazê-lo, passaram a ver seu direito de defesa padecer de diversas limitações.

Da mesma forma, a política de aumento de alíquotas adotada pelo governo brasileiro desde a década de 90 se apresenta como outra medida paliativa, vez que busca o aumento da arrecadação para sustentar as despesas crescentes do Estado, mas sem enfrentar os desafios que se apresentam no combate aos fugitivos fiscais (CAMPOS, G., 2009, p. 41). Com isso, novamente se veem prejudicados os contribuintes alcançados pelo sistema, que passam a lidar com a incumbência de contribuir não apenas até o limite de sua responsabilidade, como também para suprir a responsabilidade alheia.

Pior ainda, esse ambiente acaba produzindo uma espécie de seleção natural de empresas, onde sobrevivem majoritariamente aquelas que conseguem, de alguma forma, se subvencionar dos vícios e desequilíbrios existentes no sistema. Assim, surgem milhares de negócios que somente despontam como economicamente viáveis, caso se mostrem capazes de desviar da própria responsabilidade em contribuir para o financiamento das contas públicas.

As empresas que não recorrem a tais artifícios, por sua vez, se veem impossibilitadas de competir no mercado, o que é ainda mais grave, e acabam perdendo espaço, quando não se veem obrigadas a fechar suas portas. Nesse cenário, o texto constitucional acaba aviltado e multiplamente violado, ante o desrespeito à livre concorrência (artigo 170, inciso IV), à capacidade contributiva (artigo 145, §1º), à igualdade formal e material (artigo 5º) e à função social da propriedade (artigo 170, inciso III), dentre outros dispositivos. No mesmo sentido, instaura-se a economia informal com todas as externalidades negativas que provoca no desenvolvimento econômico e social do país, dois importantes fins constitucionais (FOLLONI, 2014, pp. 250-253).

Diante de tais circunstâncias, antes de se prosseguir com o presente estudo, cabe renovar o questionamento sobre até que ponto se mostra útil toda a volumosa discussão hoje existente em torno do tema da justiça tributária, se a organização de um sistema de tributação justo na teoria seria completamente deturpada na prática pela ineficiência dos mecanismos de arrecadação.

Tal questionamento pode ser muito bem ilustrado pela metáfora pensada por Carlos Cossio, que traduz perfeitamente a relação entre o ordenamento jurídico e o mundo fático: uma esfera, ao repousar sobre o solo, o toca em um único ponto; tal ponto, todavia, transmite todo o peso do restante da esfera (1944, p. 148). É ocioso aprimorar todos os demais pontos da esfera, se o seu ponto de contato com plano não cumprir sua função. É inútil aprimorar o ordenamento jurídico, se ele não demonstrar compatibilidade com a realidade. Qualquer discussão acerca da reforma tributária deve ser precedida pelo desenvolvimento de mecanismos eficientes de arrecadação tributária, pois estes se mostram essenciais para alterar o cenário de *apartheid fiscal* atualmente vivenciado no Brasil. Não é à toa que Carnelutti afirmava que o direito tributário e o direito processual dependem um do outro (1937, p. 243).

Todavia, conforme já observado, qualquer mudança nesse sentido demanda uma visão holística do sistema brasileiro de contencioso tributário, não sendo alcançável pelo atalho das pequenas violações à paridade de armas no processo administrativo e no processo judicial. Estas pequenas violações, aliás, acabam tendo efeito contrário, pois minam a credibilidade do sistema e impedem sua evolução. Essa premissa será fundamental para a análise crítica da distribuição do ônus da prova que se pretende empreender mais à frente.

Para que seja possível avançar nessa direção, no entanto, será necessário tratar previamente de alguns institutos e conceitos importantes em matéria de prova, da disciplina prática imposta pelo sistema processual, bem como do contexto no qual estão inseridos esses fatores e segundo o qual eles devem ser interpretados. Tal estudo será conduzido no próximo capítulo e se faz necessário para viabilizar o enquadramento e a compreensão de cada um dos elementos que afetam a distribuição do ônus da prova no processo judicial tributário - bem como a interação existente entre eles - e para visualizar as alternativas disponíveis para cada uma das dificuldades que serão encontradas.

Capítulo 2

ALGUMAS NOÇÕES SOBRE PROVA E SEU CONTEXTO

Como antecipado, no presente capítulo, serão tratados inicialmente alguns conceitos e institutos relacionados ao direito probatório que serão necessários mais à frente para que seja conduzida a análise planejada. Como o propósito principal não é o de realizar qualquer análise reflexiva a respeito de tais conceitos, mas apenas tecer as considerações essenciais à sua compreensão para posterior utilização no presente estudo, não se mostra oportuno alongar excessivamente este capítulo.

Importa observar, todavia, que assim como realizado no capítulo anterior, também aqui se busca a compreensão não apenas acerca do fenômeno (da dinâmica probatória e seus institutos) em si, mas também acerca do cenário em que o mesmo se encontra inserido. Dessa forma, a aludida análise será precedida por uma necessária contextualização, na qual serão abordadas as relações desenvolvidas reciprocamente entre processo, direito material, direito constitucional e ônus da prova.

2.1. A QUESTÃO DA TUTELA DO DIREITO MATERIAL NO PROCESSO CIVIL E O DIREITO PROCESSUAL CONSTITUCIONAL

Não é nova na doutrina processualista a ideia de que o processo civil deve ser tido primordialmente como um meio para a materialização do direito material por ele tutelado (DINAMARCO, 1996, pp. 225-227). Na realidade, a relação entre processo e direito material é tão importante que orienta o critério utilizado para distinguir as três grandes fases do estudo do direito processual. Inicialmente, imperava a fase do sincretismo jurídico, em que direito material e processo não eram claramente distinguidos. Em reação a tal visão surgiu a fase autonomista, que oscilou para o extremo oposto e suprimiu quase que integralmente a comunicação entre processo e direito material. Por vim, sobreveio o terceiro momento metodológico do direito processual, marcado pelo equilíbrio do relacionamento entre direito material e processo. Nessa fase, apesar de ser reconhecida a individualidade do direito processual, é difundida também a consciência de seu caráter instrumental, que, aliás, é tratado como princípio que ilumina toda a interpretação que deve ser dada às normas processuais (BEDAQUE, 2011, pp. 985-986).

Como já visto neste estudo, o CPC/2015 confere especial atenção ao tema, trazendo inúmeros institutos e artifícios com o intuito de impedir que o processo civil perca permanentemente o contato com o direito material.[1] Tornam-se simbólicas, nesse contexto, as abundantes disposições que gravitam em torno desse propósito presentes ainda no primeiro capítulo do código, que trata "*Das Normas Fundamentais do Processo Civil*".[2]

A norma positivada logo no artigo 1º do diploma processual, por exemplo, determina que o "*processo civil será ordenado, disciplinado e interpretado conforme os valores e as normas fundamentais estabelecidos na Constituição da República Federativa do Brasil*". A relação que tal dispositivo possui com o tema da tutela dos direitos no processo se estabelece na medida em que a filtragem constitucional, ou seja, interpretação da lei processual à luz de valores e normas constitucionais (RODRIGUES, 2014, pp. 122-123) – componente essencial do fenômeno denominado

---

1. A doutrina afirma que o CPC/2015 "*incorporou inúmeras inovações ao modelo processual vigente, especialmente no sentido de adequar o processo aos fundamentos da Constituição de 1988. Passa-se de um modelo processual, formalista-tecnicista, para um modelo pragmático-substancial*" (CALIENDO, 2016, p. 55).
2. Nesse sentido, podemos citar: a expressão do direito processual constitucional no artigo 1º; a preferência à solução integral de mérito, justa e efetiva nos artigos 4º e 6º; o princípio da boa-fé, consagrado no artigo 5º; o incentivo à cooperação trazido pelo artigo 6º; a paridade de armas estabelecida no artigo 7º, dentre várias outras previsões que, de alguma, forma contribuem para evitar que o processo se torne um obstáculo ao exercício do direito material.

Apesar de não estar inserido no primeiro capítulo do código, o artigo 417 do CPC/2015 (correspondente ao artigo 378 do CPC/1973) também merece ser mencionado pela importância que adquire para o tema em estudo, ao não condenar sumariamente os empresários em decorrência de fatos extraídos de seus livros empresariais, viabilizando a produção de prova em sentido contrário. Tal dispositivo apresenta-se como mais um exemplo da prioridade que é dada à qualidade da prestação jurisdicional em relação à sua celeridade.

direito processual constitucional[3] – introduz uma carga axiológica que certamente contribui para encurtar a distância entre processo e direito material.[4]

Valores constitucionais decorrentes do Estado Democrático de Direito como a promoção da igualdade formal e material, o acesso à justiça, e o respeito ao contraditório, à ampla defesa e ao devido processo legal são condições imprescindíveis para que haja efetividade da tutela do direito material no processo civil (RODRIGUES, 2014, pp. 124-125).

Em suma: um ordenamento jurídico que deve ser sempre interpretado à luz da Constituição Federal, no qual está inserido um sistema processual desenhado para garantir a efetividade da tutela dos direitos. Esse é o contexto a partir do qual a questão da distribuição do ônus da prova deve ser analisada e é o que será feito adiante.

2.2. DIREITO PROBATÓRIO E SEUS CONCEITOS E INSTITUTOS

Uma vez demonstrado, ainda que brevemente, como o direito processual constitucional e a necessidade de conferir efetiva tutela ao direito material orientam a interpretação das normas processuais, dentre as quais se incluem aquelas situadas no foco do presente estudo, cabe prosseguir com a definição dos conceitos e institutos mais essenciais em matéria de direito probatório.

Pois bem, para apresentação inicial do tema cabe utilizar como ponto de partida a etimologia da palavra prova, que possui sua origem

---

3. Segundo Cândido Dinamarco, "*O direito processual constitucional põe o estudo do procedimento sob o enfoque da garantia do devido processo legal e com isso o estudioso conscientiza-se de que as exigências do Código constituem projeção de uma norma de maior amplitude e mais alta posição hierárquica, sendo indispensável uma interpretação sistemática. Daí para entender que o procedimento é um meio técnico para a efetividade do postulado democrático da participação o passo é pequeno, e já se vai chegando à percepção das grandes linhas do que se chama justo processo (Augusto Mario Morello) ou processo justo e équo (Luigi Paolo Comoglio).*" (2010, pp. 127-128).

4. A aproximação entre valores constitucionais e a tutela dos direitos é ressaltada por Luiz Guilherme Marinoni, Sérgio Cruz Arenhart e Daniel Mitidiero: "*importa esclarecer que os valores constitucionais que fundamentam o processo civil contemporâneo não se contentam somente com a ideia de procedimento orientado pelas garantias de participação adequada, mas reclamam que o procedimento também seja capaz de atender às situações de direito material [...]*". "*Direito à tutela judicial efetiva e processo justo são elementos que se conjugam quando se tem um processo civil preocupado com a tutela dos direitos*" (2016).

na expressão latina *probatio*, a qual, por sua vez, deriva do verbo *probare*, com significado de examinar ou demonstrar (FERRAZ, 2016, pp. 15-17). Em uma concepção clássica e aforista, provar é demonstrar ao juiz, dar a ele a certeza do ser e do modo de ser dos fatos controvertidos.

Contudo, a modernidade demonstrou que o termo "prova", como instituto do processo civil, é plurissignficante e pode obter várias acepções (CAMBI, 2011, p. 41). É o que será visualizado no subtópico a seguir, no qual serão abordados os conceitos de prova sob a perspectiva do conteúdo deste instrumento de acertamento dos fatos (GRECO, L., 2004, p. 228).

2.2.1. O conceito instrumental de prova

Ressalvando a impossibilidade de sistematizar todos os conceitos adotados pela doutrina em função de divergências inconciliáveis, inicia-se observando que, para facilitar o exame e a compreensão do tema, tem-se o costume de dividir o instituto da prova (sob a perspectiva de seu conteúdo instrumental) mediante a adoção das seguintes classificações: prova como meio, prova como atividade e prova como resultado (GRECO, L., 2010, p. 103).

A prova como meio consiste no suporte que está na base do procedimento lógico-racional adotado pelo juiz para chegar à conclusão sobre a verdade do processo (DIDIER JR.; BRAGA; OLIVEIRA, 2015, p. 39). Em outras palavras, é o instrumento utilizado pelas partes para comprovar que os fatos por elas alegados são verdadeiros, podendo ser elencados nessa categoria laudos periciais, a prova documental e os testemunhos, dentre outros meios que não necessariamente deverão estar tipificados na lei (GRECO, L., 2004, p. 229).

Por sua vez, a prova como atividade processual resume o "ato de provar", relacionando-se ao brocardo *affirmanti incumbit probatio,* que se traduz na máxima de que quem alega deve provar (DIDIER JR.; BRAGA; OLIVEIRA, 2015, p. 39). Trata-se de atividade que deve ser desenvolvida pelas partes em conformidade com a regulação dada à matéria pelas normas processuais, com objetivo de apresentar os meios de prova ao julgador e influenciar na sua convicção (GRECO, L. 2004, p. 229).

Já a prova como resultado difere das últimas duas concepções na medida em que identifica a prova como um fenômeno humano e não exclusivo e típico do procedimento judicial (GRECO, L., 2010, p. 105). No âmbito do processo, tal fenômeno se materializa na convicção formada pelo juiz, que equivale ao resultado que é por ele extraído da atividade processual das partes. A prova como resultado se forma de modo isolado, de maneira que não necessariamente refletirá com perfeição a realidade dos fatos no mundo natural. Essa conceituação de prova compreende todas as manifestações da vida humana, transcendendo os limites do sistema jurídico normativo (DIDIER JR.; BRAGA; OLIVEIRA, 2015, p. 38), uma vez que o juiz, como ser humano, não pode ser completamente neutro em relação ao contexto que o circunda.

Por fim, Leonardo Greco (2004, p. 229) ainda esclarece a possibilidade de utilização do termo prova para se referir aos próprios fatos representativos de determinado contexto. Em outras palavras, seriam os fatos a partir dos quais se torna possível adotar determinado posicionamento acerca das circunstâncias controvertidas.

2.2.2. Modelos de valoração da prova

Por modelo de valoração da prova deve-se compreender o espaço e a liberdade que são dados pelo legislador ao intérprete para apreciação das provas destinadas à formação de sua convicção acerca dos fatos controvertidos no processo (PEREIRA, 2017, p. 232). Para nosso propósito, interessam basicamente três modelos - dois situados em extremos opostos da escala de liberdade conferida ao juiz e um intermediário - denominados respectivamente modelo da íntima convicção (ou da livre valoração), modelo da prova tarifada (ou da prova legal) e modelo do livre convencimento motivado (BELTRÁN, 2017; STRECK, 2012, p. 221).

O modelo da íntima convicção confere irrestrita liberdade ao julgador, permitindo sua atuação segundo sua própria consciência no momento da valoração da prova. Quanto a esse modelo, Leonardo Greco, em interessante reflexão sobre a construção racional das conclusões, tece algumas críticas à forma como a prova era pensada na Antiguidade Clássica, mais especificamente por Aristóteles e, posteriormente, por Cícero. Para esses pensadores, a prova estaria no domínio do duvidoso (GRECO, L., 2010, p. 103), consistindo, propriamente, no convencimento através das técnicas de argumentação. Para Greco, essa concepção limitada às técnicas desenvolvidas para se extrair a prova (DIDIER JR.; BRAGA; OLIVEIRA, 2015, p. 39) é perigosa e insuficiente, uma vez que superestima a estratégia e argumentação em detrimento da verdade dos fatos (GRECO, L., 2010, pp. 103-104). Esse modelo foi recuperado pelo Código de Instrução Criminal francês de 1808, mas acabou sendo novamente deixado de lado na atualidade (salvo raras exceções)[5] em função da necessidade de reduzir o espaço para voluntarismos no processo.

Já o modelo da prova tarifada, ou da prova legal, tem origem na Idade Média e representa o extremo oposto do modelo da íntima convicção, vez que o legislador fixa previamente o valor que deverá ser atribuído pelo juiz a cada espécie de prova. Tal modelo finda por permitir excessivo distanciamento da verdade do mundo fenomênico para aquela verdade própria do processo judicial (GRECO, L., 2010, pp. 104-105). A partir desse momento (e até hoje em muitos sistemas jurídicos modernos), a sentença judicial passou a ser uma ficção jurídica que atende à vontade do soberano (ou do Estado), tipicamente o que prevalece nas jurisdições *civil law* – o "império da lei" (GRECO, L., 2009, p. 3). Como nesse paradigma a própria legislação atribuía valor a cada espécie de prova e as hierarquizava, a margem de atuação do intérprete era reduzida, sendo exigida do magistrado uma atitude passiva em relação ao litígio que lhe era apresentado (PEREIRA, 2017, pp. 232-234).

Em resposta às falhas de ambos os modelos anteriores, surge o modelo do livre convencimento motivado, que pode ser visto como um resultado da necessidade do processo hodierno de ter sempre caráter racional e de poder ser explicitado por uma avaliação dos fatos baseada em argumentações passíveis de controle externo e aceitáveis aos olhos de toda a sociedade (GRECO, L., 2010, p. 107). Essa ideia foi positivada no artigo 131 do CPC/1973 e sofreu reformulação –cuja amplitude é atualmente bastante discutida – pelo CPC/2015 (artigo 371).

Com efeito, o CPC/2015 reacendeu os debates a respeito dos modelos de valoração da prova no processo brasileiro, ao alterar a previsão contida no artigo 131 do CPC/1973 de que o "*juiz apreciará livremente a prova [...]*", suprimindo da redação de seu artigo correspondente (artigo 371) o vocábulo "*livremente*". Assim, ganhou força o entendimento segundo o qual, no direito processual brasileiro, a liberdade do magistrado na apreciação da prova não é ilimitada e, seja qual a convicção que este adotar, deverá fazê-lo de forma clara, transparente, fundamentada na lógica e compreensível para terceiros (BRUM, 2017, pp. 166-167).

5. Exemplo de seara na qual ainda opera o modelo da íntima convicção até os dias de hoje pode ser encontrado no tribunal do júri (PEREIRA, 2017, p. 234).

A discussão acerca dos limites da liberdade conferida ao magistrado no modelo adotado pelo CPC/2015 e da robustez da fundamentação que deve ser por ele apresentada é complexa; e envolve pressupostos filosóficos cujo aprofundamento no presente trabalho não se mostra oportuno (STRECK, 2012, pp. 221-227; PEREIRA, 2017, pp. 237-245; BRUM, 2017, pp. 156-157). Por esse motivo, prossegue-se com a análise dos institutos e conceitos que devem ser fixados previamente ao início do exame crítico da distribuição do ônus da prova no processo judicial tributário.

2.2.3. Objeto de prova

De forma bastante simples, pode-se afirmar que a doutrina clássica define o objeto de prova como o fato a ser provado, ou, ainda, como tudo aquilo que for relevante e controvertido para o procedimento judicial (SANTOS, 2013, p. 373). O objeto de prova, assim, possui íntima relação com as alegações de fato, ou seja, os fatos apresentados pelas partes como fundamento da ação, da contestação, da reconvenção ou da exceção. O objeto de prova tem que servir finalisticamente à convicção do juiz (FERRAZ, 2016, pp. 15-17).

No que tange a esse aspecto, as provas podem ser classificadas como diretas ou indiretas. Caso a prova se refira imediatamente ao *thema probandum*, ou seja, ao próprio fato controvertido, a prova será direta. Na hipótese de a prova ser periférica ou alheia ao tema da lide, mas ser capaz de levar a um raciocínio em que o julgador encontre a conclusão pretendida, a prova será indireta (SANTOS, 2013, p. 374).

Por fim, é pertinente a ressalva de que, em alguns casos excepcionais, não é o fato, mas sim o direito discutido que deverá ser provado. Quando o direito em questão for municipal, estadual, estrangeiro ou consuetudinária, deverá a parte prová-lo, através de meio idôneos, tais como textos acadêmicos e publicações oficiais, na forma do artigo 376 do CPC/2015 e dos artigos 8º e 9º da Lei de Introdução às Normas do Direito Brasileiro. Assim, nessa hipótese pouco usual, o objeto de prova será o próprio direito.

É de se observar, contudo, que esse caso não foge à regra de que provas servem para dirimir dúvidas de natureza fática. Isso porque, sendo essas as circunstâncias, restará estabelecida uma controvérsia essencialmente fática entre as partes, ainda que o fato controvertido esteja simplesmente limitado à existência ou à redação de determinado dispositivo legal.

2.2.3.1. *Prova de fatos negativos*

Embora seja milenar a máxima romana *negativa non sunt probanda* – que se traduz na não sujeição de fatos negativos à prova –, a experiência nos Tribunais brasileiros demonstra que o referido brocardo não deve ser tratado de forma absoluta. Isso porque não necessariamente a exigência de prova negativa se mostra perniciosa. Com efeito, tomar como impossível a prova de toda e qualquer espécie de fato negativo, desincumbindo aquele que nega do ônus de trazer elementos para sustentar sua alegação, é leviano e até mesmo anacrônico com relação à realidade do processo civil moderno. Não é por outro motivo que, tanto o legislador do CPC/1973, como aquele do CPC/2015, excluiu os fatos negativos do rol daqueles independentes de prova, nos quais, especificamente no código vigente (artigo 374), estão incluídos os fatos notórios, incontroversos, afirmados por uma parte e confessados pela autora e aqueles em que há presunção legal de existência ou de veracidade.

Nesse passo, também a doutrina vem se acostumando à ideia de que a negativa, por si só, não isenta a parte da produção probatória, uma vez que nem toda negativa se traduz em prova impossível (NERY JÚNIOR, 2002, p. 696). A inversão do ônus probatório caberia apenas nos casos em que de fato for impossível provar que determinado fato não ocorreu ("prova diabólica") – o que ocorre com relação aos fatos negativos genéricos. Situações como aquela em que o devedor nega ter estabelecido qualquer relação com o suposto credor, por exemplo, justificariam a inversão do ônus da prova, cabendo, no caso aventado, ao demandante trazer elementos para demonstrar de forma inequívoca a existência de relação jurídica entre as partes e, por consequência, confirmar o alegado inadimplemento (SANTOS, 1983, p. 187). Da mesma forma, enquadra-se no conceito de prova diabólica a exigência imposta ao sócio responsável (que pretende evitar o redirecionamento da execução fiscal) de provar que não cometeu qualquer ilegalidade que permitiria o aludido redirecionamento. Esse tema merecerá análise bem aprofundada mais à frente.

Fora desses casos específicos em que a prova negativa configura prova impossível, deve prevalecer o entendimento que recomenda o recurso à chamada prova *prima facie,* a qual, valendo-se de uma série de eventos interpretados de acordo com regras da experiência, pode permitir ao julgador alcançar certas conclusões positivas sobre determinado evento negado (PROTO PISANI, 2014, pp. 420-421). Parte da doutrina a enquadra no campo da presunção relativa, parte no campo do ônus da prova. Em todo caso, importa notar que ela ainda estará sujeita a desconstrução pelo exercício do contraditório pela parte adversa, caso esta apresente provas de que a conclusão recomendada pela prova *prima facie* não seria verdadeira.

O CPC/2015, que adotou posição vanguardista nesse ponto, trouxe, em seu artigo 369, a ideia de cooperação das partes com o resultado do processo e da verdade como objetivo da prova, também insistindo no tema em seu artigo 378 que determina que todos devem colaborar com o Poder Judiciário em favor do descobrimento da verdade.

Assim, aquele que for capaz de provar, deverá, dentro do contraditório participativo, contribuir com o resultado efetivo do processo judicial. A dinamização do ônus da prova é uma das formas de se dar conta das carências do procedimento estático e deve ocorrer sempre que uma das partes possuir maior facilidade em trazer os elementos probatórios capazes de solucionar a controvérsia acerca de algum fato (MACEDO; PEIXOTO, 2014, p. 184). Conforme já devidamente verificado no presente estudo, o CPC/2015 cuidou dessa excepcionalidade ao prever a possibilidade de flexibilização do ônus da prova em seu artigo 373, § 1º.

2.2.3.2. Fatos que não dependem de prova

De acordo com o disposto pelo artigo 374 do CPC/2015, não dependem de prova os fatos: notórios; afirmados por uma parte e confessados pela parte contrária; admitidos no processo como incontroversos; e os fatos em cujo favor milita presunção legal de existência ou de veracidade. Cumpre-nos analisar brevemente cada uma dessas hipóteses para, em seguida, nos aprofundarmos na última delas, que possui potencial para influir nas conclusões que se pretende alcançar com o presente estudo.

Pois bem, o fato notório é aquele de conhecimento geral, parcela da sociedade ou determinada região. Assim, tem-se por improfícua e desnecessária qualquer discussão a seu respeito. Entretanto, importante distanciar da acepção de fato notório o conhecimento privado, específico e exclusivo do juiz acerca de um fato ou o seu conhecimento técnico por também ser especialista em outra área. Além disso, se houver uma discussão sobre a notoriedade de um fato, de modo que o seu conhecimento difundido dentro da sociedade deixe de ser pacificamente aceito pelas partes, restarão duas alternativas à parte que pretendia dele se aproveitar, quais sejam, a apresentação de prova da existência do fato em si ou a demonstração de sua notoriedade (MARINONI; ARENHART, 2015).

Cabe salientar, ainda, que há divergência na doutrina acerca da possibilidade de apresentação de prova contrária ao fato notório, ou, ainda, a possibilidade de que o juiz, ao analisar o conjunto probatório da lide, conclua em sentido diferente àquele pelo fato notório indicado (WAMBIER; DIDIER JR.; TALAMINI, 2015, p. 1014; MARINONI; ARENHART, 2015).[6]

A mesma divergência também se faz presente em relação à segunda hipótese em que há dispensa de prova pelo CPC/2015, isto é, quando há confissão por uma das partes litigantes (MARINONI; ARENHART, 2015). A confissão consiste em ato positivo da parte, no qual é confirmada a ocorrência de fatos desfavoráveis ao seu interesse jurídico, podendo ser realizada dentro do processo, ou extrajudicialmente.

Difere da terceira hipótese prevista pelo artigo 374 do CPC/2015, que se materializa quando uma das partes se abstém de contestar a versão dos fatos apresentada pela outra, gerando, em regra, uma presunção de veracidade dos mesmos (artigo 341). Nesse caso ocorre apenas a omissão da parte, e não sua atuação positiva, como ocorre no caso da confissão.

A análise das três hipóteses de dispensa de prova mencionadas acima já nos permite identificar que o propósito por trás do artigo 374 do CPC/2015 consiste em otimizar o processo judicial, conferindo mais foco e eficiência à atividade probatória a ser conduzida pelas partes, que deverão preocupar-se com a produção de provas atinentes apenas aos fatos que sejam controvertidos, pertinentes e relevantes. Tais requisitos estarão contemplados quando, além de disputados entre as partes (controvertidos), os fatos submetidos à atividade probatória guardarem pertinência com a lide – a qual "*é apontada pela conexidade com a* res in iudicium deducta, *por respeitarem à causa*" (GRINOVER, 2011) – e quando "*sendo pertinentes, forem capazes de influir na decisão da causa*" (GRINOVER, 2011), isto é, relevantes.

A mesma lógica se aplica à quarta hipótese prevista no artigo 374, que afirma não dependerem de prova os fatos em cujo favor milite

6. Atualmente, essa questão ganha especial destaque, uma vez que, na era da informação digital (SUSSKIND, 2012, p. 160), as chamadas notícias falsas ("fake news") têm se propagado e causado sérios danos. Diante da velocidade e liberdade da internet, é importante que o juiz esteja atento para não reputar, como fato notório, uma notícia falsa. Ao mesmo tempo, esse novo contexto talvez recomende a aceitação da possibilidade de dilação probatória contrária ao fato notório. Em matéria tributária, isso pode adquirir especial relevância, por exemplo, quando se discute a substância econômica de grandes operações societárias.

presunção legal de existência ou de veracidade. Importante observar que a dispensa da dilação probatória não deve ser interpretada como uma impossibilidade de produção de provas contrárias.

Na realidade, a exemplo do que ocorria no CPC/1973, o propósito do CPC/2015 ao prever essa norma é apenas o de não obrigar as partes a realizarem esforços inúteis durante o processo. Assim, se pelo mecanismo das presunções – que será analisado com mais detalhes adiante – é possível inferir a ocorrência de determinado fato, seria ocioso obrigar à parte que dele se beneficia apresentar provas de sua existência.

Além disso, o aludido dispositivo delimita sua incidência aos casos em que há presunção legal simplesmente porque somente ela está no campo de conhecimento das partes, tendo em vista que as presunções judiciais são desenvolvidas no âmbito da formação da convicção do juízo, conforme se verá mais à frente.

Por fim, antes de prosseguir com a análise dos demais conceitos e institutos relevantes, cabe mencionar que parte da doutrina entende que a presunção referida no artigo 374, inciso IV, do CPC/2015 é somente a presunção absoluta – que não admite esforço probatório em sentido contrário –, excluindo sua aplicação dos casos em que a presunção legal é apenas relativa.[7] Essa leitura, contudo, limitaria a utilidade das presunções relativas, ao passo que, contanto que se admita prova em sentido contrário – como é típico no caso das presunções relativas –, o entendimento em sentido oposto não representaria qualquer prejuízo à parte adversa.

2.2.4. Outros conceitos relevantes

Antes de prosseguir com o exame dos fenômenos do ônus da prova e das presunções, parece oportuno agrupar, no presente tópico, os demais conceitos atinentes à prova e aos seus institutos que se mostram relevantes para este trabalho, mas que, ao mesmo tempo, não demandam um aprofundamento teórico que justifique um tratamento mais volumoso e, portanto, isolado em um subtópico específico.

7. Nesse sentido: *"O art. 374, IV, do CPC/2015 trata da presunção absoluta, também conhecida por presunção* iuris et de iure, *afirmando que não dependem de prova os fatos em cujo favor milita presunção legal de existência ou de veracidade. Nesse caso, o fato indiciário do fato principal é o próprio fato principal, ao qual o legislador atribui um determinado efeito jurídico, relegando o fato que seria o principal ao nível de motivo ou de* ratio." (MARINONI; ARENHART, 2015).

Inicia-se esse propósito tratando das fontes de prova, que podem ser definidas como os elementos externos ao processo de onde é extraída a informação acerca dos fatos controvertidos.

Assim, são fontes de prova as pessoas (partes e terceiros), as coisas (passíveis de serem examinadas) e os fenômenos (naturais e artificiais) de onde se pode extrair o conhecimento do objeto de prova a fim de que se torne possível dissipar as incertezas que circundam o contexto fático da lide e de que se possa perseguir o resultado útil do processo judicial.

As fontes podem ser divididas em pessoais e reais (AMARAL, 2017). As fontes de prova pessoais são aquelas que dependem de uma afirmação consciente de uma pessoa, a fim de fazer fé daquilo que se alega no processo, *e.g.*, o testemunho pessoal. Já as reais são aquelas que decorrem do exame de uma coisa, algo inanimado que possa contribuir para o resultado útil do processo, *e.g.*, a certidão de um cartório de registro de imóveis (DIDIER JR.; BRAGA; OLIVEIRA, 2015, p. 44).

Observe-se, ainda, que as fontes de prova não se confundem com o já analisado conceito dos meios de prova, o qual, como visto, corresponde ao instrumento utilizado pelo juiz para alcançar o conhecimento acerca do fato controvertido. Os meios de prova, portanto, são técnicas utilizadas pelo julgador, ao ter contato com as fontes de prova, para esclarecer o contexto fático da lide. A distinção entre fontes e meios de prova é relevante porque delimita a atividade do juiz, que tem liberdade para eleger os meios que irá adotar, mas violaria o princípio dispositivo caso apurasse, por conta própria, novas fontes de prova para determinado caso (AMARAL, 2017).

Nesse sentido, observa-se que os protagonistas da instrução do processo são as partes e não o juízo, que deverá apenas coordenar o desenvolvimento processual, determinando que as partes produzam as provas que entender necessárias. Tal circunstância nos leva ao conceito de destinatário da prova.

Nas jurisdições de *common law*, as partes são destinatárias das provas. Isso implica uma extensa (e cara) produção de provas documentais e depoimentos pessoais e testemunhais colhidos de forma extrajudicial. Por outro lado, no Brasil, um país que adota tradicionalmente o sistema romano-germânico (*civil law*), o juiz é o destinatário direto das provas e os efeitos que delas serão extraídos estão sujeitos ao convencimento motivado do juízo.[8]

8. Para aprofundamento no tema, v. Mendes, R. (2012).

Por isso se afirma, de maneira muito simplificada, que a finalidade última da prova no âmbito processual consiste em fornecer elementos suficientes para a convicção do juiz diretamente e – das partes indiretamente – e para que ele, através de decisão fundamentada, possa compor a lide (AMARAL, 2017).

2.2.5. Ônus da prova

O ônus da prova é instintivo, visto que, a partir de uma alegação, logo se buscam fatos que possam respaldar a mesma. Este instituto, que tem suas raízes no direito romano, hoje se materializa no artigo 373 do Código de Processo Civil de 2015 e é a incumbência que recai sobre as partes de comprovarem as alegações que apresentam.

A distribuição do ônus da prova se divide em dois aspectos: o subjetivo e o objetivo. O primeiro define qual das partes deve provar determinado fato. O segundo, por sua vez, é o poder da prova, ou da ausência dela, de fazer o juiz pender em favor de uma ou outra parte (BARBOSA MOREIRA, 1988, pp. 74-75; GRECO, L., 2010, pp. 119-123; SALDANHA SANCHES, 1987, p. 129).

Nas palavras de João Batista Lopes (1972), "*encerrada a instrução e devendo o juiz proferir sentença, diminui de importância a questão de saber se as provas coligidas foram, ou não, produzidas pela parte a quem competia*" (ônus subjetivo), de modo que passa a importar apenas que o juízo possua meios para formar sua convicção "*com base no contingente probatório; e, para fazê-lo, tomará, ele em consideração todos os «fatos e circunstâncias constantes dos autos, ainda que não alegados pela parte»*" (ônus objetivo).

A incumbência do ônus da prova, delineada pelo artigo 373 do CPC/2015, designa (i) ao autor o ônus de provar fatos que constituam seu direito e, (ii) ao réu, o ônus de provar fato impeditivo, modificativo ou extintivo do direito do autor. No entanto, a aplicação da regra – teoricamente simples – se mostra bastante complexa ante a heterogeneidade do mundo prático. Pode haver, por exemplo, situações em que o direito de um nasce da inexistência do direito do outro ou, melhor dizendo, situações em que um fato constitutivo nasce de um fato impeditivo. Quando se considera essa e outras peculiares possibilidades, torna-se menos simples definir a quem cabe o ônus de provar o fato.

Não à toa são várias as teorias desenvolvidas pela doutrina na tentativa de fornecer uma regra geral e universal para definição da distribuição do ônus da prova. Atualmente, parece ganhar força o entendimento de que a matéria é complexa demais para ser resolvida por meio de um único princípio genérico, de modo que se deve aceitar a necessidade de recorrer a um conjunto de princípios complementares e concedam ao juízo maior flexibilidade para solucionar a questão (MIRANDA NETTO, 2009, pp. 179-180).

É exatamente com esse espírito que o CPC/2015, introduziu, em seu artigo 373, § 1º, a previsão que excepciona a regra geral do *caput* e concebe a possibilidade de que o juízo atribua o ônus da prova de modo diverso, levando em consideração as circunstâncias peculiares do caso concreto.

Nesse sentido, cabe considerar que as provas apresentadas em si devem receber mais importância do que quem as apresentou: são os fatos reais que mapeiam o caminho da verdade e apontam a alegação que merece defesa e proteção (GRECO, L., 2006).

2.2.6. Presunções

A presunção é uma técnica voltada a permitir a aferição da ocorrência de determinado fato controverso - denominado fato primário ou principal - a partir da confirmação da existência de outro fato - denominado fato secundário -, na medida em que ambos possuem alguma relação lógica que faz com que ocorram simultaneamente ou em consequência um do outro (BARBOSA MOREIRA, 1977, pp. 56-58; WAMBIER et. al., 2015, pp. 653-654).

Tal noção é fundamental para o presente estudo, já que demonstra que a presunção não é simplesmente uma certeza que se materializa imotivadamente. Pelo contrário: é sempre necessária a convicção acerca do pressuposto que desencadeia a operação mental. Para que a presunção se materialize, é fundamental que o fato secundário esteja comprovado.

Uma característica do instituto reconhecida pela doutrina é a possibilidade de se manifestar sob diversas formas e em diversos campos. Isso motiva a organização do fenômeno da presunção em algumas categorias que serão aqui exploradas (uma vez que são úteis para o presente estudo), ainda que apenas brevemente (por não estarem incluídas em nosso foco principal).

A primeira delas está relacionada à fonte da qual decorre a inferência do fato presumido: será judicial a presunção realizada pelo juiz no exercício da atividade judicante. Ocorre quando o juiz, tendo como comprovada a ocorrência de um fato secundário dentro do contexto que é posto nos autos, dele deduz o fato primário controverso. No caso da presunção judicial, a certeza da ocorrência do fato primário dependerá da intensidade do vínculo lógico existente entre ele e o fato secundário (MARINONI; ARENHART, 2015). Já a presunção legal é aquela cujo raciocínio lógico e o vínculo entre fato primário e secundário foram identificados pelo legislador, de modo que a técnica presuntiva deverá ser aplicada por força de lei e, nos termos da lei, admitirá prova em contrário ou não.

A esse ponto, surge a segunda forma de categorização das presunções, que se relaciona justamente à força atribuída pela lei ao raciocínio presuntivo e à possibilidade de afastá-lo ou não mediante prova em sentido contrário. A presunção legal será relativa – também denominada *iuris tantum* – sempre que o legislador admitir sua superação quando o fato primário demonstrar ser incompatível com a atividade probatória realizada no caso concreto.[9]

No sentido oposto, isto é, quando a superação da presunção não for possível, será ela denominada absoluta ou *iuris et de iure*. Nesse caso, a presunção liga-se diretamente ao direito material, na medida em que o legislador suprime o fato jurídico primário que justificaria a incidência de determinada norma jurídica e o substitui pelo fato secundário. Por isso mesmo, costuma afirmar a doutrina que, no caso da presunção absoluta, a lógica de raciocínio presuntivo explicada acima perde relevância, uma vez que não pode ser superada, servindo, no máximo, para facilitar a compreensão da mecânica do instituto (BARBOSA MOREIRA, 1977, pp. 62-67).[10]

---

9. Por óbvio, as presunções judiciais serão sempre relativas, na medida em que nada mais são que o raciocínio lógico utilizado pelo juiz para construir sua decisão. Na realidade, tal classificação sequer foi desenhada para ser aplicada à presunção judicial: seu verdadeiro propósito é agrupar as presunções legais, de modo a identificar as consequências que serão originadas a partir da detecção do fato secundário e, principalmente, a possibilidade de superar tais consequências.

10. No mesmo sentido: "*A figura [da presunção absoluta] liga-se diretamente ao direito material, não guardando referência direta com o direito processual. [...] Uma vez fixada a hipótese normativa abstrata, a presunção desvincula-se completamente do raciocínio que a autoriza, incidindo no caso concreto independentemente de qualquer valoração lógica ulterior.*" (MARINONI; ARENHART, 2015).

Para a presente análise, interessa mais a presunção relativa que a absoluta. Considerando que esta última torna irrelevante prova em sentido contrário,[11] não há muito para ser observado na sua interação com as regras de distribuição do ônus da prova. Por outro lado, há uma parte da doutrina que reconhece ser a presunção relativa, em última análise, uma técnica de divisão do ônus probatório entre as partes:[12] sempre que se fizer presente o fato secundário da presunção relativa, caberá ao interessado provar que sua existência, naquele caso concreto, não ocasionou a materialização do fato primário. Tal entendimento, entretanto, não é pacífico (GAZZERO, 1961, pp. 482-484) e será merecedor de uma análise detida mais à frente.

De qualquer forma, pode-se extrair do contexto delineado acima que a presunção relativa não surge por abiogênese e requer inevitavelmente que a parte interessada em sua concretização apresente prova do fato e dos pressupostos que justificam o desencadeamento do raciocínio presuntivo.

Não poderia ser diverso o entendimento que prevalece quanto a esse ponto específico, tendo em vista que, conforme já ressaltado anteriormente, o Estado Democrático de Direito e a isonomia impedem que o legislador seja arbitrário e conceda privilégios injustificados a quem quer que seja (MELLO, 2014, p. 17; 2014, p. 39).

Em resumo, tratando-se de presunção relativa, caberá a uma parte provar a existência do fato secundário – que dá azo à sequência da lógica presuntiva – e à outra demonstrar que, apesar de ter sido presumido, o fato primário não ocorreu naquele caso concreto.

---

11. Tecnicamente, na presunção absoluta o legislador deixa de lado o fato primário e o substitui pelo fato secundário, igualando os respectivos efeitos. Assim, altera-se apenas o plano do direito material, tornando desnecessária a superação da controvérsia fática acerca do fato primário. Nas palavras de Barbosa Moreira (1977), *"as presunções legais absolutas nada têm que ver com a prova. Do ponto-de-vista técnico, representam [...] meros expedientes ordenados à equiparação de efeitos entre esquemas de fato diferentes. Como tais, manifestam e exaurem a sua eficácia normativa no plano material."*
12. Nesse sentido, *"na presunção relativa, ainda que o legislador tenha se fundado em um tipo de raciocínio semelhante ao que o juiz desenvolve para chegar em uma presunção judicial, o certo é que essa última é consequência lógica, enquanto a primeira é consequência jurídica. Portanto, se a presunção judicial é um mecanismo de convencimento do juiz, a presunção relativa nada mais é do que a imposição de um dever de dividir o ônus da prova de determinado modo."* (MARINONI; ARENHART, 2015).

Além disso, nas hipóteses em que o fato secundário tiver forma e requisitos estabelecidos na legislação, caberá também à parte interessada na presunção comprovar a conformidade a tais exigências sempre que o seu cumprimento for questionado pelo adverso.

Essa necessidade assume um papel especialmente importante no presente trabalho – o que será esclarecido mais adiante – embora decorra de um raciocínio muito simples: se o ordenamento estabelece que um determinado ato jurídico deverá ser praticado por um sujeito com observância a certos requisitos e assim produzirá determinados efeitos favoráveis, não é razoável pensar que, na hipótese de aquele sujeito desrespeitar os requisitos estabelecidos, o mesmo ordenamento que foi violado protegerá o violador. No dizer de Marco Aurélio Greco, "*o ponto nevrálgico é o de que se o ordenamento tributário está sendo ferido por determinada conduta não tem sentido sustentar que essa mesma conduta está protegida pelo ordenamento tributário*" (2011, p. 92).[13]

Como antecipado, tal circunstância adquire singular destaque no processo tributário, tendo em vista que os atos do sujeito ativo da obrigação tributária são quase sempre disciplinados de forma precisa pela legislação. De acordo com o raciocínio até aqui exposto, por via de regra, os atos da Administração Tributária terão sua presunção de veracidade resguardada. Tal presunção se esvairá, contudo, caso a Administração não seja capaz de confrontar eventual asserção específica[14] do contribuinte acerca de formas ou requisitos previstos na legislação que deixaram de ser observados.

Para concluir a abordagem do tema das presunções, há que se considerar a hipótese (muito recorrente no direito tributário)[15] em que ficar

---

13. Também são valiosas para o presente estudo as observações feitas pelo autor a respeito do grau das violações para que haja contaminação da conduta. São propostos três critérios: primeiro, deve-se tratar de violação significante; segundo, o vício deve estar situado em elemento relevante dentro do contexto do caso a ser examinado; por último, a violação pode se dar nos fins ou nos meios, sendo certo que um elemento, quando viciado, contaminaria o outro (GRECO, M., 2011, pp. 93-95).

14. Acresce-se que a necessidade de que o particular indique precisa e especificamente o pressuposto da presunção que deixou de ser observado decorre de razões pragmáticas – não cabe ao juiz a função de espontaneamente analisar a generalidade do contexto da lide na busca de eventuais circunstâncias que poderiam favorecer qualquer uma das partes –, as quais, de certa forma, encontram-se consagradas no artigo 341 do CPC/2015.

15. Ilustra-se tal afirmação recorrendo aos casos em que a presunção que emana da CDA conflita com a convicção formada pelo juízo mediante presunções judiciais. Trata-se de situação comum e bastante relevante para o presente estudo,

estabelecido conflito entre presunções judiciais e legais relativas.[16] Nessas circunstâncias, a melhor solução passa pela análise das especificidades do caso concreto, no qual o juiz deverá apresentar motivadamente seu convencimento, indicando qual das presunções deverá prevalecer.

Em outras palavras, o juiz deverá avaliar se a presunção judicial tem ou não força suficiente para negar a ocorrência do fato principal e apresentar no processo os fundamentos que justificam a posição que vier a adotar, nos termos do artigo 371 do CPC/2015.[17]

2.3. ÔNUS DA PROVA À LUZ DO DIREITO PROCESSUAL CONSTITUCIONAL

Uma vez firmados os conceitos e institutos fundamentais para viabilizar o manejo do direito probatório e concluída a análise de caráter mais formal a respeito do ônus da prova, cabe prosseguir com algumas reflexões de caráter material a respeito do tema. Para tanto, inicia-se abordando a influência nele exercida pelo direito processual constitucional.

Ao mesmo tempo em que demonstra preocupação com a tutela do direito material, o disposto no artigo 1º do CPC/2015, já aludido anteriormente, serve para asseverar que o processo - assim como as demais esferas do direito - não se esquiva dos efeitos irradiados pelo constitucionalismo contemporâneo, que possui como característica marcante a afirmação da supremacia da CRFB/1988 por meio da interpretação de todo o ordenamento jurídico em conformidade com seu texto.[18]

---

16. O conflito entre uma presunção judicial e uma presunção legal absoluta, por óbvio, deverá ser solucionado com a prevalência da última, uma vez que tal espécie de presunção torna irrelevante prova em contrário.

17. Nesse sentido: "*Se o conflito se estabelece entre uma presunção legal relativa e uma presunção judicial, a solução do problema caminhará pela avaliação excludente de uma das duas presunções. Ou o juiz entenderá que a presunção judicial constitui prova contrária à determinação contida na presunção legal relativa, afastando essa, ou concluirá que a presunção judicial não é elemento forte o suficiente para afastar a presunção relativa.*" (MARINONI; ARENHART, 2015).

18. O fenômeno é muito bem descrito por Luís Roberto Barroso ao afirmar que: "*a Constituição passa a ser não apenas um sistema em si - com a sua ordem, unidade e harmonia - mas também um modo de olhar e interpretar todos os demais ramos do Direito. Este fenômeno, identificado por alguns autores como filtragem constitucional, consiste em que toda a ordem jurídica deve ser lida e apreendida sob a lente da Constituição, de modo a realizar os valores nela consagrados. Como antes já assinalado, a constitucionalização do direito infraconstitucional não tem como sua principal marca a inclusão na Lei Maior de normas próprias de outros domínios, mas, sobretudo, a reinterpretação de seus institutos*

Apesar do elogiável propósito que norteou a opção do legislador por introduzir tal preceito, não deixa de ser verdade, por outro lado, que a edição de regra nesse sentido na legislação infraconstitucional se demonstra como um todo desnecessária, tendo em vista que a supremacia da Constituição Federal não demanda reafirmação das normas hierarquicamente inferiores: independentemente da previsão contida no artigo 1º do CPC/2015, o sistema processual deverá sempre ser interpretado de forma harmônica com o texto constitucional. Prova disso é que tal característica do constitucionalismo contemporâneo – isto é, a interpretação de todo o ordenamento a partir da Constituição Federal – já era observada mesmo durante a vigência do CPC/1973, que não possuía um dispositivo análogo ao artigo 1º do CPC/2015.

Justamente por esse motivo, algumas modificações que o CPC/2015 trouxe para racionalizar e modernizar o sistema processual brasileiro já vinham sendo antecipadas pela doutrina e pela jurisprudência mesmo durante a vigência do diploma processual anterior. Ainda que o código anterior não oferecesse espontaneamente algumas respostas essenciais para a disciplina das relações processuais que se desenvolvem na sociedade atual, o constitucionalismo contemporâneo e o direito processual constitucional permitiram muitas vezes que soluções fossem buscadas diretamente nas normas e nos princípios inseridos na Constituição Federal.

De certa forma, pode-se dizer que tal fenômeno se manifestou no âmbito do processo que interessa ao presente estudo: as teorias do ônus da prova. O CPC/1973 consagrava, em seu artigo 333,[19] a regra de distribuição estática, fixa, ou rígida, do ônus da prova. Segundo tal regra, caberia sempre ao autor provar os fatos constitutivos de seu direito e ao réu apresentar prova de fato impeditivo, modificativo ou extintivo do direito do autor.[20] A sistemática estruturada no referido artigo somente

---

sob uma ótica constitucional. À luz de tais premissas, toda interpretação jurídica é também interpretação constitucional. Qualquer operação de realização do direito envolve a aplicação direta ou indireta da Lei Maior." (2009, p. 363).

19. A redação do artigo 333 do CPC/1973 é bastante similar àquela do seu correspondente no CPC/2015, artigo 373, com a diferença essencial de que, ao contrário do que ocorre no dispositivo atualmente vigente, o CPC/1973 não previu expressamente a possibilidade de o juiz atribuir o ônus da prova de modo diverso quando as circunstâncias concretas o exigissem.

20. Nesse sentido: *"O art. 333, CPC, distribui o ônus da prova de acordo com a natureza da alegação de fato a provar: ao autor cumpre provar a alegação que concerne ao fato constitutivo do direito por ele afirmado; ao réu, a alegação de fato impeditivo, modificativo ou extintivo do direito afirmado pelo autor. As partes têm o ônus de alegar e o ônus de provar*

admitia como exceção eventual negócio (o código utilizou o termo "convenção", mantido pelo CPC/2015) celebrado entre as partes para distribuir o ônus da prova de maneira diversa, e desde que isso não contrariasse as condições previstas nos dois incisos do parágrafo único.

Esse mecanismo de distribuição do ônus probatório é um reflexo do contexto dentro do qual foi editado o CPC/1973: naquela época, vigia a Constituição Federal de 1967, notadamente preocupada em demonstrar uma reação contra a escalada do Estado Social e que, por isso, adotava um modelo normativo em que preponderavam as regras e no qual se verificava uma nítida escassez de princípios reveladores de direitos e garantias fundamentais. A repercussão de tais características no processo[21] se dá com o reforço da liberdade das partes – e, consequentemente, dos princípios dispositivo e do debate[22] – ao mesmo tempo em que era restringida a possibilidade de intervenção do juiz.

Ocorre que a cosmovisão e os valores que imperavam quando da edição do CPC/1973 foram progressivamente modificados, sendo definitiva a ruptura a partir do advento da CRFB/1988. Nela, foi consagrada a opção pelo Estado Democrático de Direito, no qual é marcante

---

conforme nosso CPC. A atribuição do ônus da prova no direito brasileiro é realizada de maneira fixa pela nossa legislação." (MARINONI; MITIDIERO, 2013).

21. Os princípios do direito processual, como parte elementar do modelo jurídico de uma sociedade, mantêm estreita relação com o sistema político no qual se inserem. Nos sistemas liberais, que têm como pressupostos a liberdade individual e a autonomia da vontade, os princípios do dispositivo e do debate se inserem como garantias fundamentais que serão dadas ao indivíduo de que apenas ele será capaz de dispor sobre os próprios direitos. Por outro lado, percebe-se que os sistemas políticos em que o pressuposto é o intervencionismo – isto é, sistemas políticos mais autoritários ou sistemas políticos que demonstram mais preocupação com direitos sociais e igualdade material, em contraposição à igualdade formal, que exige apenas tratamento isonômico perante a lei – costumam dar maior capacidade de intervenção ao juiz e ao ministério público. Tais circunstâncias, contudo, não impedem a materialização de exceções e muito menos de sistemas mistos. Nesse sentido: *"Nada força o ordenamento a dar a todas essas questões, com inflexível postura, respostas de idêntica inspiração. Daí proclamar a generalidade dos estudiosos que não existe processo 'puramente' inquisitivo, nem processo 'puramente' dispositivo."* (BARBOSA MOREIRA, 2003, p. 58).

22. Como já explicado anteriormente, ao princípio dispositivo está ligada a exigência de que sejam as partes as responsáveis por decidir se o processo judicial será instaurado ou não, estando também sob seu poder o objeto sobre o qual tal processo irá versar. Ao princípio do debate está relacionada a exigência de que a perquirição das provas e dos fatos seja sempre incumbida à iniciativa das partes durante o contraditório, em oposição ao princípio da inquisição, que permite ao juiz realizar a investigação fática relativa ao litígio.

a preocupação em garantir aos cidadãos variados direitos individuais de liberdade e direitos sociais. Assim, ganham força garantias como a da igualdade formal e material, a do acesso à justiça e a do devido processo legal,[23] dentre outras que permitiram a reinterpretação do papel que deveria ser desempenhado pelo sistema processual, para que fosse ressaltado seu caráter de instrumento na importante tarefa de tutelar adequadamente o direito substancial.

A adaptação do CPC/1973 ao novo ordenamento jurídico passou essencialmente pelo direito processual constitucional como corolário do constitucionalismo contemporâneo. A interpretação do sistema processual à luz de valores e normas previstos na CRFB/1988 permitiu à doutrina e à jurisprudência a superação de situações de patente injustiça que muitas vezes eram geradas a partir da aplicação irrefletida das disposições do código. Foi o que ocorreu com a regra do já mencionado artigo 333, que foi reinterpretada à luz do texto da CRFB/1988.

De fato, o dia a dia forense permitiu a constatação de que, em determinadas ocasiões, a aplicação da referida regra acabava gerando ônus excessivamente gravoso à parte, quando não insuperável (RODRIGUES, 2013a, pp. 551-555). Em resposta, a doutrina e a jurisprudência, especialmente com base no princípio da isonomia (igualdade formal e material), construíram a fórmula para correção das injustiças muitas vezes geradas pela distribuição estática do ônus da prova. Se a igualdade[24] consagrada no *caput* do artigo 5º da CRFB/1988 se dirige não apenas ao aplicador do direito, mas também ao legislador, de modo a impedir que a lei se torne fonte de privilégios injustificados,[25] como admitir que a regra

---

23. Humberto Ávila demonstra a importância do Estado Democrático de Direito e do devido processo legal, ao explicar a razão pela qual as normas não podem ser interpretadas dissociadas da realidade a ponto de subverter os procedimentos utilizados: "*A interpretação das normas exige o confronto com parâmetros externos a elas. Daí falar-se em dever de congruência e de fundamentação na natureza das coisas (Natur der Sache). Os princípios constitucionais do Estado de Direito (art. 1º) e do devido processo legal (art. 5º, LIV) impedem a utilização de razões arbitrárias e a subversão dos procedimentos institucionais utilizados. Desvincular-se da realidade é violar os princípios do Estado de Direito e do devido processo legal*" (2006, p. 738).

24. Vale ressaltar que o próprio CPC/1973 garantia às partes igualdade de tratamento, em seu artigo 125, inciso I.

25. Celso Antônio Bandeira de Mello explica, com sua característica clarividência, a amplitude do princípio consagrado no *caput* do artigo 5º da Constituição Federal: "*Rezam as constituições – e a brasileira estabelece no art. 5º,* caput *– que todos são iguais perante a lei. Entende-se, em concorde unanimidade, que o alcance do princípio não se restringe a nivelar os cidadãos diante da norma legal posta, mas que a própria lei não pode ser editada*

de distribuição do ônus probatório colocasse sobre a parte dificuldade tamanha que chegaria ao ponto de inviabilizar a defesa de seu direito?

Foi esse o racional que viabilizou a aplicação pelos tribunais pátrios da teoria da distribuição dinâmica do ônus da prova,[26] mesmo sem que houvesse previsão expressa da mesma no CPC/1973.

Não se ignora que o Código de Defesa do Consumidor – "CDC" admitiu, no artigo 6º, inciso VIII, a possibilidade de inversão do ônus da prova para beneficiar o consumidor[27] (o que, aliás, serve para demonstrar que o legislador – assim como a doutrina e a jurisprudência – já havia percebido que a regra de distribuição do ônus da prova nem sempre alcançava satisfatoriamente os fins eleitos pela Constituição Federal). No entanto, o que se pretende destacar aqui é a aplicação da teoria da distribuição dinâmica nos casos que não envolviam relação consumerista e que, a toda evidência, não estavam sob o alcance das regras do CDC, como, por exemplo, determinou o STJ, ao julgar o REsp 1.286.704/SP.[28]

---

em desconformidade com a isonomia. O preceito magno da igualdade, como já tem sido assinalado, é norma voltada quer para o aplicador da lei quer para o próprio legislador. Deveras, não só perante a norma posta se nivelam os indivíduos, mas, a própria edição dela sujeita-se ao dever de dispensar tratamento equânime às pessoas. [...] A Lei não deve ser fonte de privilégios ou perseguições, mas instrumento regulador da vida social que necessita tratar equitativamente todos os cidadãos. Este é o conteúdo político-ideológico absorvido pelo princípio da isonomia e juridicizado pelos textos constitucionais em geral, ou de todo modo assimilado pelos sistemas normativos vigentes" (2014, pp. 09-10).

26. Como bem reconhecido pela doutrina, o racional que embasou a teoria é antigo e foi reciclado pela doutrina argentina, tendo como grande difusor Jorge W. Peyrano: "*Segundo a teoria da distribuição dinâmica do ônus da prova, o ônus da prova deve ficar a cargo da parte que se encontra em melhores condições de provar o fato. Embora incorretamente atribuída à moderna doutrina argentina de Peyrano, essa teoria é bastante antiga e foi idealizada em 1823 por Jeremy Bentham: 'O ônus de provar, em cada caso individual, deve ser imposto à parte que pode dele desincumbir-se com menos inconveniente, vale dizer, em menor prazo, com menos dificuldade e com custo menor' (Bentham. Traité, v. 2, L. VII, Cap. XVI, p. 163). Cento e sessenta anos depois de Bentham, falou-se na Argentina, em 1981, em carga dinâmica da prova como mecanismo de flexibilizar a rigidez da distribuição legal do ônus da prova e a consequente dificuldade de aplicação da distribuição normal em certos casos, notadamente de erro médico*". (NERY JÚNIOR; NERY, 2013).

27. Além do artigo 6º, VIII, também o artigo 38 trouxe regra de modificação da distribuição do ônus da prova. No entanto, a doutrina afirma, "*em última análise, que a previsão do artigo 38 não é tecnicamente uma inversão do ônus da prova, mas sim uma redistribuição desse encargo para uma específica pretensão decorrente da relação de direito material*". (RODRIGUES, 2013, p. 551).

28. "*[...] PROVA. ÔNUS. DISTRIBUIÇÃO. LITIGÂNCIA DE MÁ FÉ. COBRANÇA DE DÍVIDA JÁ PAGA. LIMITES DE INCIDÊNCIA. DISPOSITIVOS LEGAIS ANALISADOS: ARTS. 17, 18, 125, I, 282, 286, 333, I E II, 339, 355, 358, 359, 460 E 512 DO CPC; E 1.531 DO CC/16 (940 DO CC/02).*

Tal julgado corrobora tudo o que até aqui foi dito a respeito da interpretação das regras de distribuição do ônus da prova à luz do sistema processual e do texto constitucional. É importante fixar essa premissa de imediato, tendo em vista que, em matéria tributária, a experiência forense demonstra que ela vem sendo em larga medida desrespeitada. Trata-se de ponto central para o presente estudo, ao qual será dedicado abundante espaço mais à frente.

2.4. FLEXIBILIZAÇÃO DO ÔNUS DA PROVA E TUTELA DO DIREITO MATERIAL

O cenário retratado acima culminou com o acolhimento da teoria da distribuição dinâmica do ônus da prova pelo CPC/2015. Não se esperava desfecho diverso, considerando que, como visto, a interpretação da lei processual à luz da Constituição Federal já levava inevitavelmente à estruturação de um sistema menos rígido de distribuição do ônus da prova, e que a doutrina, a jurisprudência e até mesmo o legislador ordinário já haviam demonstrado o reconhecimento de tal fato.

Aliás, o espírito que levou o CPC/2015 a flexibilizar as regras de distribuição do ônus da prova esteve presente ao longo de todo o código, de modo que foi formado um sistema processual integralmente voltado para a tutela efetiva do direito material e empenhado em alcançar os fins e valores definidos pela Constituição. A interpretação da norma processual, dentro desse contexto, tem de levar em consideração que o processo civil deve ser compreendido como um veículo para a realização de determinados fins. Eventuais inconsistências que venham a ser identificadas no meio devem sempre ser supridas mantendo em vista o fim almejado.

Torna-se extremamente saudável, nessa perspectiva, que a legislação preveja *a priori* mecanismos que permitam que as regras gerais definidas sejam flexibilizadas quando as circunstâncias assim o demandarem.

[...] 6. Nos termos do art. 333, II, do CPC, recai sobre o réu o ônus da prova da existência de fato impeditivo, modificativo ou extintivo do direito do autor. 7. Embora não tenha sido expressamente contemplada no CPC, uma interpretação sistemática da nossa legislação processual, inclusive em bases constitucionais, confere ampla legitimidade à aplicação da teoria da distribuição dinâmica do ônus da prova, segundo a qual esse ônus recai sobre quem tiver melhores condições de produzir a prova, conforme as circunstâncias fáticas de cada caso. [...]" (REsp 1.286.704/SP, Rel. Ministra Nancy Andrighi, Terceira Turma, julgado em 22/10/2013, DJe 28/10/2013).

Como o legislador jamais poderá prever no plano abstrato da lei todas as complexidades que podem vir a se materializar no plano dos fatos, é importante conferir certa discricionariedade ao juiz para melhor conformar a norma ao caso concreto, de modo que sempre haja alternativa que não a consumação de injustiças ou privilégios ilegítimos.

Dessa forma, se por um lado é necessário definir regras de distribuição do ônus da prova entre as partes para que o processo possa se desenvolver,[29] por outro tais regras não podem assumir um aspecto de dogma, a ponto de adquirir uma rigidez absoluta e, em determinadas circunstâncias, acabar por tornar o processo um obstáculo intransponível para a tutela do direito substancial.

A esse ponto, é cabível retornar brevemente às já tratadas perspectivas objetiva e subjetiva do ônus da prova,[30] para melhor ilustrar a importância das mencionadas regras de distribuição. O ônus subjetivo, ou formal, tem suas raízes no princípio dispositivo e se relaciona com a atuação de cada parte no sentido de comprovar os fatos que alegou no decorrer do

---

29. A necessidade das regras de distribuição do ônus da prova é amplamente reconhecida pela doutrina processualista brasileira e estrangeira: "*Quando uma questão de fato se apresenta como irredutivelmente incerta no processo, em tese poder-se-ia abrir para o juiz o seguinte leque de alternativas: a) ou ele* prescinde *de resolver aquela questão de fato, b) ou* insiste *em resolvê-la. A primeira opção importaria em deixar o juiz de decidir a causa, pronunciando o* non liquet *(que não e admissível no direito moderno), ou em decidi-la de maneira tal que não exigisse a resolução daquela questão de fato (de que seriam exemplos o julgamento por sorteio e o julgamento salomônico). A segunda opção implica: a) o adiamento do problema, através da prolação de uma decisão provisória (no estado do processo); b) ou o uso de um meio mecânico de prova, necessariamente decisório (como o duelo ou o juramento); c) ou, enfim, o emprego das regras da distribuição do ônus da prova. Das varias possibilidades ora indicadas, a que merece a melhor acolhida é a última, que, além de ensejar a resolução da causa nas hipóteses de questão de fato irredutivelmente incerta, informa-se por um critério racional e de equidade que a legitima.*" (CINTRA; GRINOVER; DINAMARCO, 2009, p. 375). No mesmo sentido, veja-se: Dinamarco (2010, pp. 781-783) e Carnelutti (2006, pp. 484-485 e 502-503).

30. Alfredo Buzaid distingue as duas figuras com engenho e clareza: "*bem se vê que o problema do ônus da prova tem duas faces: uma voltada para os litigantes, indagando-se qual delas há de suportar o risco da prova frustrada; é o aspecto subjetivo; e outra, voltada para o magistrado, a quem deve dar uma regra de julgamento. É o aspecto objetivo. O primeiro opera geralmente na ordem privada; o segundo, porém, é princípio de direito público, intimamente vinculado à função jurisdicional. O primeiro constitui uma sanção à inércia, ou à atividade infrutuosa da parte; o segundo, ao contrário, é u m imperativo da ordem jurídica, que não permite que o juiz se abstenha de julgar, a pretexto de serem incertos os fatos, porque não provados cumpridamente.*" (1962, p. 130). No mesmo sentido, v. Elio Fazzalari (2001, p. 388).

litígio, sob pena de sofrer as consequências de seu insucesso.[31] Já o ônus objetivo, ou material, torna-se necessário a partir do momento em que nosso ordenamento processual adota a vedação ao *non liquet*.[32] Trata-se de regra de julgamento voltada para o juiz, que busca deixar definido de antemão como deverá ser solucionado o litígio permeado pelo problema do fato incerto (BARBOSA MOREIRA, 1977, p. 61; TESAURO, 1986b, p. 78; SALDANHA SANCHES, 1987, pp. 106-107), isto é, nas ocasiões em que a atividade probatória resultar insuficiente para o esclarecimento do contexto fático controvertido.[33]

Verifica-se que, no CPC/2015, tais necessidades – de definição *a priori* das perspectivas subjetiva e objetiva do ônus da prova – foram supridas, como regra geral, nos dois incisos do *caput* do artigo 373. No entanto, o legislador não olvidou do contexto aqui retratado e inseriu, no § 1º do artigo 373, a hipótese de flexibilização do ônus da prova, permitindo ao juiz a atribuição do ônus de forma diversa daquela prevista na regra geral, nos casos cujas peculiaridades assim o recomendarem e desde que, conforme estabelecido pelo § 2º do artigo 373, isso não gere "*situação em que a desincumbência do encargo pela parte seja impossível ou excessivamente difícil*".

Nessa perspectiva, transparece perceptível amadurecimento da mecânica de distribuição do ônus da prova, na medida em que, ao mesmo

31. Nesse sentido: "*Chama-se de ônus da prova subjetivo (subjektive Beweislast), ou de ônus da prova formal – ou, mais propriamente, 'ônus de apresentação da prova' (Beweisführungslast) –, a necessidade de o litigante produzir prova, a fim de lograr êxito. Falhando o litigante na demonstração da veracidade da alegação de fato, suportará as consequências da atividade probatória infrutífera. A regra do ônus da prova preenche o horizonte da atividade processual da parte com a latente ameaça de produzir prova hábil ou sucumbir na demanda.*" (ASSIS, 2015).

32. O brocardo pode ser traduzido como "não está claro" e se relaciona à possibilidade de o juiz se abster de proferir seu julgamento em decorrência da falta de uma resposta claramente correta para solucionar a controvérsia. O CPC/1973 vedava essa possibilidade no artigo 126, ao passo que o CPC/2015 o faz no *caput* do artigo 140: "*O juiz não se exime de decidir sob a alegação de lacuna ou obscuridade do ordenamento jurídico.*"

33. Recorre-se novamente às didáticas palavras de Araken de Assis: "*Ora, a atividade probatória, apesar dos esforços das partes, convergentes ou não, quiçá da respectiva inércia e desídia, talvez não resulte frutífera. Então, surge outro problema, cuja ênfase galgou expressivo relevo na doutrina contemporânea, que é o conteúdo do julgamento nessa conjuntura. [...] circunstância indicada importa a necessidade de distribuir riscos, fixando um critério para indicar, 'conforme o caso, qual dos litigantes terá de suportá-los, arcando com as consequências desfavoráveis de não se haver provado que lhe aproveitava'. A essa diretriz se designa de ônus da prova objetivo (objektive Beweislast) – mais impropriamente 'ônus da certeza' (Feststellungslast) –, sem dúvida regra de julgamento para o juiz.*" (2015).

tempo em que foi suprida a necessidade de definir uma regra de julgamento, foi contemplada a importância de que tal regra possa ser flexibilizada quando as circunstâncias do caso concreto, por fugirem à normalidade, tragam consigo essa exigência, de modo a evitar que o processo deixe de ser veículo para se tornar obstáculo da tutela do direito material.

Importante que seja dado o devido realce à necessidade de que se observe, no caso concreto, uma fuga da normalidade. A regra geral, que deve ser aplicada na maioria das hipóteses, está no *caput*. O § 1º do artigo 373 não deve ser evocado desmedidamente, sob pena de transformar a regra em exceção e a exceção em regra.[34] Para fazê-lo, o juiz deverá fundamentar sua decisão, superando o ônus argumentativo correspondente, de maneira a justificar a quebra da regra geral do *caput*.

Até porque, como já visto, onerar uma das partes com a produção de prova sobre determinado fato equivale, indiretamente, a julgar em seu desfavor na hipótese de não cessarem as dúvidas ao final da atividade instrutória. A relevância de tal poder-dever do juízo jamais se compatibilizaria com seu exercício arbitrário e distanciado dos parâmetros e requisitos definidos pela lei. Justamente por isso, o § 1º do artigo 373 deixa clara a necessidade de respeito ao contraditório, dando "*à parte a oportunidade de se desincumbir do ônus que lhe foi atribuído*".

Dessa maneira, a intervenção do juiz para inverter a regra geral de distribuição do ônus da prova apenas estará legitimada quando estiverem preenchidos os parâmetros e requisitos estipulados nos §§ 1º e 2º do artigo 373. Considera-se, assim, que devem estar presentes circunstâncias suficientes para tornar inviável ou excessivamente gravosa a desincumbência, pelo autor ou pelo réu, do ônus que lhe seria atribuído na forma dos dois incisos do *caput* (conforme § 1º do artigo 373), sendo que disso não pode resultar uma situação em que a desincumbência do ônus, pela parte adversa, seja impossível ou excessivamente difícil (conforme § 2º do artigo 373).

---

34. Cabe ressaltar que Jorge W. Peyrano, o grande difusor da teoria da distribuição dinâmica do ônus da prova, deixa claro o caráter subsidiário que deve ser atribuído à dinamização: "*Si bien existen reglas corrientes del reparto del esfuerzo probatorio, excepcionalmente se registran justificados apartamientos de ellas. El apartamiento que más difusión ha alcanzado es, sin duda, la doctrina de las cargas probatorias dinámicas o de la mayor facilidad probatoria. Como fundamento de ella destaca la aplicación de una de las reglas de la sana crítica que manda que 'lo diferente en materia probatoria se debe valorar distinto'.*" (2013, pp. 973-974).

Da mesma maneira, a análise acerca da eventual presença das circunstâncias excepcionais necessárias para inversão do ônus da prova deverá ser realizada em momento oportuno pelo magistrado,[35] sendo certo que tal juízo deverá ser submetido ao contraditório,[36] com todos os meios que lhe são inerentes, o que inclui a eventual interposição de agravo de instrumento, conforme previsto pelo CPC/2015 (artigo 1.015, inciso XI).

Para finalizar e antes de seguir adiante com o presente estudo, cabe lembrar que o CPC/2015 atribuiu às partes uma série de deveres que atuam paralelamente com a possibilidade de inversão do ônus da prova conferida ao juiz. São eles os deveres de cooperação em prol da decisão de mérito justa e efetiva (artigo 6º), de colaboração com o Poder Judiciário para o descobrimento da verdade (artigo 378) e de expor os fatos em juízo conforme a verdade (artigo 77, inciso I). Todas essas previsões se complementam e se potencializam, sendo certo que demonstram a maturidade do sistema processual, que optou por dividir entre todos os atores do processo a responsabilidade na busca por uma tutela mais efetiva dos direitos substanciais.

Apesar de, como visto anteriormente, essa postura estar intimamente relacionada com o fenômeno do direito processual constitucional, a importância do CPC/2015 está não apenas em reforçá-la – chamando a atenção dos intérpretes do direito –, como em ir além para instituir a disciplina suficientemente detalhada para nortear a prática. Tal disciplina – assim como a consideração do cenário que a circunda, devidamente descrito neste capítulo – será fundamental para a análise crítica que se pretende empreender mais adiante, pois oferecerá caminhos para a solução dos problemas já vistos até aqui, bem como daqueles que serão encontrados no próximo capítulo, quando se pretende examinar o estado atual da distribuição do ônus da prova no processo judicial tributário.

35. A distribuição do ônus da prova deverá ser realizada na decisão de saneamento e de organização do processo, conforme estabelece o artigo 357, inciso III, do CPC/2015.

36. O próprio § 1º do artigo 373 afirma que deverá ser dada à parte a oportunidade de se desincumbir do ônus que lhe foi atribuído. A mesma linha de ação seria recomendada caso aplicada a regra geral do contraditório, positivada no artigo 10.

Capítulo 3

O ESTADO ATUAL DA DISTRIBUIÇÃO DO ÔNUS DA PROVA NO PROCESSO JUDICIAL TRIBUTÁRIO

O presente capítulo possui como propósito apresentar um panorama do tratamento que vem sendo dado à distribuição do ônus da prova no processo judicial tributário pelos tribunais pátrios. Trata-se de tarefa que, evidentemente, deve ser enfrentada preliminarmente à análise crítica que será conduzida no próximo capítulo, vez que estabelecerá as bases sobre as quais tal análise deverá se desenvolver. Antes de avançar em tal escopo, todavia, será necessário percorrer de forma rápida os principais dispositivos legais a influenciar a matéria, os quais já foram citados apenas isoladamente ao longo deste estudo, tendo em vista ser importante compreender melhor a forma como estes interagem conjuntamente.

É de se observar, desde já, que o propósito do presente trabalho não é apresentar um estudo analítico e estatístico completo de como se comporta cada órgão do Poder Judiciário brasileiro em relação à distribuição do ônus da prova em matéria tributária. Também não faz parte do escopo apresentar um exame detalhado sobre todas as controvérsias e argumentos atinentes a cada um dos julgados que serão aqui mencionados, até porque possivelmente cada uma dessas análises demandaria um estudo próprio.

O objetivo deste capítulo é somente o de conferir maior concretude ao presente trabalho ilustrando-o com alguns casos em que a distribuição do ônus da prova se apresenta de forma problemática, casos estes nos quais as soluções atualmente disponíveis vêm se mostrando insuficientes para viabilizar a satisfação dos princípios elementares de um processo justo. No capítulo subsequente, por outro lado, haverá espaço para debater mais profundamente as alternativas disponíveis e seu respaldo normativo, fornecendo diretrizes que poderiam ser utilizadas para solucionar os casos que serão expostos neste momento.

3.1. ARCABOUÇO NORMATIVO

Como antecipado, os dispositivos que serão tratados neste tópico já foram mencionados em momentos anteriores do presente estudo, motivo pelo qual o foco agora deverá posicionar-se mais sobre a interação que mantém entre si e coletivamente, que sobre sua interpretação individual.

Deve-se iniciar este exame pelo principal dispositivo no sentido de diferenciar o processo judicial tributário do processo civil comum em matéria de distribuição do ônus da prova. Trata-se do artigo 204 do CTN[1] que atribui à CDA efeito de prova pré-constituída e presunção de liquidez e certeza à respectiva dívida, desde que inscrita regularmente. Além disso, em seu parágrafo único, o referido artigo esclarece que a presunção de que trata é meramente relativa, podendo ser afastada por prova a ser produzida pelo sujeito passivo ou pelo terceiro a que aproveite.

A redação adotada pelo artigo 3º da LEF[2] é bem semelhante à do artigo 204 do CTN. Excluindo as alterações não materiais, nos resta observar que o *caput* do artigo 3º da LEF, ao contrário do *caput* do artigo 204 do CTN, não atribui efeito de prova pré-constituída à CDA, limitando-se a afirmar a presunção de certeza e liquidez que a acompanha. Apesar de o dispositivo da LEF também possuir um parágrafo único, ele praticamente reproduz aquele do artigo 204 do CTN.

Em matéria de distribuição do ônus da prova, nota-se a interação de ambos os dispositivos mencionados acima principalmente com o artigo 373 do CPC/2015[3] e seu *caput*, que estabelece as regras gerais de distribuição do ônus da prova entre autor e réu, a exemplo do que

---

1. *"Art. 204. A dívida regularmente inscrita goza da presunção de certeza e liquidez e tem o efeito de prova pré-constituída.*

   Parágrafo único. A presunção a que se refere este artigo é relativa e pode ser ilidida por prova inequívoca, a cargo do sujeito passivo ou do terceiro a que aproveite."

2. *"Art. 3º - A Dívida Ativa regularmente inscrita goza da presunção de certeza e liquidez.*

   Parágrafo Único - A presunção a que se refere este artigo é relativa e pode ser ilidida por prova inequívoca, a cargo do executado ou de terceiro, a quem aproveite."

3. *"Art. 373. O ônus da prova incumbe:*

   I - ao autor, quanto ao fato constitutivo de seu direito;

   II - ao réu, quanto à existência de fato impeditivo, modificativo ou extintivo do direito do autor.

   § 1º Nos casos previstos em lei ou diante de peculiaridades da causa relacionadas à impossibilidade ou à excessiva dificuldade de cumprir o encargo nos termos do caput ou à maior facilidade de obtenção da prova do fato contrário, poderá o juiz atribuir o ônus da prova de modo diverso, desde que o faça por decisão fundamentada, caso em que deverá dar à parte a oportunidade de se desincumbir do ônus que lhe foi atribuído.

fazia o *caput* do artigo 333 do CPC/1973.[4] Apesar de haver discussão na doutrina a respeito do enquadramento dos efeitos que as presunções exercem sobre a distribuição do ônus da prova, fato é que a existência de tais efeitos em si é incontroversa.

Sendo assim, surge a dúvida a respeito de eventual antinomia que poderia ser configurada entre os artigos 204 do CTN e 3º da LEF, de um lado, e o artigo 373, *caput* e incisos, do CPC/2015, de outro. Qualquer análise destinada a solucionar tal questão, todavia, deve ser precedida de um exame a respeito da natureza de cada uma das normas envolvidas, tendo em vista a necessidade de se esclarecer como se daria a interação entre as disposições contidas em lei complementar (CTN) e leis ordinárias (LEF e CPC/2015).

Antes de dar continuidade a tal intento, cabe fazer menção também aos artigos 370[5] e 371[6] do CPC/2015. O primeiro atribui ao juiz o poder de determinar as provas necessárias para o julgamento do mérito da demanda, enquanto o segundo garante sua prerrogativa de apreciar as provas constantes dos autos e formar seu convencimento a partir delas, devendo demonstrar fundamentadamente os fatores que o levaram a proclamar determinada solução para a lide. Dentro desses fatores, pode ser incluída também eventual recusa da parte em produzir determinada prova que o juízo considere necessária para o deslinde da controvérsia fática, tendo em vista que o artigo 6º do CPC/2015[7] imputou às partes o dever de cooperação, enquanto o artigo 378 do diploma processual

---

§ 2º A decisão prevista no § 1o deste artigo não pode gerar situação em que a desincumbência do encargo pela parte seja impossível ou excessivamente difícil.

§ 3º A distribuição diversa do ônus da prova também pode ocorrer por convenção das partes, salvo quando:

I - recair sobre direito indisponível da parte;

II - tornar excessivamente difícil a uma parte o exercício do direito.

§ 4º A convenção de que trata o § 3o pode ser celebrada antes ou durante o processo."

4. Não custa destacar que o artigo 1º da LEF prevê expressamente a aplicação subsidiária do CPC.

5. *"Art. 370. Caberá ao juiz, de ofício ou a requerimento da parte, determinar as provas necessárias ao julgamento do mérito.*

   Parágrafo único. O juiz indeferirá, em decisão fundamentada, as diligências inúteis ou meramente protelatórias."

6. *"Art. 371. O juiz apreciará a prova constante dos autos, independentemente do sujeito que a tiver promovido, e indicará na decisão as razões da formação de seu convencimento."*

7. *"Art. 6º Todos os sujeitos do processo devem cooperar entre si para que se obtenha, em tempo razoável, decisão de mérito justa e efetiva."*

vigente[8] introduziu a responsabilidade de colaborar para o descobrimento da verdade.

3.1.1. Conflito eventual entre o Código Tributário Nacional, a Lei de Execuções Fiscais e o Código de Processo Civil de 2015

Uma vez identificados os principais dispositivos legais pertinentes ao tema sob estudo, cabe prosseguir com o aprofundamento a respeito da interação que se estabelece entre os mesmos. Para tanto, deve ser realizado um exame acerca de possíveis antinomias que possam surgir, bem como dos critérios disponíveis para resolvê-las. Assim, faz-se necessário, de início, analisar a natureza dos diplomas legais nos quais estão veiculadas as normas aludidas no tópico anterior.

Já há um bom tempo desde que o STF alinhou seu entendimento a respeito da possibilidade de configuração de conflito entre lei complementar e lei ordinária[9] – embora se admita que até hoje o tema não é tratado de forma pacífica pela doutrina (FOLLONI, 2014, pp. 242-244). Como se sabe, a Suprema Corte posicionou-se de forma a proclamar a ausência de hierarquia entre as duas espécies de lei, sob o argumento de que para cada um dos casos teria ocorrido a delimitação de um campo específico de atuação pela CRFB/1988.

No presente momento, não se mostra oportuno adentrar em tal discussão, ou desenvolver qualquer análise a respeito do posicionamento do STF. Para este estudo, interessa apenas adotar a posição firmada pela Suprema Corte como premissa e observar as consequências que decorreriam para o tema em tela.

Nesse passo, surgem basicamente dois tipos de cenários, que serão destrinchados a seguir. No primeiro, considerar-se-ia que cada um dos dispositivos estaria respeitando a natureza da norma requerida pela

8. *"Art. 378. Ninguém se exime do dever de colaborar com o Poder Judiciário para o descobrimento da verdade."*

9. Nesse sentido, veja-se, dentre outros: ADC 1/DF, Rel. Ministro Moreira Alves, Tribunal Pleno, julgado em 01/12/1993, DJ 16/06/1995; AR 1.264/RJ, Rel. Ministro Néri da Silveira, Tribunal Pleno, julgado em 10/04/2002, DJ 31/05/2002; ADI 2.711/ES, Rel. Ministro Maurício Corrêa, Tribunal Pleno, julgado em 04/03/2004, DJ 16/04/2004; RE 377.457/PR, Rel. Ministro Gilmar Mendes, Tribunal Pleno, julgado em 17/09/2008, DJe 19/12/2008; RE 562276, Rel. Ministra Ellen Gracie, Tribunal Pleno, julgado em 03/11/2010, DJe 10/02/2011.

CRFB/1988 (materialmente complementar ou ordinária), de modo que todos seriam aplicáveis no âmbito tributário, sendo necessário apenas estudar sua interação por meio dos critérios da cronologia e da especialidade.

Já o segundo tipo de cenário dependeria da constatação de que algum dos aludidos dispositivos não teria observado adequadamente o meio normativo estabelecido pela CRFB/1988. Isso afastaria a aplicação imediata dos critérios de solução de antinomia, visto que, antes de observar a interação existente entre tais dispositivos, seria necessário verificar qual a via adequada, à luz da CRFB/1988, para tratar de cada uma das respectivas matérias, de modo a traçar os limites do âmbito da atuação de cada um deles.

Pois bem, partindo desse princípio, torna-se necessário, de início, observar cada uma das normas potencialmente conflitantes e identificar o caráter formal da respectiva lei. Nessa esteira, não se visualiza qualquer discussão relevante acerca da norma do artigo 373 do CPC/2015, eis que incontroversa a natureza ordinária da Lei nº 13.105/2015, o que é reforçado pelo artigo 22, inciso I, da CRFB/1988. Por outro lado, apesar da estreita semelhança das redações do artigo 204 do CTN e do artigo 3º da LEF, os respectivos diplomas normativos costumam receber qualificação diversa (FERREIRA, 2014, pp. 50-51; DELGADO, 1981, pp. 203-204). Nesse sentido, o CTN normalmente é tratado como a lei complementar que define regras gerais de direito tributário, enquanto a LEF é tida como a lei responsável por regular o processo de execução fiscal (novamente, artigo 22, inciso I, da CRFB/1988).[10]

Disso se extrai, em primeiro lugar, que não seria plausível qualquer empecilho à aplicação do artigo 204 do CTN, tendo em vista que o diploma normativo possui natureza de lei complementar e, caso não fosse esta a via adequada, não haveria afastamento do aludido dispositivo, mas sim sua aplicação e seu tratamento como lei materialmente ordinária.[11] Por outro lado, como o caminho inverso não é aceitável, em caso de desrespeito à via normativa estabelecida pela CRFB/1988, se tornaria inviável a aplicação do artigo 373 do CPC/2015 e do artigo 3º da LEF no âmbito tributário (FERREIRA, 2014, pp. 50-52). Tal hipótese poderia se configurar caso se entenda, por exemplo, que os referidos dispositivos

10. Nesse sentido v. RE 560.626/RS, rel. Ministro Gilmar Mendes, Tribunal Pleno, julgado em 12/06/2008, DJe 05/12/2008.

11. É o que se extrai dos precedentes do STF referidos logo acima, quando é abordada a (im)possibilidade de conflito entre lei complementar e lei ordinária.

tratam de matéria reservada a lei complementar pelo artigo 146, inciso III, da CRFB/1988.

Nesse passo, passa a ser conveniente investigar se as aludidas normas versam sobre direito processual ou direito substancial. Isso porque, na primeira hipótese, poder-se-ia afirmar tratar-se de matéria abarcada pelo artigo 22, inciso I, da CRFB/1988 e se afastaria qualquer necessidade de dar à respectiva lei caráter materialmente complementar. Tal saída, contudo, se mostra inoportuna, tendo em vista a inexistência de consenso a respeito da matéria. Pior ainda, costuma sobressair o entendimento de que as presunções legais e as regras de distribuição do ônus da prova devem ser consideradas normas de direito material (TESAURO, 1986a, p. 190; SALDANHA SANCHES, 1987, p. 117).

Observe-se, contudo, que, ainda que se aceite seu caráter de normas de direito substancial, não necessariamente tais matérias estariam abarcadas pelo artigo 146, inciso III, da CRFB/1988. Na realidade, uma interpretação nesse sentido inviabilizaria a aplicação, no âmbito tributário, das normas de ônus da prova previstas no CPC e de qualquer norma de presunção prevista em lei ordinária, o que, conforme será visto mais adiante (quando da análise dos julgados pertinentes ao tema), é completamente incompatível com o entendimento adotado pelos tribunais pátrios. Descarta-se tal hipótese, portanto, visto que tenderia ao absurdo e daria origem a contradições internas em nosso ordenamento.

Analisados os cenários possíveis, mostra-se oportuno retomar alguns conceitos abordados no capítulo anterior, que poderão elucidar ainda mais o problema. Trata-se especificamente da distinção delineada entre fontes de prova e meios de prova. Relembre-se que as fontes de prova representam os suportes ou elementos de onde se obtém a informação interessante ao juízo, enquanto os meios de prova correspondem ao instrumento, ao método que será utilizado pelo juiz para acessar tal informação. Conforme também já observado, essa distinção é útil para demarcar os limites da atividade do juízo, que tem liberdade em relação aos meios, mas depende das partes em relação às fontes de prova.

Da mesma forma, a doutrina costuma afirmar que a definição precisa de ambos os conceitos permite divisar a fronteira existente entre direito material e direito processual. Nesse sentido, a lei material poderá tratar das fontes de prova, ao passo que os meios de prova, isto é, "*os mecanismos destinados a acessar as fontes e trazer as informações ao processo, serão disciplinados por leis processuais*" (AMARAL, 2017). Tal entendimento alinha-se com o argumento majoritariamente adotado pela doutrina para justificar o caráter de direito material das presunções e das normas de distribuição do ônus da prova. Com efeito, parte-se do princípio de que, no processo, o juiz deve ter preservada sua liberdade para resolver as questões de fato, de modo que qualquer intervenção do legislador para estabelecer comandos em tema de prova retiraria a matéria do âmbito da instrução. Em outras palavras, sempre que há um comando probatório, move-se do plano da apuração do fato para o da aplicação do direito ao fato (TESAURO, 1986a, pp. 190-191).

Essa observação mostra-se de extrema importância para o presente estudo (e será particularmente útil no capítulo subsequente), uma vez que permite afirmar que, sem embargo do tratamento que seja dado às presunções e às regras de ônus da prova, o espaço conferido ao juízo para instrução do processo (artigos 370 e 371 do CPC/2015) e a liberdade para formação de seu convencimento restarão preservados.

Em suma, importa-nos fixar duas premissas a partir das considerações tecidas acima. A primeira diz respeito ao fato de que eventual conflito entre os artigos 204 do CTN e 3º da LEF, de um lado, e o artigo 373 do CPC/2015, de outro, será resolvido pelos critérios da especialidade e da cronologia, eis que afastada qualquer desinteligência acerca da adequação da natureza dos respectivos diplomas normativos ao texto constitucional.[12] A segunda premissa, por sua vez, guarda relação com a preservação da liberdade do juízo para instrução do processo e para formação de seu convencimento mesmo que se aceite como correto o entendimento segundo o qual as presunções e as normas de distribuição do ônus da prova possuem natureza de direito material.

3.2. COMO A MATÉRIA É TRATADA NOS TRIBUNAIS

Finalizada a análise dos principais dispositivos atinentes ao tema, faz-se necessário prosseguir com a análise do tratamento dado na prática pelos tribunais à distribuição do ônus da prova no processo judicial tributário. Considerando que, como já esclarecido anteriormente, não se pretende fazer um estudo estatístico que reflita precisamente a postura de cada unidade do Poder Judiciário a respeito do tema, torna-se

12. Esse entendimento é reforçado a partir da constatação de que a consideração da norma que atribui presunção de certeza e liquidez à CDA como uma garantia do crédito tributário (artigo 146, inciso III, alínea "b", da CRFB/1988) levaria à absurda conclusão de que toda a LEF deve ser tida por lei complementar, o que, como já visto acima, é inviável principalmente por afrontar o artigo 22, inciso I, da CRFB/1988.

necessário fazer um recorte metodológico apropriado para os propósitos do presente estudo.

Nesse sentido, tendo em vista tratar-se da instância máxima judiciária a opinar em matéria processual, o primeiro tópico será destinado a tratar exclusivamente de julgados emanados do STJ sobre o tema. Serão selecionados somente os julgados oriundos da primeira seção – por ser a única que trata de direito público – e das duas turmas que a compõem (Primeira e Segunda Turma do STJ). Além disso, de modo a se obter como resultado uma visão mais atual do problema, serão selecionados apenas casos julgados a partir do ano de 2014.

Ressalte-se que de forma alguma se pretende trazer ao presente estudo todos os julgados oriundos de tal período: como já afirmado, não há aqui o objetivo de desenhar perfeitamente o panorama atual do STJ sobre o tema, mas apenas de esclarecer, por meio de exemplos concretos, alguns dos conceitos, soluções e institutos abordados neste trabalho. Nesse passo, caso se optasse por transcrever indiscriminadamente todos os julgados de determinado período, certamente a variedade dos casos identificada seria menos enriquecedora para os propósitos do presente trabalho.

De qualquer forma, espera-se que, com tal esforço, seja possível atingir uma visão razoavelmente homogênea e atual do tratamento dado pelo Judiciário ao tema. Isso nos dará liberdade para que, no tópico seguinte, sejam abordados outros casos emblemáticos, selecionados menos em decorrência do rigor metodológico e dos critérios aqui informados e mais por sua capacidade de ilustrar os problemas que se buscará solucionar no capítulo seguinte.

A divisão entre os dois tópicos se faz necessária principalmente porque, conforme observado no capítulo introdutório, muitas das discussões mais interessantes em matéria de ônus da prova acabam por não alcançar o STJ em decorrência do entendimento de que sua solução dependeria do reexame do contexto fático-probatório, ensejando a aplicação da súmula 7 do tribunal.

Por fim, é de se observar que, ao contrário do que foi feito no capítulo em que foi analisado o sistema brasileiro de contencioso tributário, dessa vez não será dada prioridade às discussões desenvolvidas no âmbito federal. Essa opção não se afigura incoerente nem prejudica a coesão interna do presente trabalho, uma vez que não há motivos para presumir que o STJ ou qualquer outro tribunal possam dar tratamento distinto à distribuição do ônus da prova entre contribuintes e entes tributantes apenas pelo fato de o tributo em discussão ser de competência estadual ou municipal, em vez de federal.

3.2.1. Julgados do STJ

Inicia-se a análise com julgado proferido bem recentemente, em outubro de 2017, pela Segunda Turma do STJ. Trata-se do REsp 1.682.103/RS, relatado pelo ministro Herman Benjamin, que restou ementado da seguinte forma:

> PROCESSUAL CIVIL. EXECUÇÃO FISCAL. CERCEAMENTO DE DEFESA. JUNTADA DO PROCESSO ADMINISTRATIVO FISCAL. ÔNUS DA EMBARGANTE. [...]
>
> 1. A Certidão de Dívida Ativa goza de presunção de certeza e liquidez, e o ônus de ilidi-la é do contribuinte, cabendo-lhe, ainda, a juntada do processo administrativo, caso imprescindível à solução da controvérsia.
>
> 2. "A despeito da possibilidade de o magistrado determinar a exibição de documentos em poder das partes, bem como a requisição de processos administrativos às repartições públicas, nos termos dos arts. 355 e 399, II, do CPC, não é possível instar a Fazenda Pública a fazer prova contra si mesma, eis que a hipótese dos autos trata de execução fiscal na qual há a presunção de certeza e liquidez da CDA a ser ilidida por prova a cargo do devedor." (REsp 1.239.257/PR, Rel. Ministro Mauro Campbell Marques, Segunda Turma, DJe 31.3.2011). [...]
>
> 6. Recurso Especial parcialmente conhecido e, nessa parte, não provido.
>
> (REsp 1.682.103/RS, Rel. Ministro Herman Benjamin, Segunda Turma, julgado em 03/10/2017, DJe 17/10/2017)

O resultado final alcançado pelo tribunal no caso concreto não se mostra irrazoável[13] e talvez sequer seja colidente com a solução que aqui

13. É de se observar que essa afirmação pode perder sua validade, caso a questão seja tratada fora do âmbito do processo administrativo federal (referencial adotado por este estudo). Isso porque muitas vezes o processo administrativo desenvolvido perante os demais entes carece completamente de estrutura, o que muitas vezes impacta até mesmo na

se buscará delinear no capítulo subsequente. Com efeito, a menos que a autoridade fiscal tenha imposto alguma dificuldade para que o contribuinte acesse o processo administrativo e tal informação seja levada aos autos, não parece excessivamente oneroso que o juízo lhe dê a incumbência de juntar ao processo judicial as respectivas cópias administrativas.[14]

Todavia, o racional adotado pelo STJ para chegar à conclusão ementada não pode ser tratado da mesma forma. Inicialmente, observa-se a premissa de que a CDA goza de presunção de certeza e liquidez e que o ônus de ilidi-la será do contribuinte. Tal afirmação não se afigura correta, porque, é possível que a própria Fazenda tenha interesse em obter prestação que divirja do que está materializado na CDA, conforme será verificado em breve, e, nessa hipótese, acatando a premissa do julgado e seguindo sua lógica, o ônus da prova seria fazendário.

Além disso, a declaração de que não é possível obrigar a Fazenda a fazer prova contra si se mostra de todo despropositada e incompatível com o CPC/2015 de diversas formas, vez que viola o princípio da cooperação (artigo 6º do CPC/2015), o dever de colaboração com o descobrimento da verdade (artigo 378 do CPC/2015) e, evidentemente, a possibilidade concedida ao juiz de flexibilizar a distribuição do ônus da prova (§ 1º do artigo 373 do CPC/2015). A toda evidência, partiu-se do direito de não produzir prova contra si mesmo, instrumento de proteção do cidadão diante do Estado, para justificar a possibilidade de o próprio Estado – cuja atuação, diga-se, está adstrita "*aos princípios de legalidade, impessoalidade, moralidade, publicidade e eficiência*" (artigo 37, *caput*, da CRFB/1988) – deixar de cooperar no processo judicial com o descobrimento dos fatos, e tudo isso em nome da presunção de certeza e liquidez da CDA.

A utilização de tal linha de raciocínio não é rara. Muito pelo contrário, com frequência a presunção que acompanha a CDA é utilizada como argumento para uma definição apriorística – e muitas vezes pouco adequada ao caso concreto – da distribuição do ônus da prova. Tal contexto pode ser ilustrado com o julgado transcrito abaixo, proferido pela Primeira Turma no ano de 2014, sob a relatoria do ministro Napoleão Nunes Maia Filho:

transparência dos procedimentos adotados e até possibilidade de o contribuinte obter acesso a documentos e cópias processuais.

14. A obrigação de juntada das cópias do processo administrativo estabelecida no artigo 41 da LEF escapa ao nosso foco e por isso não será considerada.

> [...] ILEGITIMIDADE PASSIVA. CABE AO SÓCIO/ADMINISTRADOR O DEVER DE PROVAR QUE NÃO AGIU COM EXCESSO DE PODER, INFRAÇÃO A LEI OU AO CONTRATO SOCIAL EM SUA GESTÃO, QUANDO O SEU NOME CONSTA NA CDA. RESSALVA DO PONTO DE VISTA DO RELATOR. [...].
>
> 2. No tocante à presunção de liquidez e certeza da CDA, nesses casos, já tive a oportunidade de afirmar que deveria ser relativizada, competindo também ao Fisco o ônus da prova de que o sócio agiu com infração à lei ou ao contrato ou que houve a dissolução irregular da sociedade; isso porque, nessa hipótese, o sócio não participa da formação do título executivo. Se o nome do sócio sequer consta do título executivo e pretende-se o redirecionamento, a situação é mais grave ainda, pois está se admitindo que prossiga uma execução sem título contra o executado.
>
> 3. Todavia, a 1a. Seção dessa Corte, afirmou entendimento contrário em sede de Recurso Especial representativo de controvérsia, ao decidir que, se a execução foi ajuizada apenas contra a pessoa jurídica, mas o nome do sócio consta da CDA, a ele incumbe o ônus da prova de que não ficou caracterizada nenhuma das circunstâncias previstas no art. 135 do CTN (REsp. 1.104.900/ES, Rel. Min. DENISE ARRUDA, DJe 01.04.2009).
>
> 4. Agravo Regimental do contribuinte a que se nega provimento. (AgRg no AREsp 471.517/DF, Rel. Ministro Napoleão Nunes Maia Filho, Primeira Turma, julgado em 08/05/2014, DJe 20/05/2014)

O tema do redirecionamento da execução fiscal talvez seja a melhor demonstração da impropriedade do entendimento atualmente adotado pelos tribunais em relação à distribuição do ônus da prova em matéria tributária. Não à toa será o caso utilizado para dar concretude à análise crítica que se pretende realizar no próximo capítulo.

Interessante observar no julgado supratranscrito que o próprio relator manifesta sua discordância em relação ao entendimento que vem prevalecendo no STJ, sob o argumento de que o terceiro para quem a execução é redirecionada não participa da formação do título executivo. Em outros julgados, o ministro acrescenta ainda o argumento de que a prova do ato infracional – que autoriza o redirecionamento – compete a quem alega, isto é, à Fazenda.[15]

---

15. Nesse sentido, veja-se o seguinte trecho: *"[...] como a declaração de dissolução irregular importa no reconhecimento de uma infração, é inadmissível essa conclusão sem prévio*

A despeito da desnecessidade de avançar no exame da matéria neste momento, cabe chamar a atenção para o fato de que, assim como no primeiro julgado transcrito, utiliza-se a presunção de liquidez e certeza da CDA como um empecilho para qualquer tentativa de distribuição mais racional do ônus da prova entre as partes. Tais circunstâncias nem sempre serão prejudiciais ao contribuinte, pois, conforme se verá pela leitura da ementa transcrita a seguir, haverá casos em que o Fisco terá interesse em obter pretensão diversa daquela consubstanciada na CDA. Vejamos:

> [...] PESSOA JURÍDICA INADIMPLENTE. POSSIBILIDADE. EXPEDIÇÃO DE CERTIDÃO NEGATIVA DE DÉBITO - CND AO SÓCIO NA QUALIDADE DE PESSOA FÍSICA. CDA SOMENTE EM NOME DA SOCIEDADE EMPRESÁRIA. ÔNUS DA PROVA. EXEQUENTE. SÚMULA 83/STJ.
>
> 1. Configura-se ilegítima a recusa de expedição de Certidão Negativa de Débito - CND à pessoa física, quando a sociedade empresária é devedora e não caracterizada a presença das hipóteses do art. 135 do CTN. Precedentes.
>
> 2. O acórdão recorrido harmoniza-se à orientação jurisprudencial desta Corte no sentido que: "se o nome dos corresponsáveis não estiver incluído na CDA, cabe ao ente público credor a prova da ocorrência de uma das hipóteses listadas no art. 135 do CTN" (AgRg nos EDcl no AREsp 419.648/ES, Rel. MINISTRO HERMAN BENJAMIN, SEGUNDA TURMA, julgado em 25/2/2014, DJe 19/3/2014) [...].
>
> (AgInt no AREsp 1.016.591/CE, Rel. Ministro Mauro Campbell Marques, Segunda Turma, julgado em 15/08/2017, DJe 21/08/2017)

Apesar da concordância com o resultado final alcançado neste julgado, novamente verifica-se que o tribunal acertou na conclusão, porém adotando o caminho equivocado. Incumbe à Fazenda provar a existência dos fatores capazes de justificar o redirecionamento da execução fiscal porque se trata de prova de seu interesse e mais acessível que a contraprova que caberia ao contribuinte (a produção de prova em sentido contrário configuraria típico caso de prova negativa genérica). A

---

procedimento. A prova do ato infracional compete a quem alega a sua ocorrência, no caso, ao credor (Fazenda Pública) que requer o redirecionamento; [...]" (AgRg no AREsp 434.605/RS, Rel. Ministro Napoleão Nunes Maia Filho, Primeira Turma, julgado em 16/06/2014, DJe 06/08/2014).

simples formalização da certidão de dívida ativa se constitui como ato meramente protocolar (BITTENCOURT, 1998, pp. 117-118; CONRADO, 2016, p. 202; DELGADO, 1981, pp. 202-203; MARINS, 2016, pp. 747-749) e seus efeitos não deveriam se propagar independentemente das conclusões alcançadas no respectivo processo administrativo fiscal.

Outro caso que faz jus à nossa menção foi solucionado pela Segunda Turma e relatado pelo ministro Herman Benjamin, assim como o primeiro dos julgados transcritos neste tópico. Entretanto, ao contrário do que se decidiu naquela oportunidade, dessa vez firmou-se o entendimento no sentido de incumbir o ônus probatório ao ente fazendário. Trata-se do REsp 1.686.082/RJ, cuja ementa encontra-se transcrita a seguir:

> [...] DECLARAÇÃO ANUAL DE AJUSTE. REPETIÇÃO DE INDÉBITO. ÔNUS DA FAZENDA PÚBLICO. ART. 333 DO CPC/1973. FATO EXTINTIVO. ACÓRDÃO RECORRIDO EM SINTONIA COM O ENTENDIMENTO DO STJ. RECURSO NÃO PROVIDO.
>
> [...] 2. O acórdão recorrido está em sintonia com o entendimento do STJ de que a apresentação de declaração anual de ajuste não é prova de fato constitutivo do direito do autor, mas sim extinção dele, sendo incumbido tal ônus ao réu (Fazenda Nacional).
>
> 3. Recurso Especial não provido.
>
> (REsp 1.686.082/RJ, Rel. Ministro Herman Benjamin, Segunda Turma, julgado em 26/09/2017, DJe 10/10/2017)

É verdade que a apresentação de declaração anual de ajuste, por via de regra, não se mostrará excessivamente dificultosa a nenhuma das partes, tornando desnecessária a flexibilização do ônus da prova no caso concreto. Ainda assim, não deixa de ser pertinente a observação de que, mais uma vez, o STJ demonstra preferência por critérios apriorísticos de distribuição. Tais critérios são adotados, aparentemente, sem que se estabeleça qualquer correlação com o fato de a parte prejudicada ser a Fazenda ou o contribuinte. Evidentemente, como o ente tributante tem o poder de inscrever o débito em dívida ativa de forma unilateral, a adoção de critérios apriorísticos – tais como aquele dos efeitos presuntivos da CDA – lhe será benéfica no mais das vezes, apesar de não ter sido esse o resultado no caso concreto em tela. Com efeito, visualiza-se que, pela regra geral de distribuição do ônus da prova de que incumbe ao réu a prova de fato extintivo do direito do autor (artigo 373, inciso II, do CPC/2015), o STJ posicionou-se de forma contrária à pretensão fazendária.

Antes de prosseguirmos com a análise do próximo caso, mostra-se importante aclarar que não se está aqui a defender o abandono completo dos critérios clássicos de distribuição do ônus da prova. Apenas não acreditamos que tais regras serão sempre suficientes para definir o caminho a ser seguido. O julgado ora sob análise demonstra perfeitamente isso: a declaração anual de ajuste pode ser a um só tempo prova do direito do autor e prova do fato extintivo alegado pelo réu, tornando insuficiente a divisão clássica do ônus da prova. Tais considerações se apoiam inclusive no reconhecimento pela doutrina mais moderna da necessidade de adotar regras capazes de permitir a consideração das particularidades de cada caso concreto (MIRANDA NETTO, 2009, pp. 179-180). Aliás, o próprio STJ reconhece tal fato em determinadas oportunidades, como ocorreu no julgado que se transcreve abaixo:

> PROCESSUAL CIVIL E TRIBUTÁRIO. EMPRÉSTIMO COMPULSÓRIO SOBRE ENERGIA ELÉTRICA. INDICAÇÃO DO NÚMERO DO CICE. COMPROVAÇÃO DA CONDIÇÃO DE CONTRIBUINTE. OFENSA AO ART. 535 DO CPC NÃO CONFIGURADA. INVERSÃO DO ÔNUS DA PROVA. SÚMULA 83/STJ.
>
> [...] 2. O STJ já decidiu que "não há qualquer ilegalidade na determinação judicial para que a Eletrobrás, ora recorrente, apresente os documentos mencionados (em matéria de exibição de documentos referentes a empréstimo compulsório). Isso porque a teoria de distribuição dinâmica do encargo probatório propicia a flexibilização do sistema, e permite ao juiz que, diante da insuficiência da regra geral prevista no art. 333 do CPC, possa modificar o ônus da prova, atribuindo-o à parte que tenha melhor condições de produzi-la. Logo, não há que se falar em contrariedade aos arts. 283, 333, I, e 396 do CPC. (AgRg no AREsp 216.315/RS, Rel. Ministro MAURO CAMPBELL MARQUES, SEGUNDA TURMA, DJe 06/11/2012)".
>
> 3. Agravo Regimental não provido.
>
> (AgRg no AREsp 844.281/DF, Rel. Ministro Herman Benjamin, Segunda Turma, julgado em 19/04/2016, DJe 27/05/2016)

É interessante observar que o julgado adotou como premissa o regime processual antigo (artigo 333 do CPC/1973), no qual a regra de distribuição flexível do ônus da prova ainda não estava positivada, de modo a demandar a desincumbência de um ônus argumentativo mais significativo para viabilizar sua aplicação.

O mesmo raciocínio foi aplicado em outra oportunidade também em julgado conduzido sob a relatoria do ministro Herman Benjamin, mas dessa vez para alcançar conclusão contrária à Fazenda. Vejamos:

> PROCESSUAL CIVIL. EXECUÇÃO FISCAL. INVERSÃO DO ÔNUS DA PROVA. DOCUMENTOS EM PODER DA EMBARGADA. ART. 3º DA LEF E ART. 204 DO CTN. AFERIÇÃO DOS REQUISITOS DE VALIDADE DA CDA. SÚMULA 7/STJ.
>
> 1. O Superior Tribunal de Justiça entende que "a Fazenda está obrigada a provar a existência da declaração de débito, se o contribuinte desde os embargos do devedor afirma, peremptoriamente, que não a fez; trata-se de prova que só está ao alcance da Fazenda, que teria recebido a declaração" (REsp 95.865/SP, Segunda Turma, Rel. Min. Ari Pargendler, DJ de 3.8.1998) [...].
>
> (AgRg no AREsp 663.557/SP, Rel. Ministro Herman Benjamin, Segunda Turma, julgado em 28/04/2015, DJe 01/07/2015)

Percebe-se que, apesar de basear-se em precedente do ano de 1998, o raciocínio utilizado é exatamente o que veio a ser consagrado no CPC/2015, em seu artigo 373, § 1º. Esse julgado, aliás, será utilizado novamente mais adiante, quando da análise crítica da postura que nossos tribunais vêm adotando a respeito do redirecionamento para o sócio responsável.

Por fim, antes do encerramento da análise de julgados do STJ em matéria de ônus da prova no processo judicial tributário, parece oportuno trazer à tona julgado proferido pela Primeira Turma, sob a relatoria do ministro Napoleão Nunes Maia Filho:

> AGRAVO REGIMENTAL NO AGRAVO DE INSTRUMENTO. PROCESSUAL CIVIL E TRIBUTÁRIO. EXECUÇÃO FISCAL. [...] RECONHECIMENTO, PELO TRIBUNAL A QUO, DE QUE O BEM PENHORADO É BEM DE FAMÍLIA. INVERSÃO DO JULGADO QUE DEMANDARIA DEMORADA INCURSÃO NOS FATOS DA CAUSA. AGRAVO REGIMENTAL DA FAZENDA NACIONAL DESPROVIDO.

> [...] 3. O aresto recorrido foi categórico ao afirmar que o devedor provou que a penhora recaiu sobre bem de família; nesse contexto, o ônus da prova em contrário volta-se para o credor. De qualquer forma, a revisão da conclusão pela impenhorabilidade do bem passa pelo reexame de matéria fático-probatória, insuscetível de ser suscitada em Recurso Especial. Precedentes.
>
> 4. Agravo Regimental da Fazenda Nacional desprovido.
>
> (AgRg no AI 1.093.170/SP, Rel. Ministro Napoleão Nunes Maia Filho, Primeira Turma, julgado em 20/02/2014, DJe 10/03/2014)

A principal utilidade deste julgado para o presente estudo consiste na ilustração do simples – apesar de muitas vezes ignorado – fato de que a satisfação do ônus probatório por uma das partes resulta na criação do ônus da contraprova na parte adversa.

Tais circunstâncias costumam gerar muita confusão acerca dos efeitos que determinadas formas de satisfação do ônus probatório podem gerar no processo. Um exemplo disso reside na controvérsia que paira sobre a possibilidade de as presunções inverterem ou não o ônus da prova. Aparentemente, a oposição entre as soluções apresentadas à questão se afigura apenas como um problema de referencial. De qualquer forma, não cabe qualquer incursão mais profunda no tema neste momento, tendo em vista que será analisado no início do capítulo subsequente, inclusive com apoio nos ensinamentos doutrinários disponíveis.

3.2.2. Alguns casos práticos emblemáticos no direito tributário

O presente tópico parte do pressuposto já bastante esclarecido acima de que existe um problema em matéria de distribuição do ônus da prova no processo judicial tributário e de que tal problema repercute de várias formas em nosso ordenamento jurídico.

A ideia, portanto, é elencar aqui vários casos emblemáticos, capazes de ilustrar tal cenário e levar a uma melhor compreensão do mesmo. Frise-se o termo "elencar", vez que não se pretende dar qualquer aprofundamento teórico à análise nesse momento. Com efeito, como já antecipado, um dos temas selecionados no tópico anterior – o do redirecionamento da execução fiscal para o sócio responsável – será examinado de forma mais detalhada no capítulo subsequente, quando será utilizado para conferir maior concretude à análise crítica da distribuição do ônus da prova no processo judicial tributário que se pretende construir.

Por fim, cumpre esclarecer que não necessariamente os casos aqui narrados estarão diretamente relacionados a todos os aspectos técnicos que serão abordados quando da análise crítica que será empreendida mais à frente, até porque alguns deles podem se mostrar mutuamente excludentes. Na realidade, o propósito principal deste tópico é demonstrar a relevância prática e o nível de problematização do tema em estudo e, consectariamente, das diretrizes que serão estabelecidas para sua solução.

Dito isso, passa-se à análise do primeiro dos casos emblemáticos, que retrata uma rara oportunidade de observar o entendimento do STF acerca do tema, ainda que apenas indiretamente. Trata-se da discussão sobre a Taxa de Localização e Fiscalização e o efetivo exercício do poder de polícia que autorize sua cobrança.

3.2.2.1. O caso da taxa de localização e fiscalização e o efetivo exercício do poder de polícia

Para analisar essa controvérsia, adotaremos como ponto de referência o RE 588.322/RO, julgado em 2010 pelo plenário do STF sob o regime da repercussão geral. O acórdão foi proferido sob a relatoria do ministro Gilmar Mendes restou ementado da seguinte forma:

> [...] 2. Alegação de inconstitucionalidade da taxa de renovação de localização e de funcionamento do Município de Porto Velho.
>
> 3. Suposta violação ao artigo 145, inciso II, da Constituição, ao fundamento de não existir comprovação do efetivo exercício do poder de polícia.
>
> 4. O texto constitucional diferencia as taxas decorrentes do exercício do poder de polícia daquelas de utilização de serviços específicos e divisíveis, facultando apenas a estas a prestação potencial do serviço público.
>
> 5. A regularidade do exercício do poder de polícia é imprescindível para a cobrança da taxa de localização e fiscalização.
>
> 6. À luz da jurisprudência deste Supremo Tribunal Federal, a existência do órgão administrativo não é condição para o reconhecimento da constitucionalidade da cobrança da taxa de localização e fiscalização, mas constitui um dos elementos admitidos para se inferir o efetivo exercício do poder de polícia, exigido constitucionalmente. Precedentes.

> 7. O Tribunal de Justiça de Rondônia assentou que o Município de Porto Velho, que criou a taxa objeto do litígio, é dotado de aparato fiscal necessário ao exercício do poder de polícia.
>
> 8. Configurada a existência de instrumentos necessários e do efetivo exercício do poder de polícia.
>
> 9. É constitucional taxa de renovação de funcionamento e localização municipal, desde que efetivo o exercício do poder de polícia, demonstrado pela existência de órgão e estrutura competentes para o respectivo exercício, tal como verificado na espécie quanto ao Município de Porto Velho/RO
>
> 10. Recurso extraordinário ao qual se nega provimento.
>
> (RE 588.322/RO, rel. Ministro Gilmar Mendes, Tribunal Pleno, julgado em 16/06/2010, DJe 03/09/2010)

Visualiza-se que, no caso concreto, o contribuinte havia interposto recurso extraordinário com o fundamento de que a taxa de fiscalização era cobrada pelo Município de Porto Velho, sem que estivesse comprovado o efetivo exercício do poder de polícia pelo ente federativo.

No voto do relator, depois de delineado o contexto da controvérsia, acata-se a adoção, como premissa, do entendimento firmado no longínquo julgamento do RE 80.441/ES, sob a relatoria do ministro Moreira Alves, quando foi analisada taxa cobrada pelo Município de Vitória/ES e ficou consignado que não bastaria, para sua cobrança, que a taxa estivesse baseada no poder de polícia; seria necessário que o Estado de fato ponha em prática o serviço relacionado a este poder. Com isso, conclui o ministro Gilmar Mendes que a "*materialização da atividade fiscalizadora é necessária, sob pena de se esvaziar o comando constitucional, mediante indevida equiparação das duas subespécies tributárias*", quais sejam, a taxa decorrente do exercício do poder de polícia àquela relacionada à prestação de serviços públicos, que possui a particularidade de admitir a cobrança mesmo quando há mera "*prestação potencial*".

Assim, o ministro relator assenta a premissa de que a legitimidade da taxa em discussão no caso concreto dependeria da perquirição acerca do exercício "*efetivo e concreto*" do poder de polícia e, de tal conclusão, decorreu a necessidade de apurar "*se a existência de aparato administrativo pressupõe o efetivo exercício do poder de polícia*".

Em seguida, retorna a mencionar o julgamento do RE 80.441/ES, conduzido ainda no regime constitucional anterior, afirmando que, naquela ocasião, ficou assentado que "*a existência de órgão administrativo é um dos elementos aptos a demonstrar o exercício efetivo do poder de polícia*". O trecho que foi transcrito do julgamento conduzido pelo ministro Moreira Alves dá a entender que anteriormente o STF já havia julgado inconstitucional taxa instituída pelo mesmo município (RE 69.957/ES),[16] justamente sob o argumento de que ele não dispunha de órgão administrativo capaz de exercitar efetivamente o poder de polícia. Assim, como naquele caso específico já havia sido "*criado [...] órgão administrativo para o efetivo exercício desse poder de polícia*", seria possível concluir que "*a taxa de licença para localização e autorização anual para funcionamento e permanência de estabelecimento produtores, industriais comerciais e similares*" baseava-se, sem dúvida, "*no exercício regular do poder de policia do município*" de Vitória/ES.

Além disso, o min. Gilmar Mendes observou que o mesmo entendimento propagou-se no julgamento do RE 115.213/SP,[17] realizado já sob o regime constitucional atual, em que foi analisada taxa idêntica àquela cobrada pelo Município de Vitória/ES, dessa vez criada pelo Município de São Paulo/SP.

Percebe-se, assim, o efeito destrutivo que decorre da fundamentação através de julgados quando não acompanhada de um exame mais detido das razões adotadas no julgado replicado. No caso particular, verifica-se que, a partir do entendimento inicial - no qual se afirmou a inconstitucionalidade da taxa em função da inexistência de órgão fiscalizador, que seria a prova cabal da não ocorrência efetiva da fiscalização - chegou-se, pela interpretação a *contrario sensu*, à falaciosa (KAUFMANN, 2004, pp. 112-114) conclusão de que sempre que houvesse o órgão fiscalizador seria

16. "*TAXA DE LICENÇA DE LOCALIZAÇÃO, INSTITUÍDA PELO CÓDIGO TRIBUTÁRIO DO MUNICÍPIO DE VITORIA, ESTADO DO ESPÍRITO SANTO (ARTS. 195 E 196, INC.I, DA LEI 1.666, DE 20.12.66). OFENSA AOS ARTS. 77 E 78 DO CÓDIGO TRIBUTÁRIO NACIONAL, E AO ART. 19, PARÁGRAFO 2. DA CARTA POLÍTICA DE 1967. RESTABELECIMENTO DA SENTENÇA QUE ACOLHEU A ARGÜIÇÃO DE INCONSTITUCIONALIDADE. RECURSO EXTRAORDINÁRIO PROVIDO.*" (RE 69.957/ES, rel. Ministro Djaci Falcao, Tribunal Pleno, julgado em 04/08/1971, DJ 24/09/1971, p. 5.134).

17. "*TAXA DE RENOVAÇÃO DE LICENÇA PARA LOCALIZAÇÃO, INSTALAÇÃO E FUNCIONAMENTO. INSTITUIÇÃO FINANCEIRA. INEXISTÊNCIA DE OFENSA AO ARTIGO 18, INCISO I, DA CONSTITUIÇÃO FEDERAL (E/C N. 1/69).*

O Supremo Tribunal Federal tem admitido a constitucionalidade da taxa de renovação anual de licença para localização, instalação e funcionamento de estabelecimentos comerciais e similares, desde que haja órgão administrativo que exercite o poder de policia do Município, e que a base de calculo não seja vedada. Recurso extraordinário não conhecido." (RE 115.213/SP, rel. Ministro Ilmar Galvão, Primeira Turma, julgado em 13/08/1991, DJ 06/09/1991, p. 12.036)

presumível o efetivo exercício do poder de polícia. Tal posicionamento foi replicado em inúmeros julgados e hoje já não há qualquer preocupação em refletir criticamente acerca dos fundamentos que sustentam tal entendimento.

A partir daí, chegou-se até mesmo ao ponto de admitir a existência de uma "*presunção a favor da Administração Pública do efetivo exercício do poder de polícia, que independe da existência ou não de órgão de controle*",[18] invertendo completamente o racional originariamente utilizado pelo STF. A partir daí, o ministro Gilmar Mendes chega à conclusão de que a jurisprudência do STF permite afirmar que "*a existência do órgão administrativo não é condição para o reconhecimento da constitucionalidade da cobrança da taxa [...], mas constitui um dos elementos admitidos para se inferir o efetivo exercício do poder de policia*".

Como, no caso então sob análise, ficou assentado nos autos que o ente tributante era dotado do aparato fiscal necessário ao exercício do poder de polícia, seria inviável considerar exitosa a tese defendida pelo contribuinte. Em momento algum, contudo, observou-se a questão de distribuição do ônus probatório que permeia a controvérsia. Talvez justamente por isso formou-se precedente que obriga o contribuinte ao pagamento da taxa, a menos que consiga produzir a prova negativa genérica[19] de que o ente administrativo não exerce o poder de polícia do modo como se propõe a fazer.

3.2.2.2. O caso da imunidade da renda auferida com o aluguel de imóvel por entidade assistencial

Como se sabe, o STF costuma ser bem generoso ao interpretar as imunidades estabelecidas na CRFB/1988.[20] Ocorre que tal postura não repercute somente no âmbito do direito material: vem se consolidando

---

18. AgR no AI 654.292/MG, rel. Ministro Ricardo Lewandowski, Primeira Turma, julgado em 30/06/2009, DJe 21/08/2009.
19. Como já visto, trata-se de prova diabólica que se mostra ainda mais descabida quando se considera a facilidade que o ente fazendário possuiria para demonstrar que o exercício do poder de polícia de fato está sendo desempenhado naquele caso específico. Assim, o precedente –, além de violar as recomendações em matéria de ônus da prova já verificadas até aqui – afigura-se, a toda evidência, irrazoável e desonera a Administração do cumprimento dos seus deveres de informação e publicidade a respeito do regular exercício de suas atividades.
20. Nesse sentido: "*o próprio Pretório Excelso acolheu a tese de que as imunidades tributárias devem receber uma interpretação extensiva e teleológica, para que não aluam os escopos*

o entendimento de que, quando se trata de imunidade, existe uma presunção de vinculação da renda às atividades essenciais, o que depositaria sobre a Fazenda o ônus da prova em contrário. De forma oposta, em se tratando de isenção, o ônus da prova recairia sobre o contribuinte, por se tratar de verdadeiro "favor fiscal" concedido pelo ente tributante.[21]

Esse posicionamento se difundiu no STF e acabou por repercutir também no STJ. Para o nosso propósito de observar os impactos do entendimento na distribuição do ônus da prova entre as partes, cabe fazer referência ao acórdão proferido para solucionar o AgRg no AREsp 239.268/MG, cuja ementa se transcreve a seguir:

> [...] IPTU. ENTIDADE ASSISTENCIAL. IMUNIDADE TRIBUTÁRIA. ART. 333, INCISO II, DO CPC. ÔNUS DA PROVA.
>
> 1. Tratando-se a recorrida de entidade assistencial, de acordo com o art. 150, inciso VI, alínea c, da CR/88, há presunção relativa de que a renda auferida com o aluguel do imóvel gerador do débito é revertida para as suas finalidades essenciais. Assim é que caberia

---

políticos que levaram o constituinte originário a plasmá-las na Carta Magna" (CARRAZZA; TORRES, 2011).

21. Nesse sentido, veja-se o seguinte julgado proferido sob a relatoria do ministro Dias Toffoli: *"Imunidade. Entidade de assistência social. Artigo 150, VI, c, CF. Imóvel vago. Finalidades essenciais. Presunção. Ônus da prova.*

1. A regra de imunidade compreende o reverso da atribuição de competência tributária. Isso porque a norma imunitória se traduz em um decote na regra de competência, determinando a não incidência da regra matriz nas áreas protegidas pelo beneplácito concedido pelo constituinte.

2. Se, por um lado, a imunidade é uma regra de supressão da norma de competência, a isenção traduz uma supressão tão somente de um dos critérios da regra matriz.

3. No caso da imunidade das entidades beneficentes de assistência social, a Corte tem conferido interpretação extensiva à respectiva norma, ao passo que tem interpretado restritivamente as normas de isenção.

4. Adquirido o status de imune, as presunções sobre o enquadramento originalmente conferido devem militar a favor do contribuinte, de modo que o afastamento da imunidade só pode ocorrer mediante a constituição de prova em contrário produzida pela administração tributária. O oposto ocorre com a isenção que constitui mero benefício fiscal por opção do legislador ordinário, o que faz com que a presunção milite em favor da Fazenda Pública.

5. A constatação de que um imóvel está vago ou sem edificação não é suficiente, por si só, para destituir a garantia constitucional da imunidade. A sua não utilização temporária deflagra uma neutralidade que não atenta contra os requisitos que autorizam o gozo e a fruição da imunidade.

6. Recurso extraordinário a que se nega provimento. (RE 385.091/DF, rel. Ministro. Dias Toffoli, Primeira Turma, julgado em 06/08/2013, DJe 18/10/2013)

> à Fazenda Pública, nos termos do artigo 333, inciso II, do CPC, apresentar prova de que a renda em comento estaria desvinculada da destinação institucional. [...]
>
> (AgRg no AREsp: 239.268/MG, rel. Ministro Mauro Campbell Marques, Segunda Turma, julgado em 06/12/2012, DJe 12/12/2012)

Verifica-se que, no caso concreto, em decorrência da presunção de conversão da renda em favor da atividade fim das entidades assistenciais, o tribunal entendeu por incumbir à Fazenda o ônus de demonstrar o contrário. Nesse sentido, nos autos do caso em tela não foi apresentada prova "*de que o imóvel [...] sobre o qual se pretende ver declarada a imunidade tributária*" não estava sendo utilizado "*ainda que indiretamente, nas suas finalidades essenciais, ou que possuía fins lucrativos*".

Esse foi o racional determinante para negar provimento ao apelo fazendário. No entanto, é fundamental observar que a entidade assistencial havia juntado aos autos do processo cópia de seu balanço patrimonial, que deixou evidente o exercício de suas atividades sem auferir ou distribuir lucros, bem como que todos os recursos obtidos eram reaplicados na atividade fim.

Não parece, portanto, pelo menos nesse caso concreto, que a conclusão alcançada pelo tribunal seja merecedora de críticas. Ainda que o raciocínio presuntivo adotado possa levar à distribuição inequânime do ônus da prova e deva ser utilizado de forma parcimoniosa, verifica-se que, no caso em tela, o particular fez o que estava ao seu alcance para demonstrar o devido cumprimento dos requisitos para gozar da imunidade, desincumbindo-se adequadamente de qualquer responsabilidade que poderia ter no sentido de cooperar com o descobrimento da verdade naquele processo.

3.2.2.3. *O caso da sucessão tributária na aquisição de estabelecimento prevista no artigo 133 do CTN*

O próximo caso a ser analisado diz respeito à sucessão tributária decorrente da aquisição de fundo de comércio ou estabelecimento comercial, prevista no artigo 133 do CTN. Para o propósito do presente estudo, interessa a parte da discussão que diz respeito aos requisitos para configuração da sucessão, bem como ao respectivo ônus de prová-los. Embora exista o óbice da súmula 7, o STJ chegou a apreciar o mérito do tema em algumas ocasiões e, em regra, tratou de definir critérios bem rigorosos a serem satisfeitos pela Fazenda para demonstração da sucessão. Eis o que restou decidido no julgamento do AgRg no Ag 1.321.679/RJ:

> TRIBUTÁRIO. RESPONSABILIDADE. SUCESSÃO. MERA UTILIZAÇÃO DO IMÓVEL. ART. 133 DO CTN. INAPLICABILIDADE. NECESSIDADE DA COMPROVAÇÃO DA AQUISIÇÃO DO ESTABELECIMENTO EMPRESARIAL OU DO FUNDO DE COMÉRCIO.
>
> 1. A responsabilidade do artigo 133 do Código Tributário Nacional surge em decorrência da aquisição do fundo de comércio ou estabelecimento, fato que não está caracterizado no caso dos autos.
>
> 2. Precedentes: REsp 1140655/PR, Rel. Min. Eliana Calmon, Segunda Turma, DJe 19.2.2010; REsp 768499/RJ, Rel. Min. Humberto Martins, Segunda Turma, DJ 15.5.2007; REsp 108873/SP, Rel. Min. Ari Pargendler, Segunda Turma, DJ 12.4.1999.
>
> 3. Agravo regimental não provido.
>
> (AgRg no Ag 1.321.679/RJ, rel. Ministro Mauro Campbell Marques, Segunda Turma, julgado em 21/10/2010, DJe 05/11/2010)

Inicialmente, cabe fazer algumas considerações complementares acerca do contexto fático da lide. Nesse sentido, observa-se que a agravante, Fazenda Nacional, havia demonstrado que a parte agravada encontrava-se estabelecida em imóvel anteriormente ocupado por outra pessoa jurídica que exercia atividades do mesmo ramo (comércio de vestuário). Em decorrência da inadimplência tributária da antiga ocupante do imóvel, a Fazenda pretendia exigir da agravada o pagamento dos tributos correspondentes, sob o argumento de que se operara a sucessão empresarial prevista no artigo 133 do CTN.

Essas circunstâncias fáticas haviam sido devidamente reconhecidas no acórdão proferido pelo tribunal de origem que, contudo, não admitira a pleiteada aplicação do artigo 133 do CTN por entender que "*o ramo de comércio de vestuário é muito amplo e compreende diversos seguimentos de consumo, não havendo caracterização da sucessão tributária*" em decorrência "*da mera utilização do imóvel anteriormente ocupado pela empresa executada*".

O relator do acórdão no STJ, ministro Mauro Campbell Marques, acrescentou em seu voto que era entendimento comum do tribunal que a aplicação do artigo 133 do CTN pressupunha "*a aquisição da propriedade com todos os poderes inerentes ao domínio, o que não restou caracterizado no caso dos autos*".

Para justificar tal entendimento, o ministro reportou-se ao REsp 1.140.655/PR, julgado sob a relatoria da ministra Eliana Calmon.[22] Na ocasião, a corte havia deixado consignado que "*o conceito objeto de questionamento pela recorrente é o referente à aquisição*" e que, segundo a recorrente "*encontra-se incluso* [no termo adquirir] *o conceito de locação*". No entanto, a Segunda Turma se posicionou de forma contrária à tese, entendendo que seria inviável a aplicação da regra do artigo 133 do CTN à espécie, tendo em vista que, na realidade, a existência de contrato de locação descaracterizava a pretensa aquisição.

Verifica-se, assim, mais uma vez, que a reprodução acrítica de precedentes acaba levando à replicação das razões de decidir pretéritas em julgados que não necessariamente guardam semelhança fática. No caso relatado pelo ministro Mauro Campbell Marques, incumbiu-se à Fazenda o ônus de provar que de fato teria ocorrido a aquisição do estabelecimento, quando, a toda evidência, o contribuinte poderia defender-se com a simples juntada aos autos, por exemplo, do contrato de locação apto a respaldar sua ocupação do imóvel (isso segundo a própria jurisprudência da corte).

De fato, não é possível afirmar a impossibilidade de a Fazenda produzir a prova que lhe foi incumbida no caso concreto. Todavia, é significativo o risco de que a satisfação de tal ônus probatório dependesse da apresentação de documento à disposição unicamente do contribuinte. Não à toa, parte da doutrina costuma aceitar que "*a sucessão não precisa sempre ser formalizada* [...] *desde que existentes indícios e provas convincentes (matéria de fato, caso a caso)*". (COÊLHO, 2010, p. 628).

---

22. *"TRIBUTÁRIO - RESPONSABILIDADE TRIBUTÁRIA - SUCESSÃO POR AQUISIÇÃO DE ESTABELECIMENTO EMPRESARIAL OU FUNDO DE COMÉRCIO - ART. 109 DO CTN - LOCAÇÃO - IMPOSSIBILIDADE.*

1. A responsabilidade do art. 133 do CTN ocorre pela aquisição do fundo de comércio ou estabelecimento, ou seja, pressupõe a aquisição da propriedade com todos os poderes inerentes ao domínio, o que não se caracteriza pela celebração de contrato de locação, ainda que mantida a mesma atividade exercida pelo locador. [...]

2. O Direito tributário utiliza-se dos institutos, conceitos e formas de Direito privado tal qual utilizados nos ramos jurídicos específicos, sendo-lhe vedado modificar-lhes o conteúdo, sentido e alcance.

3. Recurso especial não provido." (REsp 1.140.655/PR, rel. Ministra Eliana Calmon, Segunda Turma, julgado em 17/09/2009, DJe 19/02/2010)

3.2.2.4. *O caso do ônus da prova da notificação do IPTU para fins de inscrição em dívida ativa e contagem do prazo de prescrição*

Para finalizar o presente capítulo, passa-se à análise dos últimos caso selecionado para ilustrar a relevância prática do tema sob análise. Trata-se da discussão existente a respeito do ônus de provar que a notificação do lançamento do crédito de IPTU foi efetivamente realizada. Tal discussão influi na contagem do prazo decadencial do crédito tributário e na possibilidade de inscrição do mesmo em dívida ativa para legitimar o ajuizamento da execução fiscal. Assim, também resta impactada a contagem do prazo prescricional.

A controvérsia ficou registrada no STJ como o Tema Repetitivo 116, que foi apreciado pela Primeira Seção no julgamento do REsp 1.111.124/PR, processado sob a sistemática dos recursos repetitivos. Na ocasião, o entendimento do Tribunal Superior foi unificado no seguinte sentido:

> PROCESSUAL CIVIL E TRIBUTÁRIO. EXECUÇÃO FISCAL. IPTU. LANÇAMENTO. NOTIFICAÇÃO MEDIANTE ENTREGA DO CARNÊ. LEGITIMIDADE. NÃO OCORRÊNCIA. DEMORA NA CITAÇÃO NÃO IMPUTÁVEL AO EXEQÜENTE. SÚMULA 106/STJ.
>
> 1. A jurisprudência assentada pelas Turmas integrantes da 1ª Seção é no sentido de que a remessa, ao endereço do contribuinte, do carnê de pagamento do IPTU é ato suficiente para a notificação do lançamento tributário.
>
> 2. Segundo a súmula 106/STJ, aplicável às execuções fiscais, "Proposta a ação no prazo fixado para o seu exercício, a demora na citação, por motivos inerentes ao mecanismo da Justiça, não justifica o acolhimento da argüição de prescrição ou decadência."
>
> 3. Recurso especial a que se nega provimento. Acórdão sujeito ao regime do art. 543-C do CPC e da Resolução STJ 08/08.
>
> (REsp 1.111.124/PR, Rel. Ministro Teori Albino Zavascki, Primeira Seção, julgado em 22/04/2009, DJe 04/05/2009)

Para além da questão atinente à forma de contagem do prazo prescricional, que escapa ao foco da presente análise, verifica-se que, nesse julgado, a Corte Superior consolidou o entendimento (que já vinha predominando) no sentido de que a simples remessa do carnê do

IPTU seria suficiente para demonstrar a existência da notificação e do respectivo lançamento tributário.

Para fazê-lo, o relator, ministro Teori Zavascki, recorre à transcrição de julgados pretéritos do tribunal, nos quais havia sido atribuída ao contribuinte a incumbência de comprovar o não recebimento da notificação, eis que a simples remessa do carnê geraria a presunção de sua entrega ao contribuinte. No REsp 168.035/SP,[23] por exemplo, a relatora, ministra Eliana Calmon, afirma em seu voto que "*caberia ao recorrente [contribuinte] para afastar a presunção, comprovar que não recebeu pelo correio o carnê de cobrança (embora difícil a produção de tal prova)*".

O ministro Teori Zavascki, em seu voto, justifica seu posicionamento da seguinte forma:

> É de ser prestigiado o entendimento firmado nesses precedentes, tendo em vista que (a) o proprietário do imóvel tem conhecimento da periodicidade anual do imposto, de resto amplamente divulgada pelas Prefeituras; (b) o carnê para pagamento contém as informações relevantes sobre o imposto, viabilizando a manifestação de eventual desconformidade por parte do contribuinte; (c) a instauração de procedimento administrativo prévio ao lançamento, individualizado e com participação do contribuinte, ou mesmo a realização de notificação pessoal do lançamento, tornariam simplesmente inviável a cobrança do tributo.

Deve-se observar, contudo, que nenhum dos motivos arrolados pelo ministro aparenta ser suficiente para tornar legítimo que a parte seja incumbida da apresentação de prova negativa genérica, cuja produção, ao contrário do que consignou a ministra Eliana Calmon, não é apenas difícil: trata-se de exemplo clássico de prova diabólica.

Se por um lado não é possível exigir procedimentos complexos a ponto de inviabilizar a atuação da Administração Tributária, pelo outro

---

23. *"PROCESSO CIVIL E TRIBUTÁRIO - EMBARGOS À EXECUÇÃO - IPTU [...] NOTIFICAÇÃO DO LANÇAMENTO E DISTRIBUIÇÃO DO ÔNUS DA PROVA [...]*
5. Inexistência de violação ao CTN (notificação do lançamento) e ao CPC (distribuição do ônus da prova), uma vez que se presume a notificação do lançamento dos débitos do IPTU, cabendo ao contribuinte afastá-la, mediante prova de que não recebeu, pelo Correio, a cobrança do imposto. [...]" (REsp 168.035/SP, Rel. Ministra Eliana Calmon, Segunda Turma, julgado em 07/08/2001, DJ 24/09/2001, p. 263)

não se pode admitir a criação de verdadeiras ficções[24] que colocam o contribuinte em situação de extrema vulnerabilidade e praticamente impedido de exercer seu direito diante das barreiras probatórias que lhes são impostas.

Além disso, visualiza-se que, no caso específico em análise, existem alternativas perfeitamente factíveis ao alcance dos entes fazendários para demonstrar o efetivo recebimento da notificação. Seria possível, por exemplo, incluir na notificação um recibo de entrega a ser assinado por quem a recebesse, sendo ainda estipulado um prazo anual para que o contribuinte não localizado após determinado número de diligências comparecesse à repartição fiscal para obter a documentação atinente ao lançamento do tributo.

Enfim, entende-se não ser este o espaço adequado para aprofundar qualquer investigação a respeito dessa questão, embora não se deixe de considerar que, no caso narrado, a Fazenda disporia de alternativas mais viáveis para demonstrar seu ponto do que aquelas que estariam disponíveis aos contribuintes para comprovar que não houve o recebimento da notificação.

Com isso, considera-se concluído o exame dos casos emblemáticos existentes no direito tributário a respeito da distribuição do ônus da prova no processo judicial. Esse exame, aliado aos julgados do STJ abordados no subtópico anterior, permite a verificação de que as soluções adotadas na prática forense são pouco homogêneas, vez que não demonstram um fechamento completo à alternativa da flexibilização, ao mesmo tempo em que deixam de recorrer a tal técnica em muitas das situações em que ela se apresentaria como recomendável. No próximo capítulo, pretende-se analisar criticamente o tema e lançar luz sobre esse cenário.

---

24. A adoção do termo "*ficções*" encontra respaldo na doutrina de Barbosa Moreira, que analisa a proximidade nutrida entre o instituto da presunção absoluta e a técnica da ficção jurídica e afirma que, embora as duas figuras possuam efeitos práticos semelhantes, a primeira possui fundamento lógico na grande verossimilhança do fato presumido, ao passo que a segunda prescinde de tal atributo (1977, pp. 64-65). A independência das ficções em relação ao contexto fático, contudo, não deve ser tida por absoluta: "*A lei não precisa 'fingir' que se deu o fato x para atribuir os respectivos efeitos a qualquer fato diverso de x: entra na sua normal competência, quando assim o entenda (e preservados os eventuais princípios superiores que lhe criem limitações a respeito), tratar igualmente situações desiguais*" (BARBOSA MOREIRA, 1977, p. 66). Nesse passo, tornar-se-ia necessária uma reflexão mais aprofundada (que não encontra espaço no presente estudo) a respeito da compatibilidade entre a os princípios consagrados no texto constitucional e a pretensão do STJ de igualar o mero envio da notificação ao seu efetivo recebimento.

ANÁLISE CRÍTICA DA DISTRIBUIÇÃO DO ÔNUS DA PROVA E DAS CARACTERÍSTICAS ATRIBUÍDAS À CERTIDÃO DE DÍVIDA ATIVA NO PROCESSO JUDICIAL TRIBUTÁRIO

Conforme verificado no capítulo anterior, o tratamento dado na prática pelo ordenamento jurídico brasileiro à distribuição do ônus da prova em matéria tributária dá prioridade a regras apriorísticas, pouco maleáveis e adaptáveis ao caso concreto, dentre as quais se inclui a atribuição de efeitos presuntivos à CDA. Assim, não leva em consideração de modo adequado o contexto que circunda o tema, o qual foi descrito de forma detalhada no segundo capítulo deste trabalho.

O propósito do presente capítulo é justamente fornecer alternativas ao tratamento da matéria levando em conta o que de fato ocorre no sistema brasileiro de contencioso tributário, de modo a abandonar premissas que não se confirmam na prática, as quais, quando tratadas com ingenuidade, podem levar à adoção de escolhas equivocadas.

Antes de dar cabo desta tarefa, contudo, será necessário debruçar-se mais uma vez sobre os efeitos presuntivos e de prova pré-constituída atribuídos pelo CTN e pela LEF à CDA.

4.1. O ENQUADRAMENTO DOS EFEITOS PRESUNTIVOS E DE PROVA PRÉ-CONSTITUÍDA DA CERTIDÃO DE DÍVIDA ATIVA

No presente tópico, como antecipado, pretende-se analisar os efeitos atribuídos pelo ordenamento brasileiro à CDA. Após a melhor compreensão da natureza deste fenômeno, espera-se estar em condições para oferecer uma releitura de como tais efeitos devem interagir com a distribuição do ônus da prova no processo judicial tributário.

Para atingir tal propósito, será necessário antes estudar mais detidamente a figura da presunção tributária, o tratamento dado pelo nosso ordenamento aos títulos executivos, o papel de prova pré-constituída atribuído à CDA e o instituto da presunção de legitimidade ou veracidade dos atos administrativos. Isso porque tais fenômenos encontram-se intimamente relacionados aos efeitos produzidos pela CDA no processo judicial e nos permitirão examiná-los com mais discernimento.

4.1.1. A presunção tributária

Inicia-se a análise proposta voltando o foco para a figura da presunção tributária. Com tal expressão, busca-se designar, em termos simples, as hipóteses em que o raciocínio presuntivo é utilizado no direito tributário. Por raciocínio presuntivo, pretende-se referir especificamente à lógica explicada no terceiro capítulo deste trabalho, segundo a qual a presunção tem o objetivo de apurar a ocorrência de um fato (fato primário), mediante a confirmação da materialização de outro fato (fato secundário), que com ele mantém relação lógica de causa e consequência.

Como visto anteriormente, a presunção pode ter sua origem na lei ou pode fundar-se em raciocínio lógico utilizado pelo juízo, sendo denominada presunção legal na primeira hipótese e presunção judicial na segunda. Considerando que o propósito desse tópico é identificar a natureza dos efeitos atribuídos pelo CTN e pela LEF à CDA, nosso foco será voltado primordialmente à presunção legal, vez que a presunção judicial, obviamente, merece ser excluída de plano do rol de possibilidades.

Quando se funda na lei, a presunção deve reproduzir uma relação que se manifesta tradicionalmente, gerando uma expectativa relativamente segura de que, ao verificar materializado o fato secundário, também estará presente o fato primário (GAZZERO, 1961, p. 485, MICHELI, 1976, pp. 405-406), sob pena de se transformar em arbitrariedade. Nesse sentido, a doutrina clássica italiana costuma apontar que um ponto de fragilidade da presunção legal, quando utilizada unilateralmente pela parte, reside justamente na sua não submissão ao contraditório, ao contrário do que ocorre na presunção judicial (GENTILLI, 1933, pp. 92-93).

Apesar de, tecnicamente, o instituto da presunção propriamente dito, que ora se descreve, não se equiparar aos efeitos presuntivos da

CDA (conforme será explicado logo abaixo), o raciocínio desenvolvido pela doutrina italiana a respeito das limitações que devem ser impostas à presunção legal se mostra perfeitamente apropriado. De fato, como já afirmado em outras oportunidades, a lei pretende atribuir impacto material significativo ao ato de inscrição em dívida ativa que, a toda evidência, apresenta caráter primordialmente formal (BITTENCOURT, 1998, pp. 117-118; CONRADO, 2016, p. 202; DELGADO, 1981, pp. 202-203; MARINS, 2016, pp. 747-749), e ainda conta com a circunstância agravante de ser realizado sem contraditório e sem a participação do contribuinte.

Adentrando o âmbito específico do direito tributário, importa observar que a presunção legal se justifica principalmente pela noção de praticidade que ela é capaz de agregar. Nesse sentido, a doutrina confere à presunção legal a função de auxiliar a atividade de fiscalização da Administração Pública, mas não só isso: considera-se que se trata de técnica que pode gerar benefícios também ao contribuinte, ao evitar a necessidade de utilização de métodos de fiscalização extremamente invasivos de seu espaço privado (GAZZERO, 1961, p. 484). A presunção de que o aumento de patrimônio desmesurado foi acompanhado de renda não declarada, por exemplo, pode ser enquadrada nesse contexto.

Outro aspecto que merece ser tratado a respeito da presunção – o qual já foi abordado brevemente no capítulo anterior – diz respeito aos seus efeitos na distribuição do ônus da prova. Como antecipado, uma parcela da doutrina entende que a presunção relativa nada mais é que uma técnica de divisão do ônus probatório entre as partes: sempre que se fizer presente o fato secundário da presunção relativa, caberá ao interessado provar que sua existência, naquele caso concreto, não ocasionou a materialização do fato primário.[1]

Contudo, esse racional não é unânime. Com efeito, há quem entenda que a presunção nada mais é que um dos caminhos oferecidos pelo ordenamento ao jurisdicionado para desincumbir-se do ônus de provar. Assim, sempre que há um fato primário controverso, as partes

1. Nesse sentido, *"na presunção relativa, ainda que o legislador tenha se fundado em um tipo de raciocínio semelhante ao que o juiz desenvolve para chegar em uma presunção judicial, o certo é que essa última é consequência lógica, enquanto a primeira é consequência jurídica. Portanto, se a presunção judicial é um mecanismo de convencimento do juiz, a presunção relativa nada mais é do que a imposição de um dever de dividir o ônus da prova de determinado modo"* (MARINONI; ARENHART, 2015). Posição semelhante adotada especificamente no campo do processo tributário é a de Saldanha Sanches (1987, p. 137).

podem optar por apresentar prova que se relaciona diretamente a ele, ou por apresentar prova da ocorrência de fato secundário a ele vinculado, utilizando o método presuntivo para demonstrar seu ponto de vista em relação ao fato primário. Assim, ao lançar mão do raciocínio presuntivo, a parte não estaria se beneficiando da inversão do ônus da prova propriamente dito. Na realidade, estaria apenas se desincumbindo do seu ônus de provar e, ao fazê-lo, transfere automaticamente o ônus da contraprova ao adverso (GAZZERO, 1961, pp. 483-484), conforme foi explicado no capítulo anterior, ao tratarmos do AgRg no AI 1.093.170/SP.

Traçados tais contornos, torna-se possível afirmar que a figura da presunção tributária descrita neste subtópico, a toda evidência, não se demonstra suficiente para explicar o fenômeno que ocorre com a CDA. Em outras palavras, os efeitos atribuídos pelo artigo 204 do CTN e pelo artigo 3º da LEF à CDA e o fenômeno que se materializa a partir dela não se assemelham às características da presunção tributária delineadas acima.

Com efeito, no caso da CDA, é difícil identificar um fato primário a ser comprovado por meio do raciocínio presuntivo – sendo mais difícil ainda delimitar sua extensão –, mas certamente não se visualiza a presença de um fato secundário, vinculado ao fato primário, a ser comprovado diretamente pela parte interessada. A estrutura dos fenômenos é nitidamente diversa. Na presunção propriamente dita, o fato secundário se torna o *thema probandum,* deve ser comprovado para levar a conclusões acerca da existência do fato primário.

Já no caso da CDA, a simples confecção de um documento – a qual, diga-se, a toda evidência não se assemelha a um fato secundário – gera uma presunção cuja extensão dificilmente pode ser delimitada. Aliás, a demarcação daquilo que se demonstra indiretamente com o raciocínio presuntivo é outro aspecto relevante de diferenciação que se estabelece entre o caso da CDA e a presunção tributária comum. Isso porque, enquanto esta carrega consigo o fato primário de forma bem definida, aquela gera uma presunção de certeza e liquidez e tem o efeito de prova pré-constituída, o que pode abranger uma série de informações e fatos positivados em um documento.

Diante de tais circunstâncias, pode-se afirmar que, enquanto a presunção tributária propriamente dita possui seus fundamentos fixados muito mais na relação de lógica estabelecida entre dois fatos e nas máximas de experiência que indicam onde tal relação lógica pode ser encontrada, os efeitos que decorrem da CDA estão muito mais relacionados à necessidade de se conferir credibilidade ao documento. Esse ponto será mais bem explorado nos subtópicos a seguir.

De qualquer forma, é de se ressalvar que o fato de demonstrarmos aqui as diferenças estabelecidas entre ambos os fenômenos não deve ser interpretado como uma negação completa de qualquer semelhança que possa haver entre eles. Com efeito, ainda se mostra possível identificar que, no caso da CDA, assim como ocorre com a presunção, existe sim uma relação lógica que fundamenta a credibilidade obtida.

Da mesma forma que, como já afirmado anteriormente, a presunção propriamente dita não surge por abiogênese e exige a demonstração do fato primário e dos pressupostos que justificam seu desencadeamento, os atributos conferidos à CDA não decorrem do ato formal e unilateral da inscrição em dívida ativa, pelo contrário, busca fundamento e legitimidade em uma série de circunstâncias que o antecedem (BITTENCOURT, 1998, pp. 117-118; CONRADO, 2016, p. 202; DELGADO, 1981, pp. 202-203; MARINS, 2016, pp. 747-749).[2]

Daí a ideia na qual se insistiu ao longo desse estudo de que um processo administrativo liso e equilibrado é fundamental para que se possa conferir maior credibilidade à CDA. Aliás, conforme já visto anteriormente, tal modo de raciocinar se torna inevitável - tanto para a presunção propriamente dita, quanto para os efeitos atribuídos à CDA - a partir do momento em que o Estado Democrático de Direito e os princípios dele derivados se apresentam para impedir a distribuição de privilégios arbitrariamente pelo ordenamento jurídico (MELLO, 2014, p. 17; 2014, p. 39).

Demonstrados os fatores que afastam a CDA da presunção tributária propriamente dita, mostra-se necessário analisar de forma mais aprofundada a presunção de certeza e liquidez que a lei confere a esta espécie de título executivo (artigo 784, inciso IX, do CPC/2015), para que se torne possível identificar as origens do fenômeno e realizar o enquadramento adequado de cada instituto. A satisfação de tal propósito depende, evidentemente, da prévia análise acerca do tratamento dado pelo ordenamento jurídico aos títulos executivos, a qual será conduzida no subtópico a seguir.

2. Nesse sentido, observe-se que a doutrina italiana mantém postura semelhante em relação à *"iscrizione a ruolo"*, atribuindo-lhe natureza de título executivo que não influencia na essência do direito, pelo contrário fundamenta-se nela e no que foi apurado em etapas anteriores (RANDAZZO, 1971, pp. 643-644).

4.1.2. O tratamento dado pelo ordenamento jurídico brasileiro aos títulos executivos

Os atributos de certeza e liquidez conferidos pelo artigo 204 do CTN e pelo artigo 3º da LEF à CDA são, antes de qualquer coisa, os atributos exigidos de qualquer título executivo pela legislação processual – artigos 783 e 786 do CPC/2015, correspondentes, respectivamente, aos artigos 586 e 580 do CPC/1973 – para que possam lastrear de forma válida o procedimento de execução (MARINS, 2016, pp. 747-748). Tal fato não causa surpresa, considerando que, como mencionado acima, o artigo 784, inciso IX, do CPC/2015 lista a CDA no rol dos títulos executivos extrajudiciais.

Qualquer esforço para desvendar os efeitos atribuídos pela LEF e pelo CTN à CDA (*"presunção de certeza e liquidez"*), portanto, demanda uma prévia investigação sobre o tratamento dado pela doutrina aos atributos "liquidez" e "certeza" comumente exigidos dos títulos executivos.

Nesse passo, inicia-se afirmando que o atributo da liquidez refere-se à delimitação precisa do montante do débito exequendo. Como a dívida tributária é pecuniária (artigo 3º do CTN), não surgem grandes dúvidas a respeito de tal requisito, sendo certo que, nos termos do parágrafo único do artigo 786 do CPC/2015, a "*necessidade de simples operações aritméticas para apurar o crédito exequendo não retira a liquidez da obrigação constante do título*".

Já o requisito da certeza comporta maiores controvérsias, demandando uma análise mais detida de nossa parte. Com efeito, o entendimento mais tradicional e até hoje predominante na doutrina (DELGADO, 1981, p. 202; MARINS, 2016, pp. 747-748; SANTOS, 1992, p. 224; LUCCA, 2012, pp. 142-144) e na jurisprudência[3] defende que tal atributo estaria atrelado à existência da obrigação consubstanciada no título executivo.[4]

Contudo, há quem entenda que, na realidade, o requisito da certeza esteja mais relacionado à presença e à definição dos elementos fundamentais da obrigação,[5] tais como: sujeitos ativo e passivo, objeto, natureza da

---

3. Isso pode ser extraído dos precedentes abordados no capítulo anterior.
4. Daí o artigo 1.533 do Código Civil de 1916 afirmar que se considera *"líquida a obrigação certa, quanto à sua existência [...]"*.
5. Nesse sentido: *"A certeza deve apresentar-se na formação do título, de modo que pela sua simples leitura se possa determinar o objeto da prestação, sua forma, seus sujeitos e, enfim, os contornos da obrigação assumida"* (MARINONI; ARENHART; MITIDIERO, 2017).

relação jurídica, forma e demais contornos essenciais (ZAVASCKI, 2016; LUCCA, 2012, pp. 142-144). Segundo essa corrente, o título executivo deve manter uma coesão interna para que se possa depositar sobre ele a confiança de que reflete adequadamente a relação de direito material ali positivada. Essa fidedignidade é importante para garantir que o processo de execução possa perseguir seu propósito - de efetivação do direito da parte - sem que sejam levantados óbices relacionados a eventuais questionamentos acerca do direito substancial materializado no título executivo. Tais questionamentos não estão circunscritos no escopo do processo de execução e é exatamente por isso que a defesa se dá pela via autônoma dos embargos, e não pela apresentação de contestação, como ocorre ordinariamente.

Este último entendimento parece explicar de modo mais satisfatório não apenas o fenômeno executivo, como também o da oposição eventualmente manifestada pelo devedor. Isso porque, à luz desse raciocínio, se torna mais nítida a distinção entre certeza e incontestabilidade. Vejamos:

> Certeza não é sinônimo de incontestabilidade. O título executivo atende ao requisito da certeza quando for apto, por si mesmo, a representar, documentalmente, uma norma jurídica individualizada da qual decorra a obrigação de alguém de prestar a outrem uma coisa, uma quantia, um fato ou uma omissão. Embora contestáveis, em tese, os elementos subjetivos e objetivos dessa norma, ainda assim estará presente o requisito da certeza sempre que o título for, em si, intrinsecamente incontestável, ou seja, sempre que a eventual contestabilidade não decorrer de insuficiência ou de contradição (dicção contra) interna ao título, mas depender de elementos extrínsecos. (ZAVASCKI, 2016)

Nesse sentido, afirmar que o requisito da certeza está ligado à existência da obrigação e demandar tal requisito do título executivo para que este possa fundar a execução seria inverter a ordem natural e antecipar um juízo de valor para um momento em que ele simplesmente não cabe; seria o mesmo que exigir o "requisito da procedência da ação" no momento de apreciar eventual inépcia.

Assim, quando os artigos 204 do CTN e 3º da LEF afirmam que a dívida regularmente inscrita goza de presunção de certeza e liquidez, estão simplesmente outorgando à CDA os mesmos efeitos que o ordenamento jurídico atribui a qualquer título executivo válido. Isso significa apenas que os elementos intrínsecos da CDA serão presumidos corretos e, caso se pretenda afastá-los, deverá ser apresentada prova inequívoca.

Tal fato difere sensivelmente de qualquer afirmação no sentido de que a relação de direito material espelhada na CDA deva existir presumivelmente e também não se mostra compatível com a tentativa de atribuir ao devedor a obrigação de se desincumbir de ônus da prova mais significativo para conseguir afastar a dívida a partir do momento em que ela for submetida ao procedimento de inscrição. Insiste-se mais uma vez no ponto: não é viável atribuir tanta relevância a um ato meramente formal e unilateral como o da inscrição em dívida ativa (BITTENCOURT, 1998, pp. 117-118; CONRADO, 2016, p. 202; DELGADO, 1981, pp. 202-203; MARINS, 2016, pp. 747-749).

A partir de tais circunstâncias, torna-se mais fácil a compreensão a respeito do propósito do CTN de atribuir à CDA efeito de prova pré-constituída. Na realidade, pretende-se somente atribuir ao título executivo que lastreia a execução fiscal autonomia para viabilizar a cobrança, sem que seja necessária a apresentação de provas complementares capazes de demonstrar que os contornos da relação de direito material foram refletidos adequadamente na demanda executiva. Nesse passo, é possível afirmar que o artigo 783 do CPC/2015 apenas materializa o "*princípio básico do processo de execução, segundo o qual o título executivo deve representar de modo completo a norma jurídica individualizada*" permitindo que o juiz da execução, "*ao receber a inicial, conheça quem deve, o que deve e quando deve cumprir a obrigação*" (ZAVASCKI, 2016).

Além disso, o parágrafo único do artigo 204 do CTN, assim como o parágrafo único do artigo 3º da LEF, ao afirmarem que a presunção referida no respectivo *caput* é relativa e pode ser ilidida por prova inequívoca "*a cargo do sujeito passivo ou do terceiro a que aproveite*", apresentam-se como outro fator a corroborar que dita presunção se refere exclusivamente aos requisitos de certeza e liquidez intrínsecos a qualquer título executivo.

Isso porque, se essa presunção abarcasse todo e qualquer aspecto da relação de direito material, não haveria razão para limitar a possibilidade de demonstração infirmadora à iniciativa do sujeito passivo ou do terceiro, vez que, conforme já observado, há ocasiões em que esse é o interesse do próprio ente tributante. Relembre-se, nesse sentido, o entendimento do STJ de que o redirecionamento da execução depende de prova da Fazenda quando o nome do sócio não consta da CDA.

Caso o raciocínio ora delineado seja levado às últimas consequências, passa a ser possível afirmar que, na realidade, os efeitos atribuídos à CDA pela LEF e pelo CTN não têm o condão de depositar sobre o contribuinte todo ônus probatório relativo a fatos controvertidos que sejam atinentes à relação de direito material (FERRAZ, 2012, pp. 157-159). Essa conclusão, contudo, ainda se mostra precoce, tendo em vista que até este momento não houve a oportunidade de analisar a influência que a presunção de veracidade e legitimidade dos atos administrativos exerce sobre a CDA. É desse ponto que se pretende tratar no subtópico a seguir.

De qualquer forma, cabe estabelecer desde já o entendimento de que, isoladamente, a presunção de certeza e liquidez da CDA, bem como seu efeito de prova pré-constituída, tendo sido demonstrados como atributos comuns dos títulos executivos, não se afiguram incompatíveis com as regras gerais de distribuição do ônus da prova previstas no CPC/2015 (o que inclui as hipóteses de flexibilização). Com efeito, se a generalidade dos títulos executivos goza dos mesmos atributos e não se afigura incompatível com a distribuição do ônus da prova tradicional do sistema processual brasileiro, não há nada a recomendar que não se afirme o mesmo a respeito da CDA.

4.1.3. A presunção de legitimidade ou de veracidade dos atos administrativos

A doutrina brasileira costuma discutir a possibilidade de atribuir aos atos do poder público a presunção de sua veracidade e de sua legitimidade. Tais características possuem fundamento em princípios do direito administrativo e constitucional, mas também decorrem de imposições pragmáticas, uma vez que, se não fossem minimamente acolhidas pelo ordenamento jurídico, o funcionamento da Administração Pública se tornaria impossível (MEIRELLES, 2004, p. 156). Na realidade, essa necessidade não se faz presente apenas no direito público, tendo em vista que os atos de direito privado também devem ser presumidos válidos, pelo menos até que alguém se oponha. Não fosse assim, seria inviável o funcionamento do sistema jurídico que se veria em estado de permanente insegurança.

A maior parte dos autores faz distinção entre presunção de veracidade (relativa aos fatos) e presunção de legitimidade (relativa ao direito) dos atos da Administração Pública. Alexandre Santos de Aragão, por exemplo, defende ser compatível com o texto constitucional um princípio apenas de presunção de legitimidade, isto é, de compatibilidade com o ordenamento jurídico, mas jamais um princípio de presunção de veracidade dos fatos invocados pela Administração, que, segundo o autor, não teria sido recepcionado pela Constituição Federal de 1988 (2012, pp. 127-129).[6]

Quanto a este ponto, cabe ressalvar desde já que, na hipótese de se estabelecer conceitos distintos para cada uma das presunções mencionadas, naturalmente importará mais para o presente estudo (que analisa questões probatórias) a dimensão relativa à matéria fática (presunção de veracidade), que aquela relativa à matéria jurídica (presunção de legitimidade).

Em todo caso, levando em consideração que, conforme já antecipado, a controvérsia em matéria tributária quase sempre envolverá discussão acerca da validade de atos administrativos – ainda que o âmbito do debate se restrinja aos pressupostos fáticos do ato, como ocorre no presente estudo –, torna-se fundamental examinar a força das aludidas presunções de veracidade e legitimidade e, principalmente, o ônus a ser superado pelo particular para enfrentá-las no processo judicial.

Daí o motivo de se ter afirmado anteriormente que a simples observância da CDA como título executivo – bem como a compreensão das características daí advindas – não seria suficiente para viabilizar o estabelecimento de diretrizes definitivas a respeito de sua interação com a distribuição do ônus da prova entre as partes. A presunção de legitimidade e de veracidade dos atos da administração infundida na CDA apresenta-se como uma característica determinante (ABRAHAM; GOMES; PEREIRA, 2015, p. 272), que – juntamente com o fato de tais atributos serem afastados apenas por meio de prova inequívoca, por força da redação da LEF e do CTN – acaba por diferenciá-la dos demais títulos executivos.

Dessa forma, para o propósito do presente estudo, torna-se necessário analisar até que ponto a presunção de legitimidade e de veracidade da CDA consegue influenciar na distribuição do ônus da prova no processo judicial tributário. Nesse sentido, como afirma Guedes (2016, p. 11),

6. A esse respeito, mostra-se oportuno aludir também ao entendimento de Guedes (2007, pp. 23-24). Di Pietro, por sua vez, afirma que em decorrência da presunção de legitimidade, presume-se, *"até prova em contrário, que os atos administrativos foram emitidos com observância da lei"*, enquanto a *"presunção de veracidade diz respeito aos fatos"* o que significa que *"presumem-se verdadeiros os fatos alegados pela Administração"* por serem *"dotados de fé pública"* (2012, p. 204-205).

o entendimento doutrinário mais tradicional caminha no sentido de reconhecer que a presunção inerente aos atos administrativos transfere para o particular não apenas o ônus de sua impugnação, como também o ônus da prova em contrário.

O racional que fundamenta desse entendimento consiste em assumir que a atuação do administrador, por estar baseada em princípios como o da legalidade, da impessoalidade e da moralidade, merece fé ainda que questionada pelo administrado, cuja conduta, na maioria das vezes, estará norteada por interesses particulares. Na realidade, por trás dessa concepção está presente uma ideia ainda mais abrangente: a da supremacia do interesse público (FERRAZ, 2012, pp. 167-168; GUEDES, 2007 p. 134-144).

Não cabe agora qualquer reflexão mais detida a esse respeito, tendo em vista que o assunto será estudado mais à frente, no subtópico em que se pretende fazer uma releitura dos artigos 204 do CTN e 3º da LEF. O que importa observar, nesse momento, é que, segundo essa visão, a CDA, como ato da Administração, gozaria de presunção de legitimidade e de veracidade (ABRAHAM; GOMES; PEREIRA, 2015, pp. 271-272) e mereceria fé ainda que questionada por parte eventualmente interessada, a menos que esta fosse capaz de apresentar prova inequívoca em sentido contrário.

Nesse mesmo sentido, não é incomum a utilização da noção de prova *prima facie* em favor do crédito tributário, apesar de esta concepção estar mais relacionada a uma situação concreta de fato que a uma regra abstrata de julgamento (MICHELI, 1940, p. 229), que parece ser a melhor forma de enquadrar os efeitos que essa parte da doutrina pretende atribuir à CDA.

Apesar da predominância da corrente descrita acima, vem se expandindo a parcela da doutrina que defende que, no Estado Democrático de Direito, a presunção de veracidade dos atos da Administração existe apenas por motivos pragmáticos e deve subsistir somente até o momento em que for levantada objeção por parte do administrado (GUEDES, 2007, p. 148; MIRANDA NETTO, 2009, pp. 276-278; ARAGÃO, 2012, p. 129; TOMÉ, 2016, p. 298), assim como ocorreria com qualquer ato privado.

Aplicando-se esse racional no âmbito do processo tributário, poder-se-ia afirmar que, uma vez apresentado questionamento pelo sujeito passivo da obrigação tributária, caberia ao sujeito ativo produzir prova suficiente para confirmar a ocorrência dos pressupostos nos quais se baseou o ato administrativo. A transposição desse entendimento para o presente estudo permitiria defender uma distribuição do ônus da prova realizada sempre de acordo com as regras gerais do interesse e com eventual flexibilização decorrente de excessiva onerosidade na produção da prova.

Por fim, cabe observar a existência de doutrina que vai ainda mais longe para afirmar que, no processo tributário, se desenvolve um juízo de controle dos atos da Administração, de modo que seria lançado sobre o ente tributante o encargo de fazer prova dos fatos que permitiram o exercício do seu poder tributário. Tal corrente se fez presente de forma controvertida na Itália (SCOCA, 1992, pp. 734-735; TESAURO, 1986a, pp. 188-189), onde a estrutura do sistema de contencioso tributário é sensivelmente diversa da nossa.[7]

Não parece existir substrato legal para aplicação desse entendimento no sistema brasileiro, uma vez que, como visto, a CDA, antes de qualquer coisa, deve ser vista como um título executivo, fazendo jus ao gozo dos atributos comumente conferidos à classe (TAVARES, 2012, p. 159), sendo certo que, caso se transferisse para o credor a responsabilidade de comprovar todos os fatos e o direito material que lastreiam o título executivo a partir de qualquer questionamento do devedor, a utilidade destes instrumentos se tornaria praticamente inexistente.

Uma vez analisadas as três linhas possíveis de tratamento da presunção de legitimidade e de veracidade da CDA, cabe observar como se dá a interação de tais efeitos com a distribuição do ônus da prova no processo tributário. Nesse passo, relembra-se, de início, que a presunção em sentido técnico, abordada logo no início deste capítulo, influencia somente de forma indireta na distribuição do ônus da prova.

Como visto, não há uma alteração nas regras abstratas de distribuição do ônus, contudo, a parte interessada, ao fazer uso da presunção propriamente dita, utiliza a demonstração do fato secundário para desincumbir-se do encargo de provar o fato primário. Assim, satisfaz o

7. Nesse sentido, Scoca afirma algumas consequências da estruturação do processo tributário italiano ao redor do propósito de realizar um juízo de controle dos atos administrativos: (i) o processo não pode ser iniciado antes de emanado o ato que será objeto do pedido de anulação; (ii) o objeto do processo consiste na verificação da legitimidade formal e substancial do ato, bem como de todo o *iter* de exercício do poder impositivo; (iii) os poderes decisórios do juiz tributário restarão restritos à anulação total ou parcial do ato impugnado; (iv) os poderes instrutórios do juiz compreende todas as faculdades de requerimento e acesso a dados, informações e declarações relacionados a qualquer norma tributária (1992, p. 728).

ônus da prova que sobre si era depositado, de modo a transferir para a parte adversa o ônus da contraprova.

Não aparenta apropriado afirmar o mesmo em relação à presunção de veracidade e de legitimidade da CDA. Com efeito, a parte que dela se beneficia não está satisfazendo seu ônus probatório, nem está provando um fato secundário específico que, em decorrência de um vínculo lógico, demonstrará indiretamente a ocorrência do fato primário. O fato primário, aliás, também não é delimitado, ao contrário do que ocorre no instituto da presunção em sua acepção técnica.

Diante de tais circunstâncias, em matéria probatória, afigura-se apropriado o enquadramento da presunção de veracidade e de legitimidade da CDA como uma característica que influencia nas regras gerais de distribuição do ônus da prova, ainda que seja questionável de que forma e em que medida tal influência se estabelece (ABRAHAM; GOMES; PEREIRA, 2015, pp. 271-273; FURTADO, 2013, p. 346; GUEDES, 2016, p. 11; TOGNETTI, 2010, pp. 353-355).

Em outras palavras, ainda que se discuta se o ônus da prova será depositado sobre o contribuinte, sobre o Fisco, ou sobre qualquer uma das partes que pretender fazer prosperar afirmação contrária ao que se extrai da CDA, é certo afirmar que a presunção de veracidade e de legitimidade influencia nas regras gerais de distribuição do ônus probatório. Tal premissa é de suma importância para a análise que será desenvolvida no subtópico a seguir.

4.1.4. O tratamento processual adequado

Conforme já esclarecido, o presente tópico tem como propósito fundamental identificar a melhor forma de compreender os efeitos presuntivos e de prova pré-constituída da certidão de dívida ativa. Para tanto, foi necessário, no primeiro subtópico, analisar como se comportam as presunções em sentido técnico no direito tributário, para que fosse possível observar com nitidez os elementos que diferenciam tal instituto dos efeitos atribuídos à CDA. Nesse sentido, observou-se que a parte, ao lançar mão do artifício da presunção, satisfaz o ônus probatório que sobre ela recaía, na medida em que, comprovando a ocorrência do fato secundário, demonstra ter-se materializado o fato primário (*thema probandum*). A presunção, em sentido técnico, não afeta as regras abstratas de distribuição do ônus da prova, mas, na prática, é uma forma de a parte se desincumbir do seu encargo e transferir a responsabilidade pela contraprova ao adverso.

Em seguida, foi preciso examinar como o ordenamento brasileiro lida com os títulos executivos em geral, tendo em vista ser essa a natureza atribuída pelo direito processual tributário à certidão. Na ocasião, verificou-se que, apesar de esse aspecto ser pouco explorado pela doutrina tributarista, a caracterização da CDA como título executivo explica em larga medida a presunção de certeza e liquidez que lhe é atribuída pelo artigo 204 do CTN e pelo artigo 3º da LEF. Assim, foi possível firmar o entendimento de que a presunção de certeza e liquidez da CDA, bem como seu efeito de prova pré-constituída, quando enxergados como atributos universais[8] dos títulos executivos, não impedem a aplicação das regras abstratas de distribuição do ônus da prova (tal como as presunções em sentido técnico). Contudo, foi possível visualizar também que a CDA possui certas peculiaridades em relação aos demais títulos executivos, peculiaridades estas cujo exame seria imprescindível para que se alcançasse uma compreensão mais rigorosa do tema.

Assim, no terceiro subtópico, analisou-se a presunção de legitimidade e de veracidade dos atos administrativos e, na oportunidade, foi possível chegar à conclusão de que a maior parte da doutrina admite que os efeitos atribuídos pelo ordenamento pátrio à CDA influenciam nas regras gerais de distribuição do ônus probatório, apesar de haver controvérsia acerca da forma adequada de repartição deste ônus entre Administração e particular.

Fixadas tais premissas, relembra-se a análise realizada no início do capítulo anterior a respeito de eventual conflito entre as normas do artigo 204 do CTN, 3º da LEF e 373 do CPC/2015. Na ocasião, foi possível apurar não haver qualquer questionamento a ser feito a respeito da adequação, à luz do texto constitucional, da via normativa adotada pelos diplomas legais em que estão veiculados os aludidos dispositivos. Com isso, estabeleceu-se uma convicção no sentido de que eventual conflito deveria ser resolvido pelos critérios tradicionais de solução de antinomia da especialidade e da cronologia.

A união de todas essas percepções se mostra fundamental para identificação do tratamento processual mais adequado à matéria. É dizer,

8. Nesse sentido, Marinoni, Arenhart e Mitidiero, apoiados na doutrina de Proto Pisani, defendem o uso democrático e isonômico dos títulos executivos extrajudiciais, ou seja, em "*todos os casos em que se esteja diante de um ato ou documento idôneo a fornecer aquele 'grau de certeza' historicamente reconhecido como suficiente para instituir um título extrajudicial, independentemente do peso político dos sujeitos que dele poderão usufruir*" (2017).

conforme verificado no presente tópico, pode-se afirmar que os efeitos atribuídos à CDA pelos artigos 204 do CTN e 3º da LEF impactam nas regras gerais de distribuição do ônus da prova. Além disso, conforme verificado no capítulo anterior, eventual conflito normativo entre tais dispositivos e o artigo 373 do CPC/2015 deve ser resolvido pelos critérios da especialidade e da cronologia.

Nesse passo, deve-se observar que o ordenamento brasileiro acolhe o princípio que se traduz na máxima *lex posterior generalis non derogat legi priori speciali*.[9] Sabe-se que a especialidade de uma norma não se configura apenas em decorrência de sua localização em um diploma normativo extravagante, sendo necessária a existência de tratamento inovador e diferenciado em relação aos casos comuns. Tal tratamento, por sua vez, se justifica, à luz do princípio da isonomia, em função de alguma característica que seja capaz de diferenciar aquela hipótese específica das demais (TIBURCIO, 2017, pp. 69-72). Transportando essas noções para o caso em tela, torna-se possível afirmar que o artigo 204 do CTN e o artigo 3º da LEF, nos limites de sua influência nas regras abstratas de distribuição do ônus da prova, se afiguram como normas específicas, ao passo que o artigo 373 se apresenta como regra geral a disciplinar o tema.

Deve-se compreender, contudo, que o artigo 373 do CPC/2015 não traz apenas as regras gerais e abstratas de distribuição do ônus da prova. De fato, esse papel é exercido pelo *caput* e incisos; seus parágrafos, contudo, trazem regras específicas, que, a toda evidência, não colidem com os efeitos atribuídos à CDA. A título ilustrativo, observa-se que o § 3º do artigo 373, por exemplo, estabelece a possibilidade de distribuição do ônus da prova por convenção das partes, regra esta que não parece manter qualquer interação com os efeitos atribuídos à certidão de dívida ativa. Esclareça-se: até é possível defender não ser cabível a distribuição do ônus da prova por convenção no processo tributário; tal defesa, no entanto, não encontrará amparo no fato de a CDA influenciar nas regras gerais de distribuição do ônus probatório, devendo ser conduzida a partir de outros argumentos.

9. Nesse sentido é o entendimento do STJ (EREsp 475.713/PR, Rel. Ministro Franciulli Netto, Corte Especial, julgado em 15/06/2005, DJ 02/10/2006 e EREsp 696.299/PE, Rel. Ministro Paulo Gallotti, Terceira Seção, julgado em 23/04/2008, DJe 04/08/2009) e o disposto no artigo 2º, § 2º, da Lei de Introdução às Normas do Direito Brasileiro, Decreto-Lei 4.657/1942.

O racional que dá substrato a essa distinção se mostra fundamental para o presente estudo, na medida em que nos permite afirmar que a regra de flexibilização do ônus probatório prevista no § 1º do artigo 373 do CPC/2015 não colide com os efeitos atribuídos pelo ordenamento à CDA. Ainda que tais efeitos recomendem determinada distribuição, *in abstracto*, do ônus probatório, deve ser ressalvada a liberdade do juiz de (i) delimitar as questões de fato sobre as quais recairá a atividade probatória, especificando os meios de prova admitidos (artigo 357, inciso II, do CPC/2015); (ii) "*determinar as provas necessárias ao julgamento do mérito*" (artigo 370 do CPC/2015); (iii) "*atribuir o ônus da prova de modo*" excepcional, caso presentes os requisitos previstos no § 1º do artigo 373 do CPC/2015; e, em seguida, (iv) apreciar "*a prova constante dos autos, independentemente do sujeito que a tiver promovido*", indicando "*na decisão as razões da formação de seu convencimento*" (artigo 371 do CPC/2015).

A esse ponto, retoma-se a segunda premissa fixada no início do capítulo anterior: independentemente do tratamento das presunções e das regras de distribuição do ônus probatório como normas de direito material ou de direito processual, deve-se manter preservada a liberdade do juiz para instrução do processo e para formação de seu convencimento.

Assim, se por um lado se observa que, no subtópico anterior, foram apresentadas três alternativas relacionadas à interação entre as regras gerais de distribuição do ônus da prova e a presunção de legitimidade e veracidade da CDA,[10] por outro lado, considera-se que, em qualquer um dos casos narrados, não se visualiza a existência de óbices à aplicação da regra de flexibilização do ônus probatório prevista no § 1º do artigo 373 do CPC/2015.

Nesse sentido, cabe ressaltar que o artigo 204 do CTN não apenas não depõe contra tal entendimento, como o reforça na medida em que deixa expressamente consignada a admissão de prova em sentido contrário ao que consta da CDA. Ora, se é possível a produção de prova em sentido contrário, é possível que o juízo estabeleça seu convencimento (artigo 371 do CPC/2015) a partir de presunção judicial tendente a afastar determinada informação que goza da presunção de legitimidade e veracidade, sendo certo que essa presunção judicial pode se estabelecer a partir da

10. Relembre-se: tratou-se da possibilidade de depositar o ônus da prova sobre o contribuinte, sobre o Fisco, ou sobre qualquer parte que apresente afirmação contrária ao que se extrai da CDA.

incapacidade da parte beneficiada de produzir as provas que lhes foram incumbidas com base no artigo 370 e no artigo 373, § 1º, do CPC/2015.

Apesar de os impactos dos efeitos da CDA nas regras gerais de distribuição do ônus da prova serem palpáveis, não se afigura razoável ao juízo, no exercício de seus poderes instrutórios, por exemplo, exigir de determinada parte a produção de prova impossível, simplesmente porque isso em nada contribuiria para o esclarecimento do contexto litigioso. Assim, não parece absurdo que o juiz, diante de circunstâncias desse quilate, opte por determinar que a parte adversa produza prova a respeito daquele fato alegado em seu desfavor. Caso a parte incumbida não seja capaz de suprir o ônus sobre si depositado, caberá ao juízo formar seu convencimento levando em consideração todos os elementos da lide, inclusive este (artigo 371 do CPC/2015).

Para ilustrar essa lógica, recorre-se às palavras de Filippo Gazzero, para quem a valoração de uma prova pertence ao poder discricionário do magistrado, o qual tem a obrigação apenas de expor, na motivação da sentença, a dialética elaborada para se alcançar a formação de seu convencimento (GAZZERO, 1961, p. 494). Assim, a existência de presunção em favor de determinado fato pode servir de recomendação à formação de um juízo naquele mesmo sentido, mas jamais pode ser vista como uma vedação ao acolhimento de razões contrárias. Aliás, impedir que o magistrado exerça esse tipo de discernimento significaria romper com o paradigma atual - seja ele denominado livre conhecimento motivado ou não - e voltar à prova tarifada, na medida em que cada elemento teria seu poder de convencimento fixado abstratamente.

Não custa lembrar, nesse passo, que a apreciação do caso concreto é um poder inerente à atividade de julgar e que a cosmovisão que impera atualmente no direito processual constitucional recomenda o fortalecimento do "*papel das partes na reconstrução dos enunciados de fato e o do magistrado em velar para que esses esforços não se desviem das garantias*" (PEREIRA, 2017, p. 246). Não à toa o código atribuiu às partes o dever de cooperação (artigo 6º do CPC/2015) e colaboração para o descobrimento da verdade (artigo 378 do CPC/2015). Seu descumprimento pelas partes é um comportamento *contra jus* e pode perfeitamente influenciar na formação do convencimento do magistrado (MICHELI, 1940, p. 226).

Dito isso, considera-se demonstrada a convivência pacífica entre os efeitos atribuídos à CDA pelos artigos 204 do CTN e 3º da LEF, de um lado, e as normas de flexibilização do ônus da prova (artigo 373, § 1º, do CPC/2015) e de formação do convencimento do juízo (artigos

370 e 371 do CPC/2015), de outro. Sem embargo, observa-se que todo o contexto do sistema brasileiro de contencioso tributário apresentado ao longo deste trabalho recomenda que os próprios artigos 204 do CTN e 3º da LEF recebam uma atualização em sua abordagem. Não se trata mais de antinomia, mas sim de interpretação dos referidos dispositivos à luz do contexto em que estão inseridos. É o que será examinado no tópico a seguir.

4.2. A RELEITURA DO ARTIGO 204 DO CÓDIGO TRIBUTÁRIO NACIONAL E DO ARTIGO 3º DA LEI DE EXECUÇÕES FISCAIS ADEQUADA AO CONTEXTO

Para além da viável coexistência entre os artigos 204 do CTN e 3º da LEF e o § 1º do artigo 373 do CPC/2015, cabe analisar cinco argumentos que recomendam a atualização na leitura tradicionalmente dada aos dois primeiros dispositivos legais. Tal releitura será desenvolvida pela interpretação dos aludidos dispositivos com base no pluralismo metodológico (CAMPOS, C., 2016a, pp. 247-251).

Dessa maneira, em primeiro lugar, cumpre observar que tanto o CTN quanto a LEF são diplomas legais editados durante um contexto jurídico, político e social completamente diverso do atualmente vivenciado. Trata-se de leis introduzidas no ordenamento jurídico brasileiro durante período autoritário, que refletem a cosmovisão que prevalecia à época, mas que se afiguram completamente incompatíveis com os princípios e valores introduzidos pela CRFB/1988 (FOLLONI, 2014, p. 254).

Os artigos 204 do CTN e 3º da LEF traduzem bem o espírito infundido em suas respectivas leis, que, por sua vez, refletiam os valores vigentes anteriormente à CRFB/1988. Não à toa a doutrina costuma afirmar que a presunção que beneficia o ato administrativo tem origem em uma visão autoritária do Estado (SALDANHA SANCHES, 1987, p. 127).

Assim, por mais que tais leis tenham sido recepcionadas pela CRFB/1988, nota-se um permanente desconforto originado de sua intrínseca inadequação com o sistema constitucional. André Folloni considera que esse aspecto ajuda a explicar o porquê de o direito tributário atualmente ter de recorrer com tanta frequência à Constituição para solucionar as adversidades que se apresentam em seu caminho (2014, p. 254).

Conforme já observado anteriormente, esse fenômeno também se faz presente no processo civil, que deve muitos de seus avanços ocorridos nas últimas décadas ao chamado direito processual constitucional. Contudo, mais recentemente, com a edição do CPC/2015, viu-se o surgimento de uma lei processual completamente alinhada à CRFB/1988. Nesse sentido, cabe retomar a premissa fixada no terceiro capítulo deste estudo no sentido de que a maior preocupação com a tutela do direito material e com a instrumentalidade do processo e a influência do direito processual constitucional contribuíram para que a regra de flexibilização do ônus da prova viesse a ser positivada no § 1º do artigo 373 do CPC/2015.[11]

Diante de tais circunstâncias, torna-se possível afirmar que o CPC/2015 possui respaldo dos princípios e valores constitucionais atualmente vigentes, ao passo que as normas dos artigos 204 do CTN e 3º da LEF nasceram em período que desfrutava de cosmovisão completamente diversa e mal se sustentam hodiernamente. Justamente por isso, "*a execução fiscal deve ficar atenta a essa mudança de modelo e incorporar, em sua interpretação, uma perspectiva de supremacia dos direitos fundamentais*" (CALIENDO, 2016, p. 55). É dizer, as normas fundamentais do processo devem ser observadas em todo e qualquer procedimento, o que inclui aqueles total ou parcialmente regulados pela LEF e pelo CTN (CÂMARA; RODRIGUES, 2017, pp. 24-27).

De qualquer modo, ainda que se aceitasse a existência de conflito entre tais dispositivos e o § 1º do artigo 373 do CPC/2015, cumpriria observar a necessidade de adoção de um critério finalístico para a solução de eventual antinomia. Nesse cenário, a norma portadora de princípios mais amplamente fundamentados no texto constitucional deveria receber preferência da parte do intérprete, de modo a restaurar a coerência normativa do sistema (CALIENDO, 2016, pp. 49-50).

O segundo argumento em favor da releitura dos artigos 204 do CTN e 3º da LEF que merece ser explorado neste tópico guarda estreita relação com o argumento anterior, na medida em que também se propõe a realizar a interpretação dos aludidos dispositivos à luz do contexto constitucional. Para tanto, cabe retomar a ideia de que a presunção de legitimidade e veracidade atribuída à CDA guarda estreita relação com a ideia da supremacia do interesse público, para em seguida refletir a respeito da validade deste ideal nos dias de hoje. Conforme já afirmado anteriormente, essa visão só encontraria amparo a partir da adoção de

11. Não custa relembrar que mesmo sem a existência de tal dispositivo a doutrina já considerava possível a utilização de tal recurso e que isso se deve em larga medida ao direito processual constitucional.

uma lógica utilitarista, cuja recepção categórica pela CRFB/1988 merece ser, no mínimo questionada, principalmente quando se percebe tratar-se de mecanismo muitas vezes antagônico ao princípio da dignidade da pessoa humana, erigido ao status de fundamento da República (BARROSO, 2012, pp. 10-11).

Nesse contexto, a ideia atualmente predominante parte do pressuposto de que a dignidade da pessoa humana demanda que cada indivíduo seja visto como um fim em si mesmo e não como um meio para a consecução dos propósitos coletivos, por mais nobres e legítimos que eles sejam (BARROSO, 2012, pp. 10-11).

Nesse sentido, para melhor ilustrar o entendimento quem vem se fortalecendo na doutrina nos últimos tempos a respeito da supremacia do interesse público, ideal que, como visto, está na base da presunção de veracidade e legitimidade do ato administrativo, permite-se a transcrição do trecho abaixo:

> Uma das categorias forjadas desde essa origem autoritária foi o chamado princípio da supremacia do interesse público sobre o interesse particular. Embora decantado pela literatura brasileira como fundamento e princípio normativo do Direito Administrativo, sua inconsistência teórica e sua incompatibilidade visceral com a sistemática constitucional dos direitos fundamentais são patentes.
>
> [...] a norma de supremacia pressupõe uma necessária dissociação entre o interesse público e os interesses privados. Ocorre que, muitas vezes, a promoção do interesse público — entendido como conjunto de metas gerais da coletividade juridicamente consagradas — consiste, justamente, na preservação de um direito individual, na maior medida possível. A imbricação conceitual entre interesse público, interesses coletivos e interesses individuais não permite falar em uma regra de prevalência absoluta do público sobre o privado ou do coletivo sobre o individual.
>
> [...] o melhor interesse público só pode ser obtido a partir de um procedimento racional que envolve a disciplina constitucional de interesses individuais e coletivos específicos, bem como um juízo de ponderação que permita a realização de todos eles na maior extensão possível. O instrumento deste raciocínio ponderativo é o postulado da proporcionalidade. (BINENBOJM, 2005)

Assim, não se afigura possível afirmar que, com base na primazia do interesse público sobre o privado, o ato administrativo deva gozar de presunção de veracidade e legitimidade até que o particular consiga apresentar prova inequívoca em sentido contrário. Admitir uma cláusula geral pró Fisco no processo, com base no ideal da supremacia do interesse público, seria o mesmo que afirmar que nosso ordenamento jurídico se encontra à sombra do Estado Total (CALIENDO, 2014, pp. 192-193), o que, evidentemente, não se compatibiliza com CRFB/1988. Com efeito, nosso sistema processual demonstra a incorporação de valores diametralmente opostos, uma vez que parte de um modelo instrumental e substancial para consagrar a primazia dos direitos fundamentais e afirmar o interesse público na satisfação da dignidade humana (CALIENDO, 2016, p. 55). Nesse passo, cumpre mais uma vez chamar atenção para a colaboração oferecida pelo § 1º do artigo 373 do CPC/2015 nesta direção. Tendo em vista que esse assunto já foi bem abordado principalmente no terceiro capítulo deste trabalho, passa-se à análise do terceiro argumento em favor da releitura dos artigos 204 do CTN e 3º da LEF.

Pois bem, em diversos momentos do presente trabalho foi mencionada a intenção de se manter uma visão holística do campo de estudo e a importância dada a essa abordagem está refletida na detalhada análise do sistema brasileiro de contencioso tributário conduzida ao longo do segundo capítulo. Na ocasião, foi possível observar que a inscrição em dívida ativa, em si, se apresenta como um ato puramente formal, desprovido de qualquer caráter material, e que não ocorre efetivo controle da legalidade nesse momento. Na verdade, conforme se verificou, todo o conteúdo substancial da CDA provém das etapas que são percorridas anteriormente pelo crédito tributário (BITTENCOURT, 1998, pp. 117-118; CONRADO, 2016, p. 202; DELGADO, 1981, pp. 202-203; MARINS, 2016, pp. 747-749).

Da mesma forma, visualizou-se que a credibilidade que se pretende atribuir à CDA está diretamente relacionada à força e à eficácia das medidas executivas a serem adotadas no âmbito do processo tributário. Nesse contexto, uma CDA que seja precedida de um processo administrativo justo e equilibrado gozará de ampla credibilidade e permitirá a adoção de atos constritivos mais céleres e invasivos. Por outro lado, a CDA precedida de um processo administrativo débil, voltado somente a obter a manutenção do crédito tributário a todo custo, não legitimará qualquer ato de execução, o que poderia, por exemplo, tornar necessário uma nova atividade cognitiva antes da adoção de qualquer medida tendente à satisfação da dívida.

A soma de tais premissas aos significativos vícios identificados na fase administrativa da discussão tributária leva inevitavelmente à necessidade de repensar a amplitude da influência da CDA na distribuição do ônus da prova entre as partes no processo judicial tributário. Não à toa, Gian Antonio Micheli (1940, p. 230) recomendava ao juiz a apreciação das circunstâncias concretas que levaram à atribuição de presunção de legitimidade a determinado ato administrativo, bem como o cotejo de tal presunção com os elementos instrutórios e a valoração (artigo 371 do CPC/2015) que deles se extrai em cada lide específica.

O quarto argumento que se pretende abordar no presente tópico parte de um pressuposto que muitas vezes não é devidamente valorizado. Trata-se da obrigação de controle administrativo da legalidade que a LEF atribui ao ente tributante, em seu artigo 2º, § 3º. Com efeito, apesar de, como já visto, o artigo 3º da LEF atribuir efeitos presuntivos e de prova pré-constituída à CDA, não se pode afirmar que estes surjam do nada. Pelo contrário, os mesmos somente se afiguram justificados caso o órgão responsável pelo ato da inscrição exerça diligentemente sua atribuição de apurar a liquidez e certeza do crédito (artigo 2º, § 3º, da LEF).

Sob essa ótica, passa a fazer sentido o argumento do controle de legalidade comumente adotado pela doutrina italiana (SCOCA, 1992, pp. 734-735; TESAURO, 1986a, pp. 188-189). Ora, a inscrição em dívida ativa, quando realizada regularmente, conforme esclarece o próprio artigo 3º, vem acompanhada da produção de determinados efeitos, dentre os quais se inclui a presunção de certeza e liquidez. No entanto, o procedimento regular de inscrição exige previamente a realização de um ato de controle administrativo da legalidade, a ser realizado pelo órgão competente para apurar a liquidez e certeza do crédito. Caso tal órgão não exerça de maneira diligente o seu papel, torna-se inviável a atribuição dos efeitos inicialmente previstos pela legislação à CDA. Conforme já afirmado anteriormente, sempre que o ordenamento estabelece determinado critério ou exigência para a prática de um ato, não é razoável esperar que, caso estes não sejam observados, o mesmo ordenamento que foi violado tratará de dar proteção ao violador. Se o ordenamento é ferido por determinada conduta, não é viável sustentar que essa mesma conduta estará por ele protegida (GRECO, M., 2011, p. 92).

Ocorre que, como vimos logo acima, a inscrição em dívida ativa, em nosso sistema de contencioso tributário se apresenta como um ato primordialmente formal, realizado internamente, no âmbito da Procuradoria-Geral da Fazenda Nacional – "PGFN", e que raramente conta com a participação do contribuinte. Além disso, foi visto também que tal ato adquire substância a partir do processo administrativo conduzido anteriormente, o qual, como também se pode verificar, possui sérios vícios e desequilíbrios.

Diante de tal contexto, parece oportuno questionar até que ponto os efeitos atribuídos ao artigo 3º da LEF – os quais, como verificado, encontram-se intimamente relacionados aos efeitos previstos no artigo 204 do CTN – devem ser preservados, quando se percebe nitidamente a inobservância do procedimento estabelecido pelo ordenamento para que tais efeitos sejam produzidos. Assim, também sob essa ótica afigura-se recomendada uma releitura dos aludidos dispositivos.

Com isso, passa-se ao quinto e último argumento que será tratado no presente tópico. Para tal propósito, relembre-se que ficou demonstrado anteriormente que os efeitos atribuídos à CDA pelo artigo 3º da LEF e pelo artigo 204 do CTN, em princípio, não diferem daqueles conferidos pelo ordenamento aos demais títulos executivos. Contudo, observou-se também que o título a partir do qual se desenvolve a execução fiscal possui uma peculiaridade que o diferencia dos demais: por tratar-se de ato administrativo, goza de presunção de legitimidade e veracidade.

Nesse passo, torna-se relevante refletir acerca da possibilidade de transportar para o direito tributário, de maneira acrítica, um instituto que foi gestado inquestionavelmente no âmbito do direito administrativo (OTTO MAYER, 1895, p. 186). De fato, como visto, tal instituto possui raízes na ideia de supremacia do interesse público que, se por um lado é merecedora de críticas – como se observou em diversas oportunidades até aqui –, pelo outro está longe de se apresentar como uma das prioridades a serem alcançadas no âmbito do direito tributário. A exação fiscal baseada no interesse público relega a segundo plano princípios como o da legalidade e o da capacidade contributiva, que são inegavelmente mais importantes para o direito tributário, principalmente diante do contexto constitucional que hoje se encontra em vigor. Por outro lado, é possível considerar que, se há interesse público[12] no âmbito do direito tributário,

12. Tal conclusão se mantém incólume ainda que se aceite a existência do princípio da primazia do interesse público. Cabe aqui chamar atenção para a distinção realizada por parte da doutrina a respeito dos interesses públicos primário e secundário, *"o primeiro, da sociedade, o segundo, do aparelho estatal"*, normalmente atrelado a valor pecuniário (MELLO, 2012). Adotada essa lógica para o caso em tela, tornar-se-ia possível afirmar que o interesse primário – que se reflete na adequada observância do ordenamento tributário – está acima da relação antagônica e pecuniária existente entre contribuinte e entes tributantes, que espelha apenas interesse público de caráter secundário.

o mesmo reside na aplicação harmônica e isonômica do sistema de tributação.[13] O particular deve ser tratado de forma impessoal pelos entes tributantes, sendo submetido a esforço estritamente proporcional à sua capacidade contributiva.

Acrescente-se, de forma análoga, que também seria descabida a tentativa de simplesmente mimetizar, no processo tributário, o sistema de execução adotado no direito privado, bem como os princípios e valores que o orientam. A partir da aliança dessa percepção com os deveres de cooperação e colaboração previstos nos artigos 6º e 378 do CPC/2015, torna-se possível admitir que, no processo tributário, ao contrário do que ocorre no processo privado, o princípio dispositivo não impera soberano, eis que deve conviver com o princípio da investigação (SALDANHA SANCHES, 1987, p. 107).[14] A toda evidência, esse se apresenta como mais um fator contrário à visão hipertrofiada da presunção de veracidade e legitimidade, tendo em vista que tal visão demandaria a adoção de uma postura extremamente passiva da parte do juízo.

Em suma, deve-se observar que, se por um lado as características que diferenciam o direito tributário do direito administrativo recomendam uma interpretação bastante parcimoniosa da presunção de veracidade e legitimidade, pelo outro, as características que diferenciam o direito tributário do direito privado recomendam uma postura mais participativa do juízo, que também não se afigura compatível com o enaltecimento da aludida presunção.

Com isso, considera-se concluída a análise dos argumentos que recomendam a releitura contextualizada dos efeitos atribuídos à CDA pelo artigo 3º da LEF e pelo artigo 204 do CTN. Todos eles aceitam a

---

13. Nesse sentido, Celso Antonio Bandeira de Mello (2012) afirma que as entidades públicas *"por força mesmo de sua posição jurídica peculiar estão adscritas ao dever de manterem comportamentos sintônicos com suas funções e naturezas. Deveras, o Poder Público e seus coadjuvantes perseguem e só podem perseguir fins lícitos e consentâneos com a 'moralidade administrativa', a qual está expressamente qualificada pelo Texto Constitucional como princípio obrigatório para a Administração direta, indireta ou fundacional (art. 37). Nos quadrantes da moralidade administrativa, obviamente, está implicado o pleno respeito aos direitos alheios [...]. Assim, embora seja freqüente o uso pelo Estado de expedientes desabonados pelo Direito, bem como a procura de objetivos puramente egoísticos, descompassados com suas finalidades últimas, tal proceder é patológico. É afrontoso à ordem jurídica."*

14. Nesse passo, parece oportuno notar que até mesmo no âmbito do direito privado a doutrina costuma afirmar que o princípio dispositivo, se levado às últimas consequências, limita e consectariamente desprestigia a relevante tarefa da prestação jurisdicional (LOPES, 1972, p. 20).

presunção de veracidade e de legitimidade dos atos administrativos como característica relevante no sentido de diferenciar a CDA dos demais títulos executivos. Sem embargo, de forma concomitante, carregam consigo a noção em comum de que a aludida característica deve ser contemporizada em decorrência do contexto que a circunda. A boa notícia é que isso se torna possível mediante a aplicação do CPC/2015, diploma normativo que, conforme afirmado anteriormente, se harmoniza ao sistema constitucional de forma significativamente mais serena que a LEF e o CTN. É o que será verificado no subtópico a seguir.

4.2.1. A importância do artigo 373 do Código de Processo Civil de 2015 para restaurar o equilíbrio da relação entre Fisco e contribuintes

Conforme observado no capítulo anterior, a visão que atualmente prevalece nos tribunais acerca da distribuição do ônus da prova no processo judicial tributário não leva em consideração grande parte do contexto descrito neste trabalho. Com isso, o contribuinte é colocado em estado de vulnerabilidade probatória (MIRANDA NETTO, 2009, p. 64), sendo submetido até mesmo à produção de prova impossível, o que se afigura absolutamente inaceitável (SALDANHA SANCHES, 1987, pp. 110-111) e incompatível com um sistema de cobrança lastreado em princípios do Estado Democrático de Direito.

Diante desse contexto, tornam-se ainda mais importantes as duas principais conclusões alcançadas até aqui no presente capítulo, quais sejam (i) a inexistência de conflito entre a regra de flexibilização do ônus da prova e os efeitos atribuídos à CDA e (ii) a necessidade da interpretação desses mesmos efeitos de forma a considerar todo o cenário que os circunscreve. Com isso, se apresenta a oportunidade de chamar a devida atenção para a relação de interdependência mantida entre ambas as ideias. De fato, a releitura dos efeitos atribuídos à CDA se mostra uma fórmula insuficientemente concreta, caso não sejam pensados mecanismos capazes de conferir consequências práticas à sua elaboração teórica e, a toda evidência, a melhor solução nesse sentido é exatamente a regra de flexibilização do ônus da prova prevista no § 1º do artigo 373 do CPC/2015.

Por fim, não é demais relembrar que, ao desempenhar o papel de restaurar o equilíbrio da relação entre Fisco e contribuintes, a regra de flexibilização do ônus encontrará apoio na liberdade do juízo para delimitar as questões de fato sobre as quais recairá a atividade probatória, especificando os meios de prova admitidos (artigo 357, inciso II, do CPC/2015); na determinação das provas necessárias ao julgamento do mérito (artigo 370 do CPC/2015); e na independência para formação de sua convicção a partir das provas constantes dos autos (artigo 371 do CPC/2015). Ainda, pode-se afirmar que, no âmbito do processo tributário, tais regras são temperadas pela convivência harmônica entre o princípio dispositivo e o investigativo.

Dito isso, passa-se à análise do emblemático caso da responsabilização dos dirigentes pela prática de atos com excesso de poderes ou infração à lei, nos termos do artigo 135 do CTN.

4.2.2. O caso da responsabilização dos dirigentes nos termos do artigo 135 do Código Tributário Nacional

Uma vez explorados todos os pressupostos e institutos implicados, passa-se finalmente a investigar – mediante a análise do caso concreto da responsabilização dos dirigentes – como podem ser compatibilizadas na prática as peculiaridades existentes no âmbito do processo tributário com as regras gerais de distribuição do ônus da prova estabelecidas no CPC/2015 e a hipótese excepcional de flexibilização prevista no § 1º do artigo 373.

Para iniciar tal investigação, recorre-se à análise do acórdão em que foi unificado o entendimento da Primeira Seção do STJ a respeito da matéria, proferido quando do julgamento dos EREsp nº 702.232/RS.[15]

15. *"TRIBUTÁRIO. EMBARGOS DE DIVERGÊNCIA. ART. 135 DO CTN. RESPONSABILIDADE DO SÓCIO-GERENTE. EXECUÇÃO FUNDADA EM CDA QUE INDICA O NOME DO SÓCIO. REDIRECIONAMENTO. DISTINÇÃO. 1. Iniciada a execução contra a pessoa jurídica e, posteriormente, redirecionada contra o sócio-gerente, que não constava da CDA, cabe ao Fisco demonstrar a presença de um dos requisitos do art. 135 do CTN. Se a Fazenda Pública, ao propor a ação, não visualizava qualquer fato capaz de estender a responsabilidade ao sócio-gerente e, posteriormente, pretende voltar-se também contra o seu patrimônio, deverá demonstrar infração à lei, ao contrato social ou aos estatutos ou, ainda, dissolução irregular da sociedade. 2. Se a execução foi proposta contra a pessoa jurídica e contra o sócio-gerente, a este compete o ônus da prova, já que a CDA goza de presunção relativa de liquidez e certeza, nos termos do art. 204 do CTN c/c o art. 3º da Lei n.º 6.830/80. 3. Caso a execução tenha sido proposta somente contra a pessoa jurídica e havendo indicação do nome do sócio-gerente na CDA como co-responsável tributário, não se trata de típico redirecionamento. Neste caso, o ônus da prova compete igualmente ao sócio, tendo em vista a presunção relativa de liquidez e certeza que milita em favor da Certidão de Dívida Ativa. 4. Na hipótese, a execução foi proposta com base em CDA da qual constava o nome do sócio-gerente como co-responsável*

Naquela ocasião, o tribunal, à luz da presunção de veracidade da CDA, definiu como se daria a distribuição do ônus da prova quando a Fazenda requeresse o redirecionamento da execução fiscal contra o sócio-gerente com fundamento no artigo 135 do CTN.

Tal julgado passou a ser replicado nos tribunais pátrios e teve seu entendimento muito bem sintetizado em acórdão de lavra do ministro Humberto Martins no julgamento do AgRg no Ag nº 774.242/RS, pelo que se concede a liberdade de transcrever a parte que ora nos interessa:

> "[...] A 1.ª Seção, no julgamento dos EREsp 702.232/RS, de relatoria do Min. Castro Meira, assentou entendimento segundo o qual: 1) se a execução fiscal foi promovida apenas contra a pessoa jurídica e, posteriormente, foi redirecionada contra sócio-gerente cujo nome não consta da Certidão de Dívida Ativa, cabe ao Fisco comprovar que o sócio agiu com excesso de poderes ou infração de lei, contrato social ou estatuto, nos termos do art. 135 do CTN; 2) se a execução fiscal foi promovida contra a pessoa jurídica e o sócio-gerente, cabe a este o ônus probatório de demonstrar que não incorreu em nenhuma das hipóteses previstas no mencionado art. 135; 3) se a execução foi ajuizada apenas contra a pessoa jurídica, mas o nome do sócio consta da CDA, o ônus da prova também compete ao sócio, em virtude da presunção *juris tantum* de liquidez e certeza da referida certidão. [...]
>
> (AgRg no Ag n. 774.242/RS, rel. Ministro Humberto Martins, Segunda Turma, julgado em 24/04/2007, DJ 09/05/2007)

É possível notar que a controvérsia tem origem em uma nítida tensão entre a presunção legal e relativa de veracidade da CDA e o ônus de provar a existência dos requisitos previstos pelo artigo 135 do CTN para autorizar o redirecionamento da execução fiscal. No entendimento do STJ, a força presuntiva da CDA atuaria como regra de distribuição do ônus da prova (fenômeno já explicado anteriormente) e colocaria sobre o sujeito passivo a responsabilidade de produzir prova em sentido contrário nas hipóteses em que seu nome já estivesse arrolado entre os responsáveis.

---

tributário, do que se conclui caber a ele o ônus de provar a ausência dos requisitos do art. 135 do CTN. 5. Embargos de divergência providos." (EREsp 702.232/RS, Rel. Ministro Castro Meira, Primeira Seção, julgado em 14/09/2005, DJ 26/09/2005).

Antes de tecer qualquer crítica à tese consagrada no STJ, é importante relembrar que a presunção relativa também pode ser afastada quando confrontada com presunção judicial mais robusta em sentido oposto. É verdade que o parágrafo único do artigo 204 do CTN afirma que a presunção "*pode ser ilidida por prova inequívoca, a cargo do sujeito passivo ou do terceiro a que aproveite*". Essa previsão, no entanto, não pode retirar do juiz o poder de apreciar o contexto fático e o material probatório de cada caso concreto (artigo 371 do CPC/2015), conforme já observado anteriormente. Sendo assim, ainda que o sujeito passivo da obrigação tributária não seja capaz de produzir prova inequívoca, em determinadas circunstâncias o contexto fático e os indícios disponíveis nos autos poderão sim ser suficientes para desencadear presunção judicial que afaste os efeitos atribuídos à CDA por força do CTN e da LEF.

Além disso, em nenhuma hipótese as regras do artigo 204 do CTN e do artigo 3º da LEF poderão afastar a obrigação do ente tributante de demonstrar a regularidade do procedimento que antecedeu a inscrição em dívida ativa (artigo 2º, § 3º, da LEF), no caso de este eventualmente vir a ser questionado pelo sujeito passivo da obrigação tributária. Deve-se relembrar, a esse ponto, que a presunção não cria verdades do nada e somente se justifica pela presença do robusto procedimento que a antecede. Sendo assim, caso o sujeito passivo venha a questionar a presença dos pressupostos que justificaram a inscrição em dívida ativa - como, por exemplo, a existência do lançamento do crédito tributário –, caberá ao ente fazendário comprovar sua veracidade. Com isso, não se estará ignorando o impacto da presunção de veracidade e legitimidade na distribuição do ônus da prova, mas apenas considerando que tais características da CDA não desobrigam o beneficiado de provar a existência do pressuposto que as desencadeou.

Nesse passo, não custa relembrar que esse entendimento já foi aplicado pelo STJ em hipótese na qual o sujeito passivo afirmou não ter realizado a confissão de dívida[16] que, segundo o ente tributante, teria motivado a inscrição em dívida ativa. É o que se verificou no julgamento do REsp 95.865/SP, cuja parte relevante da ementa se transcreve a seguir:

---

16. Tendo em vista que o presente estudo não é local apropriado para questionar o entendimento adotado pelo STJ para atribuir à declaração do contribuinte no lançamento por homologação efeito de confissão de dívida, alinha-se a ele.

> PROCESSO CIVIL. EXECUÇÃO FISCAL. ICMS DECLARADO E NÃO PAGO. Não obstante a certidão de divida ativa goze da presunção de certeza e liquidez, a fazenda está obrigada a provar a existência da declaração de débito, se o contribuinte desde os embargos do devedor firma, peremptoriamente, que não a fez; trata-se de prova que só esta ao alcance da fazenda, que teria recebido a declaração. Recurso especial conhecido e provido.
>
> (REsp 95.865/SP, Rel. Ministro Ari Pargendler, Segunda Turma, julgado em 16/06/1998, DJ 03/08/1998)

Merece reconhecimento a precisão técnica da solução adotada na espécie pelo relator, ministro Ari Pargendler, e pelos demais ministros que à época compunham a Segunda Turma do STJ. Para além da demonstração de rigoroso domínio da lógica presuntiva, observa-se também que o fato de o julgado ter sido proferido ainda durante a vigência do CPC/1973 não impediu que fosse manifestada preocupação com a necessidade de não se exigir da parte a produção de prova diabólica, postura que, àquela época, somente encontrava respaldo implícito no ordenamento jurídico.

Retomando a análise do entendimento adotado pelo STJ no EREsp nº 702.232/RS, cabe repisar que as regras do artigo 204 do CTN e do artigo 3º da LEF não excluem a obrigação do ente tributante de demonstrar a observância dos requisitos previstos pela legislação para a prática dos atos que antecedem a cobrança do crédito tributário. Ambos os dispositivos corroboram tal afirmação ao utilizarem a expressão "*regularmente inscrita*" para se referir à condição necessária para que a dívida ativa produza seus efeitos. O termo "*regularmente*" não está presente ali à toa, pelo contrário, qualifica a inscrição que dará azo à presunção. Se a inscrição não for regular - isto é, não observar os requisitos e formas estabelecidos pelo ordenamento - não estará apta a despertar os efeitos presuntivos.[17]

---

17. Tal assertiva encontra respaldo na doutrina de Hugo de Brito Machado, para quem a presunção de liquidez e certeza decorre "*da circunstância de ser a inscrição em Dívida Ativa precedida de apuração em regular processo administrativo, no qual é assegurada ampla defesa ao sujeito passivo da obrigação tributária. Por isto mesmo, para superar tal presunção basta a demonstração de que no processo administrativo ocorreu cerceamento desse direito fundamental*" (2007, pp. 280-281). No mesmo sentido: BITTENCOURT, 1998, pp. 117-118; CONRADO, 2016, p. 202; DELGADO, 1981, pp. 202-203; MARINS, 2016, pp. 747-749.

Dentre os requisitos estabelecidos pela legislação e necessários para a concretização da presunção, merece relevo a necessidade de motivação do ato administrativo. Nas palavras de Celso Antônio Bandeira de Mello:

> a motivação integra a 'formalização' do ato, sendo um requisito formalístico dele. É a exposição dos motivos, a fundamentação na qual são enunciados (a) a regra de Direito habilitante, (b) os fatos em que o agente se estribou para decidir e, muitas vezes, obrigatoriamente, (c) a enunciação da relação de pertinência lógica entre os fatos ocorridos e o ato praticado (2010, p. 398).

A inscrição do crédito tributário em dívida ativa e até mesmo a sua constituição por meio do lançamento, sendo atos administrativos por excelência, não escapam ao requisito da motivação. Caso este não seja devidamente observado, ou, sendo observado, contenha vício grave, torna-se inviável a materialização da presunção de veracidade e legitimidade. Mais uma vez transcreve-se acórdão de lavra do ministro Ari Pargendler para ilustrar o raciocínio aqui desenvolvido:

> Tributário – Lançamento Fiscal – Requisitos de auto de infração e ônus da prova. O lançamento fiscal, espécie de ato administrativo, goza da presunção de legitimidade; essa circunstância, todavia, não dispensa a Fazenda Pública de demonstrar, no correspondente auto de infração, a metodologia seguida para o arbitramento do imposto – exigência que nada tem a ver com a inversão do ônus da prova, resultado da natureza do lançamento fiscal, que deve ser motivado. Recurso especial não conhecido.
>
> (REsp 48.516/SP, Rel. Ministro Ari Pargendler, Segunda Turma, julgado em 23/09/1997, DJ 13/10/1997)

Todos os requisitos tratados acima podem e devem ser levados em conta pelo juízo caso sua observância venha a ser questionada por parte do sujeito passivo.[18] Não há como dizer que tal entendimento imputaria obrigações excessivamente gravosas à Administração Pública.

18. Ressalte-se a necessidade de que o particular indique precisa e especificamente o preceito que deixou de ser observado. Tal necessidade decorre de razões pragmáticas – não cabe ao juiz a função de espontaneamente analisar a generalidade do contexto da lide na busca de eventuais circunstâncias que poderiam favorecer qualquer uma das partes –, as quais, de certa forma, encontram-se consagradas no artigo 341 do CPC/2015. Ainda que, no processo tributário, o princípio dispositivo deva ser harmonizado com o

Excessivamente gravoso seria utilizar a presunção de veracidade e legitimidade como forma de criar certezas do nada e completamente dissociadas de seu contexto. Aliás, considera-se que, na maioria das vezes, a simples juntada do processo administrativo fiscal pelo ente tributante – que, aliás, já se encontra prevista no artigo 41 da LEF –, bastará para que reste devidamente comprovada a regularidade do ato administrativo. Portanto, nada que onere excessivamente a Administração.

Uma vez superadas as questões relativas à necessidade de o ente tributante demonstrar a existência e a regularidade dos atos que antecederam a inscrição em dívida ativa para viabilizar a produção dos efeitos presuntivos da CDA, há que ser enfrentada a hipótese em que tais efeitos de fato mereçam prosperar – seja em decorrência da existência e regularidade de seus pressupostos, seja em decorrência da ausência de questionamento específico pelo interessado. Assim, faz-se necessário analisar as alternativas disponíveis para, no caso concreto sob exame, harmonizar os referidos efeitos com os critérios de distribuição do ônus da prova previstos no CPC/2015 e com as soluções fixadas até o momento no presente estudo.

Pois bem, em tal hipótese, por via de regra, a CDA teria preservada a presunção que lhe foi atribuída pelos artigos 204 do CTN e 3º da LEF e, de acordo com os referidos dispositivos, ficaria a cargo do sujeito passivo a produção de prova em sentido contrário, capaz de infirmá-la. Ocorre que, conforme já verificado anteriormente, nada impede que o juízo delimite as questões de fato ao redor das quais será desenvolvida a atividade probatória das partes (artigo 357, inciso II, do CPC/2015); indique as provas necessárias ao julgamento do mérito (artigo 370 do CPC/2015); aplique a regra de inversão do ônus da prova (§ 1º do artigo 373 do CPC/2015) caso presentes os requisitos excepcionais; e, por fim, forme sua convicção a partir das provas constantes dos autos (artigo 371 do CPC/2015) e do (des)cumprimento pelas partes dos deveres de cooperação (artigo 6º do CPC/2015) e de colaboração para o descobrimento da verdade (artigo 378 do CPC/2015).

A compatibilidade dessa solução com as regras do artigo 204 do CTN e 3º da LEF passa pela releitura que foi proposta já no presente capítulo e por tudo o que até aqui foi afirmado a respeito da relação entre a distribuição do ônus da prova, de um lado, e o direito processual

---

princípio da investigação, isso não autoriza ao juízo assumir o controle da demanda e agir para além do impulso conferido pelas partes.

constitucional e a busca pela efetividade da tutela do direito material, de outro. Em síntese, é possível falar em presunção de legitimidade e veracidade da CDA, mas, ao fazê-lo, não se pode deixar de levar em consideração o contexto que a circunscreve, nem gerar situação que transgrida a Constituição Federal.

Por fim, cabe observar que não se ignora que o redirecionamento da execução fiscal acabou se tornando um dos principais artifícios à disposição dos entes fazendários na luta contra fugitivos fiscais, tão criticados no presente estudo. Contudo, ainda que o combate à evasão justifique o recurso a fórmulas facilitadoras,[19] como as presunções, até mesmo nesse caso o recurso a tal artifício deve observar os limites da razoabilidade (MICHELI, 1976, p. 406), os quais, a toda evidência, são extrapolados quando a jurisprudência pretende obrigar o contribuinte à produção de prova diabólica.

Nesse sentido, deve-se reconhecer que a solução aqui proposta não inviabiliza o redirecionamento da execução fiscal, apenas o torna mais racional, ao mesmo tempo em que se admite que a solução dos problemas do sistema brasileiro de contencioso tributário demanda muito mais que medidas paliativas; como já visto, somente se alcançará avanço efetivo a partir amplas reformas estruturais (ROCHA, 2017, pp. 75-76).

4.2.3. A certidão de dívida ativa oriunda de lançamento por homologação

Conforme ressalvado em diversas ocasiões, o presente trabalho manteve como foco principal as hipóteses em que o crédito tributário percorre, desde seu nascimento até sua extinção, o caminho completo do litígio tributário, passando pelo procedimento fiscal, pelo processo administrativo fiscal e, enfim, pela execução fiscal.

19. Quanto a esse ponto, vale lembrar que a Súmula 435 do STJ ("*Presume-se dissolvida irregularmente a empresa que deixar de funcionar no seu domicílio fiscal, sem comunicação aos órgãos competentes, legitimando o redirecionamento da execução fiscal para o sócio--gerente.*") se apresenta como estratégia eficaz no combate aos "*fugitivos fiscais*" e que, ao mesmo tempo, demonstra razoabilidade, tendo em vista que o redirecionamento só ocorre a partir da verificação de circunstâncias fáticas minimamente capazes de orientar o magistrado acerca do suposto ilícito perpetrado pelo responsável. Ao mesmo tempo, o fato contrário, isto é, de que a sociedade permanece ativa, se afigura de fácil demonstração pela parte interessada.

Nada obstante, também se mostra bastante comum – e certamente corresponde a vultosas discussões – a situação em que o contribuinte apura o próprio débito pela sistemática do lançamento por homologação e, por alguma razão, permanece inadimplente, fazendo com que o aludido débito seja diretamente inscrito em dívida ativa, com base no entendimento que defende a ocorrência de confissão nessas hipóteses, o qual, como visto, acabou por prevalecer nos tribunais pátrios.

Nesses casos específicos, o âmbito da discussão de fato será bem mais restrito. Isso porque eventual oposição da parte do contribuinte poderá estar fundada em somente duas hipóteses distintas: ou afirma que jamais apurou débito com características similares àquele inscrito em dívida ativa, ou alega ter havido erro na atividade de apuração.

Na primeira hipótese, caberá ao Fisco apresentar a documentação de onde extraiu as informações supostamente fornecidas pelo contribuinte. Este é inclusive o entendimento adotado pelo STJ inicialmente no REsp 95.865/SP, de relatoria do ministro Ari Pargendler,[20] e em seguida reproduzido no AgRg no AREsp 663.557/SP, de relatoria do ministro Herman Benjamin.[21]

Já na segunda hipótese, caberia ao contribuinte comprovar a existência de equívoco no momento da apuração. O melhor caminho para fazê-lo certamente deverá variar de acordo com cada caso concreto, o que nos impede de avaliar qual seria a forma apropriada de distribuição do ônus da prova à luz da análise aqui conduzida.

No entanto, permite-se arriscar que uma das alternativas disponíveis consistiria na apresentação de prova de que a informação prestada se refere, na realidade, a outra operação, acompanhada da demonstração de que o tributo correspondente a esta outra operação já fora devidamente recolhido ou mesmo da demonstração de que esta outra operação não comporta a incidência do tributo que veio a ser inscrito em dívida ativa.

Nesse contexto, caso o contribuinte fosse bem sucedido em superar a primeira etapa descrita acima, desincumbindo-se do seu ônus, ainda caberia ao ente fazendário a possibilidade de discutir as circunstancias materiais da operação, hipótese em que a controvérsia deveria obedecer às regras de distribuição do ônus da prova tratadas neste trabalho.

20. Cuja ementa encontra-se transcrita no subtópico anterior.

21. Cuja ementa encontra-se transcrita acima, no item "4.2.1 – Precedentes do STJ".

Com isso, considera-se finalizado o exame dos casos em que a certidão de dívida ativa for oriunda de lançamento por homologação, ao mesmo tempo em que se dá por encerrado o capítulo da análise crítica da distribuição do ônus da prova e das características atribuídas à certidão de dívida ativa no processo judicial tributário.

CONSIDERAÇÕES FINAIS

O objetivo do presente trabalho consistiu primariamente em traçar parâmetros e diretrizes gerais para a abordagem dos conflitos sobre prova no âmbito do processo judicial tributário. Ainda que se tenha recorrido a alguns exemplos casuísticos para melhor ilustrar o raciocínio aqui desenvolvido, não se teve a pretensão de exaurir sua análise.

Ao longo do estudo, foi possível compreender que as regras de distribuição do ônus da prova não podem ser interpretadas sem que seja levado em consideração o ordenamento jurídico no qual se encontram. Tais regras fazem parte de um sistema processual que está em constante diálogo com o texto constitucional e que apresenta como propósito expressivo a consecução de uma tutela mais efetiva dos direitos materiais.

A transposição dessa realidade para o processo tributário, contudo, sofre interferência da presunção de legitimidade e veracidade atribuída pelo ordenamento aos atos da Administração Pública. Nesse passo, observou-se que, apesar de poder haver certa dificuldade, é plenamente possível compatibilizar a norma de flexibilização do ônus da prova, prevista no artigo 373, § 1º, do CPC/2015, com a presunção que é conferida à CDA pelo artigo 204 do CTN e pelo artigo 3º da LEF.

Na realidade, mais do que possível, tal compatibilização se mostrou necessária, uma vez que a interpretação dos efeitos reconhecidos à CDA à luz do sistema jurídico que os circunscreve deixou evidente a importância da existência de mecanismos capazes de contemporizá-los. Assim, verificou-se que, excepcionalmente e com estrita observância dos procedimentos estabelecidos no CPC/2015, a aplicação da regra de flexibilização do ônus da prova poderia se apresentar como alternativa nesse sentido. Tal conclusão tem como fundamentos o propósito de efetividade da tutela do direito material e os princípios processuais e constitucionais do ordenamento pátrio.

Nesse sentido, cumpre notar que, no direito tributário, o interesse público e particular devem ser coincidentes. O objetivo primordial do ente tributante deve ser atingir "*uma administração financeira ótima*" não em arrecadação, mas na aplicação precisa das regras do sistema tributário (MICHELI, 1940, p. 239). O poder público não deve ter interesse em tributar quando não ocorre o fato gerador, da mesma forma que o contribuinte não deve aplaudir um sistema de tributação irregular, que será invariavelmente anti-isonômico e prejudicará a economia e a livre concorrência (SALDANHA SANCHES, 1987, p. 116).

Apesar disso, observa-se que, curiosamente, a maioria dos trabalhos analisados durante o presente estudo demonstraram uma nítida preocupação em estabelecer regras abstratas de julgamento capazes oferecer soluções apriorísticas para os conflitos entre entes tributantes e contribuintes em matéria de distribuição de ônus da prova. Muitos são os institutos, os aforismos e os brocardos evocados com tal propósito: *in dúbio pro fiscum, contra fiscum, contra sacrificium, pro libertate, pro debitore, actore non probante reus absolvendus,* prova *prima facie,* presunção de veracidade e de legitimidade, presunção de certeza e liquidez, efeito de prova pré-constituída, dentre outros. Diante disso, o presente estudo não pode deixar de reconhecer a existência de argumentos políticos bastantes para o estabelecimento de regras de julgamento que pendam para qualquer um dos lados possíveis (CALIENDO, 2014; CAMPOS, C., 2016a, pp. 257-258; MICHELI, 1940, pp. 228-232). E é justamente a aceitação dessas circunstâncias que outorgou liberdade e serviu de base para a busca de um tratamento verdadeiramente equânime entre contribuintes e entes tributantes.

Tal equilíbrio de tratamento, conforme se pode perceber, foi encontrado principalmente na distribuição do ônus da prova moldável ao caso concreto. Essa alternativa, a toda evidência, evita que o processo atue como uma barreira para a satisfação do direito material, ao invés de como um meio pra tal fim. Não se pretende, portanto, defender uma regra geral de decisão sobre o fato incerto, seja ela favorável ao contribuinte, seja ela favorável ao ente tributante. Acredita-se que a simples aplicação das regras de distribuição do ônus da prova da forma defendida neste trabalho já seria suficiente para evitar muitas das injustiças e irrazoabilidades identificadas ao longo do caminho percorrido até este ponto.

Reconhece-se que tal postura pretende depositar mais poder nas mãos do juiz, o que pode trazer consigo o efeito colateral da insegurança jurídica e até mesmo do desrespeito à isonomia (CALIENDO, 2014, p. 208; GLENDI, 1985, p. 594), uma vez que abre espaço para o exercício irresponsável desse poder. Considera-se, entretanto, que a estrita observância do devido processo legal, a exigência de fundamentação adequada[1] e o respeito ao princípio do contraditório sejam capazes de mitigar tais externalidades.

Nesse passo, relembra-se que muitos dos atos que se colocam no caminho percorrido em direção à cobrança do crédito tributário são executados unilateralmente, de modo que a apuração dos fatos no âmbito do processo judicial – que conta com a participação de ambas as partes e a intermediação do magistrado – já representa um ganho significativo de confiança e segurança jurídica.

Além do respeito ao contraditório e ao devido processo legal, a solução aqui defendida depende de que o juízo não extrapole os limites impostos pelo princípio dispositivo. Não se pode confundir a independência do juiz para formar sua convicção de forma motivada (artigo 371 do CPC/2015) e sua liberdade para determinação dos fatos controversos e das provas necessárias ao julgamento do mérito (artigos 357, inciso II, e 370 do CPC/2015) como uma autorização para que o magistrado incorpore a figura do credor ou do devedor (MICHELI, 1940, p. 222). Em outras palavras, o juiz jamais poderá exceder o impulso das partes na atividade instrutória e atuar como *longa manus* do ente tributante (VILLANI, 2016, p. 1.018), ou mesmo do contribuinte.

Ressalte-se, ainda, a importância da atuação dos tribunais (artigo 1.015, inciso XI, do CPC/2015) no sentido de padronizar as hipóteses excepcionais capazes de justificar a aplicação da regra do § 1º do artigo 373 do CPC/2015. Como o direito tributário normalmente envolve a massificação das demandas,[2] afigura-se totalmente plausível que, com o tempo, se possa construir uma disciplina homogênea e mais equilibrada da matéria.

Sabe-se e aceita-se que o processo é um sistema complexo, que mantém em equilíbrio inúmeros interesses, muitas vezes mutuamente excludentes. A antiga dificuldade de compatibilizar a duração razoável

1. A esse respeito, parece oportuna a referência aos critérios recomendados por Gian Antonio Micheli, quais sejam (i) os critérios lógicos que se impõem a qualquer sujeito pensante; (ii) as máximas de experiência que indicam certos nexos naturais, causais e que, como tais, representam leis do agir humano; e (iii) os princípios gerais do processo tributário, que podem dar ao juiz um norte relevante para sua decisão (1940, pp. 234-235).

2. Como se sabe, isso ocorre em função do estabelecimento de situações repetitivas na relação entre os diversos contribuintes e o Fisco. O principal fator em prol dessa repetição reside no fato de a relação tributária estar sempre fundada na lei (abstrata e geral).

do processo com a satisfação adequada do direito material é um grande exemplo nesse sentido (DINAMARCO, 1996, p. 229). Não surpreende, dessa forma, que também a disciplina defendida neste trabalho tenha seus pontos fracos e seus efeitos colaterais. O primordial é que existam mecanismos capazes de controlá-los, como aqueles apresentados logo acima.

Todas essas considerações encontram lugar no sistema brasileiro de contencioso tributário vivenciado na prática - no dia a dia - pelos operadores do direito. Conforme detalhadamente descrito ao longo do segundo capítulo deste trabalho, trata-se de um conjunto de normas, institutos e instituições que dialogam precariamente entre si, o que levanta até mesmo dúvidas acerca da adequação da utilização do termo "sistema" para fazer referência a esse grupo de fenômenos. Nesse contexto, torna-se óbvio que medidas paliativas e soluções pontuais - como aquelas apresentadas em relação ao tema principal deste estudo - não serão suficientes para que se alcance um cenário ideal. Qualquer avanço efetivo dependerá da adoção de reformas estruturais amplas (ROCHA, 2017, pp. 75-76).

É a partir desse ponto que abandonamos o "ser" e adentramos no campo do "dever ser". Um sistema ideal não poderia se permitir todas as redundâncias atualmente existentes. Também não poderia aceitar a existência dos diversos pontos de desequilíbrio na paridade de armas. São diversos os caminhos propostos pela doutrina para alcançar esse resultado final, no entanto considera-se que o mais eficiente e mais apropriado à estrutura constitucional demandaria a adoção de medidas capazes de conferir maior credibilidade ao processo administrativo fiscal, de modo a permitir que os avanços conquistados durante essa fase fossem aproveitados no processo judicial.

A grande resistência em implementar mudanças mais abrangentes gera vultoso prejuízo à sociedade. Tivemos a oportunidade de analisar os alarmantes dados estatísticos relacionados à execução fiscal, que denotam o total colapso do sistema. Foi possível verificar, ainda, que esse colapso é tão prejudicial à generalidade dos contribuintes quanto o é ao Fisco, tendo em vista que permite o surgimento de uma casta privilegiada de "*fugitivos fiscais*" (NABAIS, 2001, p. 20), que sobrevivem fora do alcance do sistema tributário e transferem para os demais cidadãos a parcela de responsabilidade que lhes incumbiria no financiamento dos gastos públicos. A esse fenômeno denominou-se *apartheid fiscal*.

Nesse passo, verificou-se também que comumente esse cenário de *apartheid fiscal* acaba dando origem a reações no sentido de impor restrições aos direitos processuais dos contribuintes, sob o pretexto de que seriam necessárias medidas rígidas para reverter o quadro caótico dos mecanismos de arrecadação tributária. Assim, o contribuinte comum, que já é onerado em excesso por ter que arcar também com a parcela da responsabilidade que deveria ser suportada pelos fugitivos fiscais, vê-se também impossibilitado de se defender adequadamente, diante de um sistema de contencioso tributário repleto de vícios e desequilíbrios.

Em suma, enquanto não se reforma o sistema de maneira ampla, inúmeras medidas paliativas completamente descoordenadas o desfiguram cada vez mais, produzindo distorções cada vez mais significativas. E, como que para simbolizar a lógica perversa aqui desvelada, editou-se a Lei nº 13.606/2018 para permitir à PGFN, sem intermédio do Poder Judiciário, "*averbar, inclusive por meio eletrônico, a certidão de dívida ativa nos órgãos de registro de bens e direitos sujeitos a arresto ou penhora, tornando-os indisponíveis*".[3]

Visualiza-se, assim, mais uma tentativa de recuperar a eficácia do sistema por meio do desequilíbrio na relação processual entre contribuintes e Fazenda, dessa vez, indo em direção ao modelo administrativista de cobrança do crédito tributário. Trata-se de mobilização "*conhecida como 'desjudicialização' da execução fiscal, em um movimento de claro desvio em relação à nossa tradição histórica*" (CALIENDO, 2016, pp. 42-43). Desvio em prol de um caminho extremamente polêmico na doutrina, que, no mínimo, deveria demandar reflexões mais detidas acerca do seu potencial impacto nos princípios do devido processo legal (CALIENDO, 2016, p. 44) e da paridade de armas (TESAURO, 1977, p. 136).

Tais circunstâncias, todavia, não sensibilizaram o legislador, que, ao invés de promover um amplo debate sobre o assunto, preferiu adotar o comportamento pouco democrático – e de legitimidade no mínimo questionável – de inserir a inovação em lei cujo propósito não poderia ser mais distante do tema em apreço, eis que editada para instituir o Programa de Regularização Tributária Rural – este, aliás, mais um exemplo de como o Estado pode prestar desserviços à sociedade ao adotar políticas paliativas e descoordenadas; talvez a distância entre os temas não seja tanta assim.

3. Os detalhes do procedimento podem ser encontrados na Portaria PGFN nº 33/2018.

REFERÊNCIAS

ABRAHAM, Marcus; GOMES, Marcus Lívio; PEREIRA, Vítor Pimentel. *A execução fiscal de dívida ativa não-tributária e a dissolução irregular da pessoa jurídica. In*: NOMOS - Revista do Programa de Pós-Graduação em Direito da UFC, vol. XXXV, n.1. Fortaleza: janeiro/junho, 2015.

ALVARES, Diovani Vandrei, CASTRO BISNETTO, Lauro Simões de. *Teoria dinâmica da prova: Uma alternativa anacrônica. In*: Revista Jus Populis, vol. I, n. 1. Barretos: janeiro/junho, 2015.

AMARAL, Paulo Osternack. *Provas: atipicidade, liberdade e instrumentalidade*. 2ª ed. digital baseada na 2ª ed. impressa. São Paulo: Editora Revista dos Tribunais, 2017.

ARAGÃO, Alexandre Santos de. *Algumas notas críticas sobre o princípio da presunção de veracidade dos atos administrativos. In*: FREITAS, Daniela Bandeira de; VALLE, Vanice Regina Lírio do (Coords.). *Direito administrativo e democracia econômica*. Belo Horizonte: Editora Fórum, 2012.

ARISTÓTELES. *A política*. Tradução por Nestor Silveira Chaves. Ed. Especial. Rio de Janeiro: Nova Fronteira, 2011.

ASSIS, Araken de. *Processo civil brasileiro, vol. II. Parte geral: institutos fundamentais. Tomo I*. 1ª ed. digital baseada na 1ª ed. impressa. São Paulo: Revista dos Tribunais, 2015.

________. *Processo civil brasileiro, vol. III. Parte Especial: Procedimento comum (da demanda à coisa julgada)*. 2ª ed. digital baseada na 2ª ed. impressa. São Paulo: Revista dos Tribunais, 2016.

ÁVILA, Humberto. *O princípio da isonomia em matéria tributária. In*: TÔRRES, Heleno Taveira (Org.). *Teoria geral da obrigação tributária*. São Paulo: Malheiros Editores, 2006.

BARBOSA MOREIRA, José Carlos. *As presunções e a prova. In*: Temas de direito processual. São Paulo: Editora Saraiva, 1977.

__________. *Julgamento e ônus da prova. In:* Temas de Direito Processual Civil: segunda série. São Paulo: Editora Saraiva, 1988.

__________. *Reformas processuais e poderes do juiz*. Revista da EMERJ, vol. VI, nº 22. Rio de Janeiro, 2003.

BARROSO, Luís Roberto. *Curso de direito constitucional contemporâneo: os conceitos fundamentais e a construção do novo modelo*. 1ª ed. São Paulo: Editora Saraiva, 2009a.

___________. *Judicialização, ativismo judicial e legitimidade democrática. In:* Revista Atualidades Jurídicas – Revista Eletrônica do Conselho Federal da OAB, nº 4. Janeiro/fevereiro, 2009b.

___________. *A dignidade da pessoa humana no direito constitucional contemporâneo: natureza jurídica, conteúdos mínimos e critérios de aplicação. In: Interesse Público,* vol. XIV, nº 76. Belo Horizonte: Editora Fórum, 2012.

BAUMAN, Zygmunt. *O mal-estar da pós-modernidade.* Tradução por Mauro Gama e Cláudia Martinelli Gama. Rio de Janeiro: Zahar, 1998.

___________. *Medo líquido.* Tradução por Carlos Alberto Medeiros. Rio de Janeiro: Zahar, 2008.

BEDAQUE, José Roberto dos Santos. *Nulidade processual e instrumentalidade do processo. In:* WAMBIER, Luiz Rodrigues; WAMBIER, Teresa Arruda Alvim (Orgs.). *Doutrinas essenciais de processo civil, vol. III.* São Paulo: Revista dos Tribunais, 2011.

BEDÊ, Marco Aurélio (coord.). *Sobrevivência das empresas no Brasil.* Brasília: SEBRAE, 2016.

BELTRÁN, Jordi Ferrer. Prova e verdade no direito. Tradução por Vitor de Paula Ramos. 1ª ed. São Paulo: Revista dos Tribunais, 2017.

BERTALANFFY, Ludwig Von. *Teoria Geral dos Sistemas: fundamentos, desenvolvimento e aplicações.* Tradução por Francisco M. Guimarães. 5ª ed. Petrópolis: Vozes, 2010.

BIM, Eduardo Fortunato. *Protesto extrajudicial de certidão de dívida ativa/CDA: sanção política ou direito da administração pública? In*: PARISI, Fernanda Drummond; TÔRRES, Heleno Taveira; MELO, José Eduardo Soares de (coords.) *Estudos de direito tributário em homenagem ao professor Roque Antonio Carrazza, vol. III.* São Paulo: Malheiros Editores, 2014.

BITTENCOURT, Luiz Carlos Derbli. *Controvérsias sobre o fato tributário nos embargos à execução fiscal. In:* Revista de processo, n. 91. São Paulo: julho/setembro, 1998.

BINENBOJM, Gustavo. *Da supremacia do interesse público ao dever de proporcionalidade: Um novo paradigma para o direito administrativo. In*: Revista Brasileira de Direito Público – RBDP, n. 8, ano 3. Belo Horizonte: janeiro/março, 2005.

BLANQUER, David. *Hechos, ficciones, pruebas y presunciones en el derecho administrativo. "Taking facts seriously".* Valência: Tirant lo Blanch, 2006.

BONILHA, Paulo Celso Bergstrom. *Da prova no processo administrativo tributário.* 2ª ed. São Paulo: Editora Dialética, 1997.

BRASIL. Conselho Administrativo de Recursos Fiscais – "CARF". *CARF informa suspensão das sessões de julgamento das Turmas Ordinárias da 2ª Seção na próxima semana (05 a 07/12/2017).* Disponível em: <https://idg.carf.fazenda.gov.br/noticias/2017/carf-informa-suspensao-das-sessoes-de-julgamento-das-turmas-ordinarias-da-2a-secao-na-proxima-semana-05-a-07-12-2017>. Acessado em 02 de dezembro de 2017.

__________. *Constituição da República Federativa do Brasil de 1988.* Disponível em: <www.planalto.gov.br/ccivil_03/Constituicao/ConstituicaoCompilado.htm>. Acessado em 10 de agosto de 2017.

__________. *Decreto nº 70.235/1972. Dispõe sobre a execução dos procedimentos fiscais no âmbito da Secretaria da Receita Federal do Brasil e dá outras providências.* Disponível em: <http://www.planalto.gov.br/ccivil_03/_ato2007-2010/2007/decreto/d6104.htm>. Acessado em 10 de agosto de 2017.

__________. *Decreto nº 6.104/2007. Dispõe sobre o processo administrativo fiscal, e dá outras providências.* Disponível em: <www.planalto.gov.br/ccivil_03/decreto/D70235Compilado.htm>. Acessado em 10 de agosto de 2017.

__________. *Decreto nº 7.574/2011. Regulamenta o processo de determinação e de exigência de créditos tributários da União, o processo de consulta relativo à interpretação da legislação tributária e aduaneira, à classificação fiscal de mercadorias, à classificação de serviços, intangíveis e de outras operações que produzam variações no patrimônio e de outros processos que especifica, sobre matérias administradas pela Secretaria da Receita Federal do Brasil.* Disponível em: <www.planalto.gov.br/ccivil_03/_ato2011-2014/2011/decreto/d7574.htm>. Acessado em 10 de agosto de 2017.

__________. Decreto-Lei nº 4.657/1942. *Lei de Introdução às normas do Direito Brasileiro.* Disponível em: <http://www.planalto.gov.br/ccivil_03/decreto-lei/Del4657compilado.htm>. Acessado em 10 de dezembro de 2017.

__________. *Lei nº 5.172/1966. Código Tributário Nacional – Dispõe sobre o Sistema Tributário Nacional e institui normas gerais de direito tributário aplicáveis à União, Estados e Municípios.* Disponível em: <www.planalto.gov.br/ccivil_03/leis/l5172.htm>. Acessado em 10 de agosto de 2017.

__________. *Lei nº 5.869/1973. Institui o Código de Processo Civil de 1973.* Disponível em: <www.planalto.gov.br/ccivil_03/leis/L5869impressao.htm>. Acessado em 10 de agosto de 2017.

__________. *Lei nº 6.830/1980. Lei de Execuções Fiscais – Dispõe sobre a cobrança judicial da Dívida Ativa da Fazenda Pública, e dá outras providências.* Disponível em: <www.planalto.gov.br/ccivil_03/leis/l6830.htm>. Acessado em 10 de agosto de 2017.

__________. *Lei nº 8.397/1992. Institui medida cautelar fiscal e dá outras providências.* Disponível em: <www.planalto.gov.br/ccivil_03/leis/L8397.htm>. Acessado em 10 de agosto de 2017.

__________. *Lei nº 8.437/1992. Dispõe sobre a concessão de medidas cautelares contra atos do Poder Público e dá outras providências.* Disponível em: <www.planalto.gov.br/ccivil_03/leis/L8437.htm>. Acessado em 10 de agosto de 2017.

__________. *Lei nº 9.494/1997. Disciplina a aplicação da tutela antecipada contra a Fazenda Pública, altera a Lei nº 7.347, de 24 de julho de 1985, e dá outras providências.* Disponível em: <www.planalto.gov.br/ccivil_03/leis/L9494.htm>. Acessado em 10 de agosto de 2017.

__________. *Lei nº 9.784/1999. Regula o processo administrativo no âmbito da Administração Pública Federal.* Disponível em: <www.planalto.gov.br/ccivil_03/leis/l9784.htm>. Acessado em 10 de agosto de 2017.

__________. *Lei nº 11.941/2009. Altera a legislação tributária federal.* Disponível em: <http://www.planalto.gov.br/ccivil_03/_ato2007-2010/2009/lei/l11941.htm>. Acessado em 06 de fevereiro de 2017.

__________. *Lei nº 12.016/2009. Disciplina o mandado de segurança individual e coletivo e dá outras providências.* Disponível em: <www.planalto.gov.br/ccivil_03/_ato2007-2010/2009/lei/l12016.htm>. Acessado em 10 de agosto de 2017.

__________. *Lei nº 13.105/2015. Código de Processo Civil de 2015.* Disponível em: <www.planalto.gov.br/ccivil_03/_Ato2015-2018/2015/Lei/L13105.htm>. Acessado em 10 de agosto de 2017.

__________. *Lei nº 13.464/2017. Altera a remuneração de servidores de ex-Territórios e de servidores públicos federais; reorganiza cargos e carreiras; estabelece regras de incorporação de gratificação de desempenho a aposentadorias e pensões.* Disponível em: <http://www.planalto.gov.br/ccivil_03/_ato2015-2018/2017/lei/L13464.htm>. Acessado em 20 de novembro de 2017.

__________. *Lei nº 13.606/2018. Institui o Programa de Regularização Tributária Rural (PRR).* Disponível em: <http://www.planalto.gov.br/ccivil_03/_ato2015-2018/2018/lei/L13606.htm>. Acessado em 15 de janeiro de 2018.

BRUM, Guilherme Valle. *A valoração da prova como ato político: notas sobre a (pretendida) sobrevivência do chamado "princípio do livre convencimento motivado" no Direito brasileiro. In*: Revista Brasileira de Direito Processual – RBDPro, ano 25, n. 100. Belo Horizonte: outubro/dezembro, 2017.

BUZAID, Alfredo. *Do ônus da prova. In:* Revista da Faculdade de Direito da Universidade de São Paulo, vol. LVII. São Paulo, 1962.

CABRAL, Thales Francisco Amaral. *O ônus da prova no processo administrativo tributário. In:* Revista Tributária e de Finanças Públicas, vol. XXIII, n. 120. São Paulo: Revista dos Tribunais, 2015.

CALDAS, Adriano Ribeiro. *A prova no processo administrativo tributário. In:* Revista de Direito da Universidade Federal de Viçosa, vol. VI, nº 2. Viçosa, 2014.

CALIENDO, Paulo. *Direitos fundamentais do contribuinte e interpretação tributária: Conceito e aplicação do princípio in dubio contra sacrificium. In:* Revista Scientia Iuris, vol XVIII, n. 1. Londrina: jullho, 2014.

__________. *Comentários à Lei de Execuções Fiscais, conforme o NCPC.* 1ª ed. Porto Alegre: OAB/RS, 2016.

CÂMARA, Alexandre Freitas. *Lições de direito processual civil.* Vol. I. 18ª ed. Rio de Janeiro: Lumen Iuris, 2006.

__________. *O princípio da primazia da resolução do mérito e o novo Código de Processo Civil. In:* Revista da EMERJ, vol. XVIII, nº 70. Rio de Janeiro, 2015.

CÂMARA, Alexandre Freitas; RODRIGUES, Marco Antonio dos Santos. *A reunião das execuções fiscais e o NCPC: por uma filtragem à luz das normas fundamentais.*

In: BUENO, Cassio Scarpinella; Rodrigues, Marco Antonio dos Santos (coords.). Processo Tributário. Salvador: Juspodivm, 2017.

CAMBI, Eduardo. *Direito constitucional à prova.* São Paulo: Revista dos Tribunais, 2011.

CAMPOS, Carlos Alexandre de Azevedo. *A eficiência do controle judicial da imposição tributária - A tutela judicial efetiva em matéria tributária. In:* Revista Tributária e de Finanças Públicas, vol. LXIX. Julho/agosto, 2006.

___________. *Interpretação do sistema constitucional tributário. In: Escritos de direito constitucional e de direito tributário.* Rio de Janeiro: Gramma, 2016a.

___________. *Moreira Alves V. Gilmar Mendes: A evolução das dimensões metodológica e processual do ativismo judicial do Supremo Tribunal Federal. In: Escritos de direito constitucional e de direito tributário.* Rio de Janeiro: Gramma, 2016b.

CAMPOS, Gustavo Caldas Guimarães de. *Execução fiscal e efetividade.* São Paulo: Quartier Latin, 2009.

CANÁRIO, Pedro. *Depois de bônus, arrecadação com multas fiscais mais que dobra, mostra Receita.* Publicado em 16/07/2017. Disponível em: <https://www.conjur.com.br/2017-jul-18/depois-bonus-arrecadacao-multas-fiscais-dobra>. Acessado em 15 de novembro de 2017.

CANARIS, Claus-Wilhelm. *Pensamento sistemático e conceito de sistema na ciência do Direito.* Tradução por A. Menezes Cordeiro. 3ª ed. Lisboa: Fundação Calouste Gulbenkian, 2002.

CARRAZZA, Roque Antonio; TORRES, Heleno Taveira. *Imunidade do papel destinado à impressão de jornais e periódicos e a prestação de serviços gráficos. In*: Revista Fórum de Direito Tributário - RFDT, ano 9 n. 54. Belo Horizonte: novembro/dezembro, 2011.

CARVALHO, Paulo de Barros. *Curso de direito tributário.* São Paulo: Editora Saraiva, 1995.

___________. *A prova no procedimento administrativo tributário. In*: Revista Dialética de Direito Tributário, nº 34. São Paulo, 1998.

CARNELUTTI, Francesco. *Introduzione allo studio del diritto processuale tributario. In*: Rivista di Diritto Processuale Civile, Pádua: CEDAM, 1932, I.

___________. *Finanza e processo. In*: Rivista di diritto finanziario e scienza delle finanze, Pádua: CEDAM, 1937, I.

___________. *Teoria geral do direito.* Rio de Janeiro: Âmbito Cultural, 2006.

CINTRA, Antonio Carlos de Araújo; GRINOVER, Ada Pellegrini; DINAMARCO, Cândido Rangel. *Teoria geral do processo.* 25ª ed. São Paulo: Malheiros Editores, 2009.

COÊLHO, Sacha Calmon Navarro. *Curso de direito tributário brasileiro.* 11ª ed. Rio de Janeiro: Forense, 2010.

CONRADO, Paulo Cesar. *Redirecionamento como forma (esdrúxula) de constituição da obrigação tributária (relativamente ao terceiro-responsável) e de aparelhamento da lide executiva fiscal (contra aquele mesmo terceiro). In:* CONRADO, Paulo Cesar (Coord.). *Processo tributário analítico,* vol. II. São Paulo: Noeses, 2016.

Conselho Nacional de Justiça – "CNJ". *A execução fiscal no Brasil e o impacto no Judiciário*. Brasília: CNJ, 2011.

__________. *Justiça em números 2017: ano-base 2016*. Brasília: CNJ, 2017.

COSSIO, Carlos. *La teoría egológica del derecho y el concepto jurídico de libertad*. Buenos Aires: Editorial Losada S.A., 1944.

DERZI, Misabel Abreu Machado. *Legalidade material modo de pensar "tipificante" e praticidade no direito tributário*. *In:* Justiça Tributária. São Paulo: Max Limonad, 1998.

DABUL, Alessandra. *Da prova no processo administrativo tributário*. 3ª ed. Curitiba: Juruá Editora, 2010.

DELGADO, José Augusto. *Novos aspectos da execução fiscal (lei 6.830, de 22.09.80)*. *In:* Revista de Processo, n. 25, 1981.

DI PIETRO, Maria Sylvia Zanella. *500 Anos de Direito Administrativo Brasileiro*. *In:* Revista Brasileira de Direito Público – RBDP, ano 1, n. 1. Belo Horizonte: abril/junho, 2003.

__________. *O direito administrativo brasileiro sob influência dos sistemas de base romanística e da common law*. Versão eletrônica. *In:* Revista Brasileira de Direito Público – RBDP, ano 5, n. 16. Belo Horizonte: janeiro/março, 2007.

__________. *Direito administrativo*. 25ª ed. São Paulo: Atlas, 2012.

DIDIER JR., Fredie. *A arbitragem no novo código de processo civil*. *In:* Revista do Tribunal Superior do Trabalho, vol. LXXIX, nº 4. Brasília, 2013.

DIDIER JR., Fredie. BOMFIM, Daniela. *Processo administrativo tributário – Prova por amostragem e distribuição dinâmica do ônus da prova*. *In:* Revista Brasileira de Direito Processual, ano 21, nº 81. Belo Horizonte: Editora Fórum, 2013.

DIDIER JR., Fredie; BRAGA, Paula Sarn; OLIVEIRA, Rafael Alexandria de. *Curso de direito processual civil*, vol. II. Salvador: Editora JusPodivm, 2015.

DINAMARCO, Cândido Rangel. *A instrumentalidade do processo*. 5ª ed. São Paulo: Malheiros Editores, 1996.

__________. *Fundamentos do processo civil moderno. Tomo I*. 6ª ed. São Paulo: Malheiros Editores, 2010.

ENTERRÍA, Eduardo García de. *As transformações de justiça administrativa: Da sindicabilidade restrita à plenitude jurisdicional. Uma mudança de paradigma?* Tradução por Fábio Medina Osório. Belo Horizonte: Editora Fórum, 2010.

FALCÃO, Amílcar de Araújo. *Fato gerador da obrigação tributária*. 7ª ed. São Paulo: Noeses, 2013.

FAZZALARI, Elio. *Istituzioni di diritto processuale*. 8ª ed. Padova: Cedam, 2001.

FERRAGUT, Maria Rita. *As provas e o direito tributário: teoria e prática como instrumentos para a construção da verdade jurídica*. São Paulo: Editora Saraiva, 2016.

FERRAZ, Eric Cesar Marques. *Teoria geral das provas e o redimensionamento da cognição*. *In:* Revista de Processo Comparado, vol. IV. São Paulo: Revista dos Tribunais, 2016.

FERREIRA, João Ecyr Mota. *A inconstitucionalidade da aplicação da prescrição intercorrente prevista na Lei nº 6.830/80 aos créditos tributários. In*: Revista Fórum de Direito Tributário - RFDT, ano 12, n. 70. Belo Horizonte: julho/agosto, 2014.

FGV, Fundação Getúlio Vargas - São Paulo. *Macrovisão do crédito tributário: Pensando o CARF.* Publicado em 27/09/2017. Disponível em: < https://www.jota.info/artigos/macrovisao-do-credito-tributario-pensando-o-carf-27092017>. Acessado em 15 de novembro de 2017.

FOLLONI, André. *Autoritarismo no regime jurídico das leis complementares e o problema no direito tributário. In*: Revista Brasileira de Estudos Políticos, n. 109. Belo Horizonte: julho/dezembro, 2014.

FOUCAULT, Michel. *What is critique? In*: FOUCAULT, Michel. *The politics of truth.* Tradução por Lysa Hochroth e Catherine Porter. Ed. Semiotext(e), 2007.

FREITAS, Vladimir Passos de. *Código Tributário Nacional comentado: doutirna e jurisprudência, artigo por artigo, inclusive ICMS e ISS.* 7ª ed. São Paulo: Revista dos Tribunais, 2017.

FURTADO, J. R. Caldas. *Direito financeiro.* 4ª ed. revista, ampliada e atualizada. Belo Horizonte: Editora Fórum, 2013.

GAZZERRO, Filippo. *L'Inversione della prova nel processo tributario. In:* Rivista di diritto finanziario e scienza delle finanze, Milão: Giuffrè, 1961, I.

GENTILLI, Giorgio. *Praesumptum de praesumpto non admittitur. In:* Rivista di diritto finanziario e scienza delle finanze, Pádua: CEDAM, 1933, II.

GLENDI, Cesare. *Il giudice tributario e la prova per presunzioni. In*: Rivista di diritto finanziario e scienza delle finanze, Milão: Giuffrè, 1985, I.

GRINOVER, Ada Pellegrini. *O julgamento antecipado da lide: enfoque constitucional. In*: WAMBIER, Luiz Rodrigues; WAMBIER, Teresa Arruda Alvim (Orgs.). Doutrinas essenciais de processo civil, vol. VI. São Paulo: Revista dos Tribunais, 2011.

GUASTINI, Riccardo. *Distinguiendo: estudios de teoría y metateoría del derecho.* Tradução por Jordi Ferrer Beltrán. Barcelona: Gedisa Editorial, 1999.

GODOI, Marciano Seabra de. *Planejamento tributário. In:* MACHADO, Hugo de Brito (Coord.). *Planejamento tributário.* São Paulo: Malheiros Editores, 2016.

GONÇALVES, Marcelo Barbi. *Execução fiscal: um retrato da inoperância, o (bom) exemplo português e as alternativas viáveis. In:* Revista de Processo, vol. CCXLVII. Setembro, 2015.

GRECO, Leonardo. *O conceito de prova. In:* Revista da Faculdade de Direito de Campos, ano 4, nº 4 e ano 5, nº 5. 2004.

___________. *A busca da verdade e a paridade de armas na jurisdição administrativa, In:* Revista da Faculdade de Direito de Campos, ano 7, nº 9. Julho/dezembro, 2006.

___________. *Instituições de processo civil,* vol. I. Rio de Janeiro: Forense, 2009.

___________. *Instituições de processo civil,* vol. II. Rio de Janeiro: Forense, 2010.

GRECO, Marco Aurélio. *Planejamento tributário.* 3ª ed. São Paulo: Editora Dialética, 2011.

GUEDES, Demian. *Processo administrativo e democracia – uma reavaliação da presunção de veracidade.* Belo Horizonte: Editora Fórum, 2007.

___________. *A presunção de veracidade e o Estado Democrático de Direito: uma reavaliação que se impõe. In*: Fórum Administrativo, ano 16, n. 180. Belo Horizonte: fevereiro, 2016

HOFFMANN, Susy Gomes. *Teoria da prova no direito tributário.* Campinas: Copola, 1999.

KAUFMANN, Arthur. *Filosofia do direito.* Tradução por António Ulisses Cortês. Lisboa: Fundação Calouste Gulbenkian, 2004.

LEME, Cristiane. *Resultados gerais do CARF – 1º semestre de 2016.* Publicado em 08/02/2017. Disponível em: <https://jota.info/colunas/observatorio-do-carf/resultados-gerais-carf-1o-semestre-de-2016-08022017>. Acessado em 15 de novembro de 2017.

LEME, Cristiane; SANTI, Eurico Marcos Diniz de; HOFFMANN, Susy Gomes. *O voto de qualidade em números.* Publicado em 12/08/2016. Disponível em: <https://www.jota.info/colunas/observatorio-do-carf/observatorio-carf-o-voto-de-qualidade-em-numeros-12082016>. Acessado em 15 de novembro de 2017.

LEVIN, Alexandre. *Direito público e processo. In:* Revista Brasileira de Infraestrutura – RBINF, ano 6, n. 12. Belo Horizonte: julho/dezembro, 2017.

LOPES, João Batista. O *ônus da prova. In: Revista dos Tribunais, vol. CDXXXV,* ano 61. São Paulo: Revista dos Tribunais, 1972.

LUCCA, Rodrigo Ramina de. *Liquidação de títulos executivos extrajudiciais. In*: Revista Brasileira de Direito Processual – RBDPro, ano 20, n. 78. Belo Horizonte: abril/junho, 2012.

MACÊDO, Lucas Buril de; PEIXOTO, Ravi Medeiros. *Ônus da prova e sua dinamização.* Salvador: Editora JusPodivm, 2014.

MACHADO, Hugo de Brito. *Curso de direito tributário.* 28ª ed. São Paulo: Malheiros Editores, 2007.

MACHADO SEGUNDO, Hugo de Brito. Processo judicial tributário. *In:* ROCHA, Sergio André (Coord.). *Curso de direito tributário.* São Paulo: Quartier Latin, 2011.

MACHADO SEGUNDO, Hugo de Brito; MACHADO, Raquel Cavalcanti Ramos. *Prova e verdade em questões tributárias. In:* Instituto do Direito Brasileiro da Faculdade de Direito da Universidade de Lisboa, ano 3, nº 2. Lisboa, 2014.

MARINONI, Luiz Guilherme; ARENHART, Sérgio Cruz. *Prova e convicção.* 1ª ed. digital baseada na 2ª ed. impressa. São Paulo: Revista dos Tribunais, 2015.

MARINONI, Luiz Guilherme; ARENHART, Sérgio Cruz; MITIDIERO, Daniel. *O novo processo civil.* 2ª ed. digital baseada na 2ª ed. impressa. São Paulo: Revista dos Tribunais, 2016.

___________. *Novo curso de processo civil, vol III. Tutela dos direitos mediante procedimentos diferenciados.* 3ª ed. digital baseada na 3ª ed. impressa. São Paulo: Revista dos Tribunais, 2017.

MARINONI, Luiz Guilherme; MITIDIERO, Daniel. *Código de processo civil comentado artigo por artigo.* 1ª ed. digital baseada na 5ª ed. impressa. São Paulo: Revista dos Tribunais, 2013.

MARINS, James. *As microreformas do processo tributário, o arrolamento administrativo e a medida cautelar fiscal. In:* ROCHA, Valdir de Oliveira (coord.). *Processo administrativo fiscal, vol. III.* São Paulo: Editora Dialética, 1998.

__________. *Defesa e vulnerabilidade do contribuinte.* São Paulo: Editora Dialética, 2009.

__________. *Direito processual tributário brasileiro.* 1ª ed. digital baseada na 9ª ed. impressa. São Paulo: Revista dos Tribunais, 2016.

MARTINS, André Felipe Saide. *A prova do fato jurídico no direito e processo tributários.* Rio de Janeiro: Lumen Juris, 2011.

MARTINS, Ricardo Marcondes. *Racionalidade e sistema normativo: na Teoria Pura e na Teoria Pragmática do Direito. In:* Revista Brasileira de Infraestrutura – RBINF, ano 6, n. 11. Belo Horizonte: janeiro/junho, 2017.

MAYER, Otto. *Derecho administrativo alemán. Tomo II. Parte Especial.* 2a ed. Buenos Aires: Depalma. No original: *Deutsches Verwaltungsrecht.* Leipzig: Duncker und Humblot, 1895.

MELLO, Celso Antônio Bandeira de. *Contrato administrativo. In:* DI PIETRO, Maria Sylvia Zanella; SUNDFELD, Carlos Ari. *Doutrinas essenciais do Direito Administrativo, vol. IV.* São Paulo: Revista dos Tribunais, 2012.

__________. Curso de direito administrativo. 27ª ed. São Paulo: Malheiros Editores, 2010.

__________. O conteúdo jurídico do princípio da igualdade. 3ª ed., 23ª tiragem. São Paulo: Malheiros Editores, 2014.

MELO, José Eduardo Soares de. *Processo administrativo tributário – Nulidades. In:* MARTINS, Ives Gandra da Silva; BRITO, Edvaldo (Orgs.). *Doutrinas essenciais de direito tributário, vol. VII.* São Paulo: Revista dos Tribunais, 2011.

MENDES, Conrado Hübner. *Direitos fundamentais, separação de poderes e deliberação.* Tese de Doutorado – Departamento de Ciência Política, Universidade de São Paulo. São Paulo, 2008.

MENDES, Regina Lucia Teixeira. *Do princípio do livre convencimento motivado: legislação, doutrina e interpretação e juízes brasileiros.* Rio de Janeiro: Lumen Juris, 2012.

MEIRELLES, Hely Lopes. *Direito administrativo brasileiro.* 29ª ed. São Paulo: Malheiros Editores, 2004.

MICHELI, Gian Antonio. *Aspetti e problemi della prova e della decisione nel processo tributario. In:* Rivista di diritto finanziario e scienza delle finanze, Pádua: CEDAM, 1940, I.

__________. *Il contraddittorio nel contenzioso tributario. In:* Rivista di diritto finanziario e scienza delle finanze, Milão: Giuffrè, 1975, I.

__________. *Le presunzioni e la frode alla legge nel diritto tributario. In:* Rivista di diritto finanziario e scienza delle finanze, Milão: Giuffrè, 1976, I.

____________. *La tutela giurisdizionale differenziata del contribuente nel processo tributario. In*: Rivista di diritto finanziario e scienza delle finanze, Milão: Giuffrè, 1980, I.

MIRANDA NETTO, Fernando Gama de. *Ônus da prova no direito processual público.* Rio de Janeiro: Editora Lumen Juris, 2009.

MOREIRA PINTO, Júnior Alexandre. *Sistemas rígidos e flexíveis: a questão da estabilização da demanda. In:* BEDAQUE, José Roberto dos Santos; TUCCI, José Rogério Cruz e (Coords.). *Causa de pedir e pedido no processo civil.* São Paulo: Revista dos Tribunais, 2002.

MOTA, Sergio Ricardo Ferreira. *Processo administrativo tributário e processo judicial tributário no Brasil. In:* Revista Tributária e de Finanças Públicas, vol. CXXII. Maio/junho, 2015.

NABAIS, José Casalta. *Algumas reflexões sobre o actual estado fiscal. In:* Revista Virtual da Advocacia Geral da União, ano 2, nº 9. Abril, 2001.

NERY JÚNIOR, Nelson. *Código de processo civil comentado e legislação civil extravagante em vigor.* São Paulo: Revista dos Tribunais, 2002.

NERY JÚNIOR, Nelson; NERY, Rosa Maria Andrade. *Código de processo civil comentado e legislação extravagante.* 1ª ed. virtual baseada na 13ª ed. impressa. São Paulo: Revista dos Tribunais, 2013.

OLIVEIRA, Gustavo da Gama Vital de. *Estado democrático de direito e correção legislativa da jurisprudência. In:* Revista de Direito Constitucional e Internacional, vol. LVIII. Outubro/dezembro, 2010.

____________. *Dados históricos sobre a correção legislativa da jurisprudência na experiência constitucional dos EUA. In:* Revista de Direito Constitucional e Internacional, vol. CI. Maio/junho, 2017.

ORTEGA Y GASSET, José. *A rebelião das massas.* Tradução por Herrera Filho. Ed. eletrônica. Editora Ridendo Castigat Mores, 2005.

PASSOS, José Joaquim Calmon de. *Instrumentalidade do processo e devido processo legal. In:* Revista de Processo, vol. CII. Abril/junho, 2001.

PEREIRA, Mateus Costa. *Sobre o mito autoritário do livre convencimento motivado: em defesa da intersubjetividade na valoração da prova pelo homo sapiens-demens. In*: Revista Brasileira de Direito Processual – RBDPro, ano 25, n. 100. Belo Horizonte: outubro/dezembro, 2017.

PEYRANO, Jorge W. *La carga de la prueba. In: Escritos sobre diversos temas de derecho procesal.* Rosario: Facultad Católica de Derecho, 2013.

POSTMAN, Neil. *Technopoly: The surrender of culture to technology.* 1ª ed. Nova Iorque: Vintage Books, 1993.

____________. *Amusing ourselves to death: Public discourse in the age of show business.* Nova Iorque: Penguin Books, 2005.

PROTO PISANI, Andrea. *Lezioni di diritto processuale civile.* 6ª ed., Nápoles: Jovene, 2014.

QUEIROZ, Luís Cesar Souza de. *Imposto sobre a renda: requisitos para uma tributação constitucional.* Rio de Janeiro: Forense, 2003.

__________. *Limites do planejamento tributário. In:* SCHOUERI, Luís Eduardo. *Direito tributário – homenagem a Paulo de Barros Carvalho*. São Paulo: Quartier Latin, 2008.

RANDAZZO, Alessandro. *Contributo allo studio della prescrizione nel diritto tributario. In:* Rivista di diritto finanziario e scienza delle finanze, Milão: Giuffrè, 1971, IV.

RIBEIRO, Ricardo Lodi. *Piketty e a reforma Tributária Igualitária no Brasil. In:* Revista de Finanças Públicas, Tributação e Desenvolvimento, vol. III, nº 3. Rio de Janeiro, 2015.

ROCHA, Sergio André. *Processo administrativo fiscal: Controle administrativo do lançamento tributário.* 4ª ed. Rio de Janeiro: Lumen Juris, 2010.

__________. *Curso de direito tributário.* São Paulo: Quartier Latin, 2011.

__________. *Desafios presentes e futuros do processo administrativo fiscal. In:* Revista Fórum de Direito Tributário – RFDT, ano 13, nº 78. Belo Horizonte: novembro/dezembro, 2015.

__________. Da lei à decisão: A segurança jurídica tributária possível na pós-modernidade. Rio de Janeiro: Lumen Juris, 2017.

RODRIGUES, Marco Antonio dos Santos. *A efetividade do processo e a distribuição do ônus da prova. In:* Revista Eletrônica de Direito Processual – REDP, vol. XII. Rio de Janeiro: Periódico da Pós-Graduação *Stricto Sensu* em Direito Processual da Direito Processual da Universidade do Estado do Rio de Janeiro – UERJ, 2013a.

__________. *A modificação objetiva da demanda no processo civil.* Tese de Doutorado – Programa de Pós-Graduação em Direito, da Universidade do Estado do Rio de Janeiro. Área de concentração: Direito Processual. Rio de Janeiro, 2013b.

__________. *Processo público e Constituição: uma análise das prerrogativas processuais da Fazenda Pública à luz das garantias constitucionais do processo. In:* Luiz Fux. (Org.). *Processo e Constituição.* Rio de Janeiro: Forense, 2013c.

__________. *A modificação do pedido e da causa de pedir no processo civil.* 1ª ed. Rio de Janeiro: Mundo Jurídico, 2014.

__________. *A Fazenda Pública no processo civil.* 1ª ed. São Paulo: Editora Atlas, 2016.

SAGAN, Carl. *O mundo assombrado pelos demônios: a ciência vista como uma vela no escuro.* Tradução por Rosaura Eichemberg. São Paulo: Companhia das Letras, 2006.

SALDANHA SANCHES, José Luís. *O ónus da prova no processo fiscal. In:* Cadernos Ciência e Técnica Fiscal, nº 151. Lisboa: Centros de Estudos Fiscais, 1987.

SALVADOR NETTO, Alamiro Velludo Salvador. *Tipicidade penal e princípio da legalidade: o dilema dos elementos normativos e a taxatividade. In:* PRADO, Luiz Regis; DOTTI, Rene Ariel (Orgs.). *Doutrinas essenciais de direito penal, vol. I.* São Paulo: Revista dos Tribunais, 2010.

SANTOS, Moacyr Amaral. *Prova judiciária no cível e comercial,* vol I. 5ª ed. São Paulo: Editora Saraiva, 1983.

__________. *Primeiras linhas de direito processual civil, vol III.* 12ª ed. São Paulo: Editora Saraiva, 1992.

____________. *Primeiras linhas de direito processual civil*, vol. II. 26ª ed. São Paulo: Editora Saraiva, 2013.

SATTA, Salvatore. *Soliloqui e colloqui di un giurista*. Reedição. Nuoro: Ilisso Edizioni, 2004.

SCHOUERI, Luis Eduardo; SOUZA, Gustavo Emílio Contrucci. *Verdade material no "processo" administrativo tributário. In: Processo Administrativo Fiscal*, vol. III. São Paulo: Editora Dialética, 1998.

SCOCA, Franco Gaetano. *Brevi considerazioni sul modello del processo tributario. In*: Rivista diritto e pratica tributaria, n. 5. Pádua: CEDAM, 2015.

SEIXAS FILHO, Aurélio Pitanga. *Arbitragem em direito tributário. In*: ROCHA, Valdir de Oliveira (coord.). *Grandes questões atuais do direito tributário, vol. XI*. São Paulo: Editora Dialética, 2007.

____________. *Princípios reguladores do controle administrativo da legalidade do lançamento tributário. In*: Revista Tributária e de Finanças Públicas, vol. XVII, nº 85. São Paulo: Revista dos Tribunais, 2009.

____________. *Revisão da legalidade do lançamento tributário e a coisa julgada administrativa em matéria fiscal. In*: Revista Fórum de Direito Tributário – RFDT, ano 11, nº 65. Belo Horizonte: setembro/outubro, 2013.

SILVA, Jules Michelet Pereira Queiroz e. *Execução fiscal: eficiência e experiência comparada*. Brasília: Câmara dos Deputados, 2016.

SILVA NETO, Francisco de Barros e. *A execução fiscal e o devido processo legal. In:* MARTINS, Ives Gandra da Silva; BRITO, Edvaldo (Orgs.). *Doutrinas essenciais de direito tributário, vol. VII*. São Paulo: Revista dos Tribunais, 2011.

STRECK, Lenio Luiz. *O "livre convencimento": um atraso. In*: MACHADO, Felipe; OLIVEIRA, Marcelo Andrade Cattoni de. *Constituição e processo: uma análise hermenêutica da (re)construção dos códigos*. Belo Horizonte: Fórum, 2012.

SUNDFELD, Carlos Ari. *O direito processual e o direito administrativo. In:* SUNDFELD, Carlos Ari; BUENO, Cássio Scarpinella (Orgs.). *Direito processual público: a fazenda pública em juízo*. São Paulo: Malheiros Editores, 2003.

SUSSKIND, Richard. *Tomorrow's lawyers: an introduction to your future*. Oxford: Oxford University Press, 2012.

TARUFFO, Michele. *Idee per una teoria della decisione giusta. In:* Rivista trimestrale di diritto e procedura civile. Milão: Giuffrè, 1997.

____________. *A prova*. Tradução por João Gabriel Couto. 1ª ed. São Paulo: Marcial Pons, 2014.

TAVARES, Diogo Ferraz Lemos. *A supremacia do interesse público e o direito tributário*. Porto Alegre: Nuria Fabris Editora, 2012.

TESAURO, Francesco. *Parità delle armi e processo tributario. In:* Rivista di diritto finanziario e scienza delle finanze, Milão: Giuffrè, 1977, I.

____________. *Le presunzioni nel processo tributario. In*: Rivista di diritto finanziario e scienza delle finanze, Milão: Giuffrè, 1986a, I.

____________. *L'onere della prova nel processo tributario. In:* Rivista di diritto finanziario e scienza delle finanze, Milão: Giuffrè, 1986b, II.

TIBURCIO, Antonio Augusto. *A desnecessidade de garantia como condição de admissibilidade dos embargos à execução fiscal: O conflito entre o art. 16., §1º, da LEF e o art. 914, do CPC de 2015, à luz da Constituição. In*: BUENO, Cassio Scarpinella; Rodrigues, Marco Antonio dos Santos (coords.). *Processo Tributário.* Salvador: Juspodivm, 2017.

TOGNETTI, Eduardo. *Atributos do ato administrativo. In*: DI PIETRO, Maria Sylvia Zanella; RIBEIRO, Carlos Vinícius Alves (coords.). *Supremacia do interesse público.* São Paulo: Atlas, 2010.

TOMÉ, Fabiana Del Padre. *A prova no direito tributário: de acordo com o código de processo civil de 2015.* 4ª. São Paulo: Noeses, 2016.

TORRES, Ricardo Lobo. *Processo administrativo fiscal: caminhos para o seu desenvolvimento. In:* Revista Dialética de Direito Tributário, nº 46. São Paulo, 1999.

__________. *O princípio da tipicidade no direito tributário. In:* REDAE, nº 5. Salvador, 2006.

__________. *Tratado de direito constitucional financeiro e tributário: valores e princípios constitucionais tributários, vol. II.* Rio de Janeiro: Renovar, 2005.

VALADÃO, Marcos Aurélio. *Uma breve introdução ao direito processual tributário com enfoque no direito processual tributário e algumas de suas vicissitudes atuais. In:* Revista Fórum de direito tributário - RFDT, vol. VI, nº 32. Belo Horizonte: março/abril, 2008.

VILLANI, Maria. *La Giustizia Tributaria tra esigenze pratiche e vincoli di diritto interno ed europeo del «giusto processo». In*: Rivista diritto e pratica tributaria, n. 3. Pádua: CEDAM, 2016.

WAMBIER, Teresa Arruda Alvim; CONCEIÇÃO, Maria Lúcia Lins; RIBEIRO, Leonardo Ferres da Silva; MELLO, Rogério Licastro Torres de. *Primeiros comentários ao novo código de processo civil.* São Paulo: Revista dos Tribunais, 2015.

WAMBIER, Teresa Arruda Alvim; DIDIER JR., Fredie; TALAMINI, Eduardo. *Breves comentários ao novo código de processo civil.* São Paulo: Revista dos Tribunais, 2015.

WATZLAWICK, Paul; BEAVIN, Janet Helmick; JACKSON, Donald deAvila. *Pragmatica della comunicazione umana: Studio dei modelli interattivi, delle patologie e dei paradossi.* Tradução por Massimo Ferretti. Roma: Astrolabio, 1971.

XAVIER, Alberto. *Os princípios da legalidade e da tipicidade da tributação.* São Paulo: Revista dos Tribunais, 1978.

__________. *Direito tributário internacional do Brasil.* Rio de Janeiro: Forense, 2010.

ZAVASCKI, Teori Albino. *Comentários ao Código de Processo Civil, vol. XII (arts. 771 ao 796).* 1ª ed. digital baseada na 1ª ed. Impressa. São Paulo: Editora Revista dos Tribunais, 2016.

EDITORA *Jus*PODIVM
www.editorajuspodivm.com.br